臺灣歷史與文化 研究輯刊

五 編

第 13 冊

日治時期臺灣醫事作家及其作品研究——
以蔣渭水、賴和、吳新榮、王昶雄、詹冰為主（下）

林秀蓉 著

花木蘭文化出版社

國家圖書館出版品預行編目資料

日治時期臺灣醫事作家及其作品研究——以蔣渭水、賴和、吳
新榮、王昶雄、詹冰為主（下）／林秀蓉 著 — 初版 — 新北市：
花木蘭文化出版社，2014〔民 103〕
目 4+196 面；19×26 公分
（臺灣歷史與文化研究輯刊 五編；第 13 冊）
ISBN：978-986-322-645-1（精裝）
1. 臺灣文學　2. 日據時期　3. 文學評論
733.08　　　　　　　　　　　　　　　　　　　103001766

ISBN-978-986-322-645-1

9 789863 226451

臺灣歷史與文化研究輯刊
五 編 第十三冊　　　　　ISBN：978-986-322-645-1

日治時期臺灣醫事作家及其作品研究——
以蔣渭水、賴和、吳新榮、王昶雄、詹冰爲主（下）

作　　者　林秀蓉
總 編 輯　杜潔祥
副總編輯　楊嘉樂
編　　輯　許郁翎
出　　版　花木蘭文化出版社
社　　長　高小娟
聯絡地址　235 新北市中和區中安街七二號十三樓
　　　　　電話：02-2923-1455 ／傳眞：02-2923-1452
網　　址　http://www.huamulan.tw 信箱 hml 810518@gmail.com
印　　刷　普羅文化出版廣告事業
初　　版　2014 年 3 月
定　　價　五編 24 冊（精裝）新台幣 48,000 元　　　版權所有‧請勿翻印

日治時期臺灣醫事作家及其作品研究——
以蔣渭水、賴和、吳新榮、王昶雄、詹冰爲主（下）

林秀蓉　著

目

次

第五章　作品的醫事主題

　　醫事主題的內容，主要以描繪醫事人員以及病人的眾生相為主，諸如醫事人員的工作體驗，對病人生老病死的反思、醫療觀念的教育及生活習性的導正；還有社會對醫事人員的評價等，皆屬醫事主題的取材對象。依據筆者查閱的資料中，在臺灣最早注意醫事寫作主題的文獻資料，是登載於一九七三年十二月《當代醫學》雜誌由廖運範醫師翻譯的〈醫學與文學〉[註1]，以探窺世界知名作家筆下的醫事主題為重點。《當代醫學》雜誌又在一九七四年十一月與隔年二月刊登鄭泰安醫師翻譯的〈詩與醫學〉，分析國外醫生的醫學詩，內文一開始即追溯詩與醫學的密切關係：

> 歐洲最早的詩篇之一是阿波羅──詩與醫藥之神──的讚美詩。這絕非偶然的巧合，對古希臘人而言，詩與醫學是密切相關的兩種藝術。

> 在最古老的年代裏，人類就震懾於詩與醫學所顯現的魔力，美索不達米亞的黏土碑以及埃及的草紙都記載有精彩詩文崇讚醫學、儀器與醫療藥方的調配，同時激勵醫生的醫療工作。[註2]

由此得知，醫事主題的寫作與醫學發展可謂是並行發展，由來已久。

　　透過〈醫學與文學〉、〈詩與醫學〉，可以舉觀世界醫事人員的寫作概況，也可以從中略覽他們在醫事主題的表現，上自十五世紀的賴伯雷（Rabelais）到二十世紀的毛姆，都從他們行醫的經驗中，產生了文學作品。以毛姆為例，他的第一部處女作〈蘭貝斯的麗莎〉（小說），即是取材自醫科四年級至蘭貝

〔註1〕　參廖運範譯〈醫學與文學〉，《當代醫學》1 卷 2 期，1973.12。
〔註2〕　鄭泰安譯，〈詩與醫學〉（二），《當代醫學》2 卷 2 期，頁 94，1975.2。

斯貧民窟當助產士的實習經驗；後來的傑作《人性枷鎖》（小說），以男主角的畸形足詮釋其自卑感。俄國契訶夫的最重要作品之一〈六號病房〉（小說），描述一個正常人被關進瘋人院裏，活活被打死的悲慘故事，是契訶夫庫頁島旅行的烙印之一，呈現十九世紀末俄國社會的縮影。日本森鷗外的〈性生活〉（小說），將主角的心理和感情的陰影，依年月順序，嚴肅地解剖，彷彿醫生塡寫病歷卡，精細地敘述，是篇描寫官能之作，也是森鷗外自己的性慾史。法國史懷哲的《非洲行醫記》（散文），是他個人實踐非洲行醫理想的記錄，傳達尊重生命的行醫理念。從以上這些外國醫事作家的醫事主題代表作，我們可以發現醫學與文學之間息息相關，因爲二者都關懷著人類的生命與憂患。

　　日治時期臺灣作家也寫下了不少與醫事主題相關的作品，一九七六年于飛在〈從「無醫村」看日據時代的臺灣醫學〉盛讚：「楊逵的〈無醫村〉以熟練的手筆，深入淺出的描敘臺灣沒有醫生的地方的慘狀，是一篇絕佳的『醫學文學』。」〔註3〕一九九四年許俊雅於《日據時期臺灣小說研究》，分析日治時期臺灣小說中「求神治病之風習」、「醫師形象」〔註4〕至一九九四年六月二十四日《中國時報》閱卷版上，出現了王浩威醫師的〈文學裏的藥石——醫事寫作在臺灣〉〔註5〕，主要針對九〇年代醫生王溢嘉、侯文詠和陳克華，列舉說明他們以醫院或病人爲文學題材的專著。本章主旨在探析日治時期臺灣醫事作家筆下的醫事主題，以見文學與醫學的密切關係。

第一節　診斷「臺灣」病症

　　臺灣的醫事主題最早當可追溯自蔣渭水的〈臨床講義〉（1950：93-95），這篇文章一九二一年十一月三十日發表於《臺灣文化協會》第一期會報，最大的特色是以「臺灣」爲病人，書寫一分「智識營養不良症」的醫生診斷書，內容鋪敘條理井然，分四層次進行：首先，依序標列「臺灣」患者的基本資料，藉以回顧臺灣的歷史；其次，依據醫生的病情觀察，敘述臺灣當時人民

〔註3〕 于飛，〈從「無醫村」看日據時代的臺灣醫學〉，《夏潮》1卷7期，1976.10.1。
〔註4〕 參許俊雅《日據時期臺灣小說研究》，頁381～386、634～646，臺北：文史哲，1995.2。
〔註5〕 參王浩威《一場論述的狂歡宴》〈文學裡的藥石——醫事寫作在臺灣〉，頁237～242，臺北：九歌，1994.8。

與政府的心理狀況；接著以診斷內容說明臺灣病態形成的原因與治療的方法；最後開出根本治療的各種藥方。全文主旨是在揭露臺灣社會的陋習，並且提出根本治療法，開創了醫事散文的寫作主題與形式〔註6〕。

〈臨床講義〉開篇即道出診斷的對象是臺灣，其基本資料如下：

患者：臺灣

姓名：臺灣島

性：男

年齡：移籍現住址已有二十七歲

原籍：中華民國福建省臺灣道

現住所：日本帝國臺灣總督府

蔣氏特別標明「原籍：中華民國福建省臺灣道」，由此強烈表明無法承認臺灣已淪為日本殖民地的事實。又患者的「職業：世界和平第一關門的守衛」，從中彰顯臺灣重要的地位與神聖的使命。蔣渭水在《臺灣新民報》發行五周年特輯中曾說明：臺灣人負有作為中日親善媒介、促進亞洲民族聯盟、引導人類走向最大幸福與世界和平的使命；並一再強調臺灣的重要地位，是通向世界和平第一道關卡的鑰匙。

臺灣既居於重要的地位，又負有神聖的使命，卻因罹患「智識的營養不良」症，成為「世界文化的低能兒」，絲毫無力施展作為。內容繼續追溯病根的源起，分別從鄭成功、清朝時期的「既往症」，以及日治時期的「現症」詳細說明，「既往症」是：

幼年時（即鄭成功時代），身體頗為強壯，頭腦明晰，意志堅強，品性高尚，身心矯健。自入清朝，因受政策毒害，身體逐漸衰弱，意志薄弱，品性卑劣，節操低下。轉居日本帝國後，接受不完全的治療，稍見恢復，唯因慢性中毒長達二百年之久，不易霍然而癒。

至於「現症」則有：

道德頹廢，人心澆漓，物慾旺盛，精神生活貧瘠，風俗醜陋，迷信深固，頑迷不悟，罔顧衛生，智慮淺薄，不知永久大計，只圖眼前小利，墮落怠惰，腐敗，卑屈，怠慢，虛榮，寡廉鮮恥，四肢倦怠，惰氣滿滿，意氣消沉，了無生氣。

〔註6〕　〈臨床講義〉的主旨義涵與形式風格，參筆者〈一篇診斷日據時代臺灣社會病症的政治文獻——蔣渭水「臨床講義」探析〉，《宜蘭文獻》45期，2000.11。

一九二○年代的民族自覺與新文化的提倡，一方面反抗日本殖民主義，一方面也企圖改造舊社會。當時的知識精英，看到「道德頹廢，人心澆漓，物慾旺盛，精神生活貧瘠」的社會病症，多憂心忡忡，亟思有以改造。加上清代以來，「因受政策毒害，身體逐漸衰弱，意志薄弱，品性卑劣，節操低下」；在日本殖民統治下，民風每下愈況，因而改造舊社會，勸導民眾改正陋俗，遂成爲新文化運動者的目標。在蔣渭水的眼中，日治時期的臺灣已病入膏肓，尤其針對「迷信深固」、「風俗醜陋」的民情陋習，有諸多的文字評論與實際改革，如在一九二五年一月二十一日民報的〈晨鐘暮鼓〉中，他明示臺灣社會有五項民情陋習，當迅速破除，即：一、祈安建醮；二、補運謝神；三、燒金紙；四、婚葬、聘金；五、吸鴉片〔註7〕。以下就蔣氏筆下的「迷信深固」、「風俗醜陋」等病症逐一探析。

一、迷信深固

中國人自古以來就是泛神信仰的民族，天有日月星辰，地有河嶽山川，人有聖賢功德，皆可奉之爲神。農民在勤墾於畎畝之間，對大自然的神威，感到一種凜然不可侵犯的畏懼，於是引起對天地泛神的敬畏，而加以崇拜。人格化的神，具有超自然的力量，指導人世間的事務，所以對神的權威明顯順服；然而過度的迷信深固，弄到傾家蕩產，誠爲不智的行爲。首先，就「祈安建醮」的革除，蔣渭水在一九二四年十二月一日的〈可惡至極的北署之態度〉〔註8〕文中，除對稻江建醮奢侈鋪張深感痛心外，更嚴正籲求打破陋習。同時在一九二七年十二月十八日〈北署遊記〉一文中，更直指這些「巴結官僚諂媚神鬼」的死醮「皆是臺灣民族滅族亡家的兆勢」〔註9〕。

其次，就「補運謝神」的革除，一九二四年一月六日的〈入獄日記〉，蔣渭水見農家謝神，有很深的感觸，認爲農家和勞動者、藝娼妓等一般下層社會的無新教育階級，經濟原本拮据，又增添一種神明債，生活勢必更捉襟見肘，因此他感嘆地說：「我們大多數的農民同胞，永沒有自覺出頭天的機會了」〔註10〕。

蔣渭水帶領改革社會的迷信風氣，賴和起而效尤，一九三四年與楊守愚

〔註7〕 蔣渭水，〈晨鐘暮鼓〉，《臺灣民報》3 卷 1－4 號，1925.1.1～1.4。
〔註8〕 蔣渭水，〈可惡至極的北署之態度〉，《臺灣民報》2 卷 25 號，頁 6，1924.12.1。
〔註9〕 蔣渭水，〈北署遊記〉，《臺灣民報》187 號，頁 7，1927.12.18。
〔註10〕 蔣渭水，〈入獄日記〉，《臺灣民報》2 卷 9 號，頁 11，1924.6.1。

共具名發表〈就迷信而言〉於《革新》（大溪革新會），即就迎神一事，道出「費了島民好多的一注錢財」（2000.三：101）的浩嘆。又在〈鬥鬧熱〉、〈赴會〉兩篇小說記載了香火鼎盛的情況。一九三七年發表的〈鬥鬧熱〉，賴和以近代知識分子的觀點，特就貧苦民眾爲迎神賽會不惜一擲千金的陋習和愚昧，提出了嚴正的批判，小說中透過人物丙說：「在這時候，大家救死且沒有工夫，還有空兒，來浪費這有用的金錢，實在可憐可恨，究竟爭得什麼體面？」（2000.一：37）情節又寫道：「所以窮的人，典衫當被，也要來和人家爭個臉皮。」、「西門那個賣小點的老人，五十塊的老本和一圈豚，連生意本，全數花掉，還再受過全街的笑話。」（2000.一：38）賴和刻劃了民眾爲了迎神賽會弄得傾家蕩產、一貧如洗的窘境。

　　雖然過度揮霍、鋪張、豪奢的迷信行爲，的確必須加以淘汰破除，但在農業社會以及教育不普及的情況下，民間信仰仍有其存在的作用。看天吃飯的農民，面對天的呼風喚雨、地震山搖、洪水滔天、赤地千里等自然現象，潛藏著一種不可理解的神秘力量，無不引起他們的恐懼，也感到自己的渺小無能，難以與強大的自然抗爭，於是認爲有一種超自然的靈性和神祕的力量，主宰著人類的命運，進而產生命定論或宿命論的觀念，這種天命思想，成爲農民宗教信仰的主體。正因爲信仰有堅定民眾奮鬥進取的信念，以及撫慰民眾忐忑不安的心靈等作用；如果一味的破除其信仰行爲，等同於拆除其身心安頓的溫暖住所。賴和在〈赴會〉中有一段令人省思的話說：

> 他們嘗盡實生活的苦痛，乃不得向無知的木偶祈求不可知的幸福，取得空虛的慰安，社會只有加重他們生活苦的擔負，使他們失望於現實，……只就迷信來講，不僅不見得有些破除，反轉有興盛的趨勢。啊，這過去使我不敢回憶。而且迷信破除也覺得不切實際，使迷信真已破除了，將提供那一種慰安，給一般信仰的民眾，像這些燒金客呢？這樣想來，我不覺茫然地自失，漠然地感到了悲哀。（2000.一：64-65）

字句間透露著體貼民意的心理支持，「使迷信真已破除了，將提供那一種慰安，給一般信仰的民眾」，信仰確實帶給勞動者精神的寄託。

　　在日治時期的其他作品中也有不少反映民間迷信的主題，如蔡秋桐的〈王爺豬〉一文，敘述鄉人信奉王爺公是合境的守護神，五年一度舉行宴請王爺公，家家戶戶殺豬宰羊，大張旗鼓，極盡鋪張之能事；而一些貧戶「想要省

些稅金來加買些金紙，反轉（反而）受著加倍的罰金。」〔註11〕豈料祭典當天，遭當局以私宰逃稅為由加以取締，「祭神本在求福，竟反而惹禍。作者除了揭露日帝的醜惡嘴臉外，是否亦在嘲諷封建下的迷信陋習呢？」〔註12〕朱點人的〈島都〉〔註13〕，廟寺建醮，史明的爸爸被地方頭兄強迫樂捐，因無力繳納，只好賣兒來給付，最後在憤恨羞愧中投河自盡。建醮本來是要庇佑世人的平安，而今卻造成了一家人離散死亡的悲劇，批判「迷信深固」的意旨十分鮮明。

二、風俗醜陋

（一）喪禮、婚禮鋪張

就喪禮改革而言，一九二九年九月二十四日蔣渭水母親病逝，他為了打破迷信革除陋習，斷行改良遺族的喪服，不用地理師選擇墓地，辭退親戚朋友的金銀紙燭、花車牲醴或弔祭等〔註14〕，而且不發訃聞，只於《臺灣民報》上刊登廣告〔註15〕。十月六日出殯當天，蔣渭水還將發放銀紙的俗例，改為散布二萬張題名為〈喪禮口號〉的傳單，其內容為：「打破妄從迷信，排除守舊陋習，破除日師堪輿選擇，反對僧尼道士誦經，排斥做功德、糊靈厝，反對燒銀紙、還庫錢，排斥燒轎乞水，廢止弔祭做旬，革去點主祀后土，破除誥封提銘旌，廢除無意義牽調啼笑，反對多喧嘩鑼鼓鼓吹。」〔註16〕在喪禮鋪張的民風盛行之下，蔣渭水率先提倡喪禮的改革並且身體力行〔註17〕，深富革新的勇氣與科學的精神。又賴和在一九三四年曾與楊守愚共同具名發表的〈喪禮婚禮改革的具體案〉（2000.三：102），即以社會最下層的經濟程度來做標準，主張婚喪皆宜從簡。小說中如呂赫若〈逃跑的男人〉，即敘述家族借

〔註11〕 蔡秋桐，〈王爺豬〉，收錄於葉石濤、鍾肇政主編《光復前臺灣文學全集4——薄命》，頁311，臺北：遠景，1997.7。

〔註12〕 同前註，頁301。

〔註13〕 朱點人，〈島都〉，收錄於張恆豪編《臺灣作家全集——王詩琅、朱點人合集》，頁147～162，臺北：前衛，1994.10。

〔註14〕 參〈地方通信：臺北蔣母之葬式擬廢一切陋習〉，《臺灣民報》280號，頁6，1929.9.29。

〔註15〕 同前註，頁5。

〔註16〕 〈地方通信：臺北出葬放銀紙換做散傳單〉，《臺灣民報》282號，頁6，1929.10.13。

〔註17〕 參〈地方通信：高雄先覺者改良葬式〉，《臺灣民報》263號，頁7，1929.6.2；〈地方通信：高雄張氏令堂舉告別式〉，《臺灣新民報》331號，頁9，1930.9.20。

錢辦理父親喪事，盛大無比，「總共花了十幾萬圓經費」〔註18〕，卻也從此背負大筆債務，很明顯的作者將改革喪禮習俗寄託於情節之中。

　　另外，賴和在〈善訟的人的故事〉亦曾出現墓地好風水庇蔭子孫的迷信觀念：

> 我們的社會，不知由那一時代起，個個都有風水的迷信，住的厝宅
> 不用說，掩臭的墳墓，講也會致蔭（庇蔭）人，做官發財，出好子
> 孫，食長壽數，都由風水而來；所以一塊真龍正穴，值得千金萬金。
> 這樣事是限在富戶人才做得到，貧的人雖提不出這樣價錢，逐個都
> 有僥倖之心，像買天財票一樣，提出小小成本，抱著萬一的希望，
> 想得著大大的天財。而且死了的人，也不能不扛去埋葬，掩成難於
> 保存的屍體，同時也可藉此來致蔭（庇蔭）自己發達，這樣事誰不
> 肯為？不幸家裡沒有死者可葬的人，他就別想方法，洗骨遷葬，把
> 失去了的希望，重再拾了起來。（2000.一：233）

賴和諳於臺灣的民情風俗，對於鄉紳村老重視墓地風水的描繪，極富地方民俗色彩。類似的故事也發生在呂赫若的小說〈風水〉〔註19〕，善良的老人周長乾為了永保父親遺骨的完整，決定洗骨遷葬，以慰其父在天之靈；卻遭弟周長坤的極力反對，理由是根據地理師的鐵口直斷，父親原本的墓地風水能給予次房非常榮華富貴的陰德；到了接二連三的不幸降臨周長坤家時，他強自挖開母親的墳墓，將遺骸暴露天日，人道的荒廢與風水的迷信顯露無遺。

　　就婚禮的改革而言，蔣渭水一直站在尊重女性的立場而提出改革觀點，譬如他主張嫁娶要聘金有如買賣行為，視女子做商品，太蔑視女子的人格。又在《臺灣民報》發表〈衛道家的淑女與妓女〉一文，將「衛道家的淑女」與「妓女」相提並論，因為這兩類女性的人格同樣慘遭嚴酷的待遇、主體意志也完全被剝奪宰制，文章主旨是要積極喚醒女性意識，提倡女性選擇自己所愛的婚姻，內文說：

> 妓女是沒有選嫖客的權利，衛道先生們所說的淑女，也是沒有選擇
> 終身配偶的權柄。妓女如想反抗，總是嫖客的黃金閃耀，想眩暈老
> 板，拿起鞭笞把她打個如綿羊一般的溫馴，臘白白的橫臥床上，做
> 嫖客的取樂器具。衛道先生們的淑女也常常被她的主婚者糟蹋，嫁

〔註18〕呂赫若，〈逃跑的男人〉，收錄於林至潔譯《呂赫若小說全集》，頁166，臺北：
　　　　聯合文學，1999.5。
〔註19〕呂赫若，〈風水〉，收錄於前註書，頁301～318。

> 到很不稱意、很嫌惡的男子，雖想反抗，但衛道先生手裏拿著舊道
> 德的鐵鏈比鴇母的鞭笞還要利害呢！只好忍耐過妓女似的做人家取
> 樂器械，嚶嚶的啜泣，苦痛一世。……在老板的眼裡，妓女是一種
> 商品，由她可以生出很多的利益。在衛道先生們，淑女也是一種奇
> 貨，可以和較自家著名的望族、勢家、富翁聯婚，冀得一世享不盡
> 的幸福。（黃煌雄《非暴力的鬥爭》，頁55）

距今八十年前蔣渭水便已提出自由戀愛的主張，不愧是臺灣早期的「先知先
覺者」〔註20〕。

（二）嫖妓豪賭

蔣渭水在一九二四年二月十一日民報上，發表〈生女爲娼妓生男爲嫖客〉
〔註21〕，沉痛呼籲要「廢娼」，希望大家努力合作，務使這樣殘害青年男女的
娼妓及早消滅淨盡，此舉不但是臺北市民的幸福，也是臺灣全體的幸福，更
是世界人道上的貢獻。另外，他在〈再遊北署〉「兩個可憐的少女」這個段落，
描述了個人對兩位娼婦的同情憐憫，以及嚴厲痛斥無賴漢對娼婦的刻薄對待：

> 我的對面客房有兩個妙齡少女芳年在十六七歲，乃是貸座敷無鑑札
> 的娼婦，承這裡主人的美意，留宿一禮拜，做他們肉體上的休養。……
> 她拿著掃帚在掃除的姿態宛像葬花的黛玉一樣眞是「曲眉豐頰清聲
> 而便體，秀外而慧中」。她們若生在富家裡，豈不是千金小姐，窈窕
> 淑女嗎？她們不幸而生在貧窮的家庭，就墜落在煙花隊裡，甚至走
> 到這樣田地，這並不是意味她們的賢和不肖而正是貧與富的寫實，
> 我很可憐她，同情她，也很願意爲她犧牲，然而不近人情的無賴先
> 生，對待她們，很是刻薄冷嘲熱罵，我聽著很憤慨，向無賴漢們説：
> 「朋友！無賴漢笑醜業婦，其實是龜笑鱉無尾，這些醜業婦和無賴
> 漢，——（野雞和鱸鰻）——都是同一的母體，——帝國主義所產生的，
> 換句話説：你們倆都是帝國主義產生下的畸形兒，——你們的兄弟，
> 還有匪徒，強盜，盜賊，乞丐和軍閥的傭兵，——你們應該要同病相
> 憐，同氣相求，豈可互相仇視，何苦相煎太急！」這一抗議的結果，
> 卻恢復一時的安寧秩序，但是弱小民族的可憐蟲何嘗會大徹大悟

〔註20〕黃煌雄在 1976 年左右，撰寫蔣渭水評傳，稱蔣氏爲「臺灣的先知先覺者」。
　　　　見黃煌雄《蔣渭水傳——臺灣的先知先覺者》再版序，臺北：前衛，1995.7。
〔註21〕蔣渭水，〈生女爲娼妓生男爲嫖客〉，《臺灣民報》2 卷 2 號，1924.2.2。

呢？（1950：15）

同處帝國主義的壓迫，同胞之間應該要「同病相憐，同氣相求，豈可互相仇
視，何苦相煎太急！」這段話充分流露蔣氏對娼婦的關懷與尊重。〈臨床講義〉
謂臺灣「罔顧衛生」，尤其缺乏公共衛生設施所造成的娼婦染患梅毒的現象，
應該也是蔣渭水積極主張廢娼的原因之一，參考日本衛生隊實查記錄可見：
「臺府衛生，房屋周圍或院內，流出污水，又到處瀦留成泊，或人豚雜居，
雖有公共廁所之設備，而往往到處散放糞便，惟市中日本人鑿井之噴水，以
鐵管供給飲用，而其桶器極爲不潔，娼婦到處暗出，其染惡性梅毒已入第三
期，侵蝕至骨者，市內甚多。」〔註22〕基於對女性人格的尊重以及生理的健
康爲由，廢娼誠爲當務之急；由此可見蔣渭水對封建宰制下女性的悲劇命運
十分關注。

　　島民性格的另一特徵，是牆草般的擺盪、投機、勢利，以金錢爲本位，
將倫理價值貨幣化。賭博風氣的盛行則與倫理價值的貨幣化息息相關，蔣渭
水在〈蕃女的教訓〉一文中，暴露出一個極爲嚴重的社會風氣，此即倫理價
值的貨幣化：

> 現在一般人的生活——衣食住的向上，都是經濟上——產業商業的
> 發展所致。而那經濟上發展之對象，不是普遍的民眾，是資本家自
> 己的資本，而普遍的民眾反做了那班人們發展上消費的對象而已。
> 所以在這社會，不論做甚麼事，政治或教育，乃至於私人的交際，
> 也一定以貨幣的多寡爲評價的標準，而成了一個倫理的原則。（黃煌
> 雄《非暴力的鬥爭》，頁52）

由於倫理價值的貨幣化，在「物慾旺盛」的風氣下，變成一個如蔣渭水說的
「生女爲娼妓，生男爲嫖客」的社會，在功利取向濃厚的環境裡，追逐財富，
導致投機致富的心理，因此「賭博」成了臺地不良風俗之一。如賴和〈不如
意的過年〉說：

> 說到新年，既生爲漢民族以上，勿論誰，最先想到的就是賭錢，可
> 以說嗜賭的習性，在我們這樣下賤的人種，已經成爲構造性格的重
> 要部分。暇時的消遣，第一要算賭錢，開暇的新正年頭（過年期間），
> 自然被一般公認爲賭錢季節。（2000.一：83）

〔註22〕井出季和太，《臺灣治績志》，頁30，臺北：臺灣日日新報社，1937。此處譯
　　　　文引自陳勝崑《近代醫學在中國》，頁134，臺北：當代醫學雜誌社，1978。

嫖妓豪賭風氣的盛行在小說中屢見不鮮，如蔡秋桐的〈保正伯〉〔註23〕，描述主人翁未當保正之前，因豪賭導致傾家蕩產；〈新興的悲哀〉〔註24〕，提及受一九二九年經濟大恐慌，世界不景氣影響，爲了使 T 鄉保持繁榮，警察對賭博的取締特別放寬，並與拓殖會社社長暗地勾結，大稿「嫖賭飲」的勾當，吃喝玩樂，無所不來。吳濁流的〈陳大人〉〔註25〕，警察爲了開闢財源，暗中交結流氓，偷設賭場，終嚐下臺入獄的惡果。王詩琅的〈老婊頭〉〔註26〕，透過一個娼館老鴇的境遇，嘲諷臺灣社會趨炎附勢、笑貧不笑娼的畸態。朱點人的〈安息之日〉〔註27〕，挖掘臺灣人視錢如命的劣根性，發了財的李大粒見利忘義、六親不認，下場應驗了鄉人的詛咒「豬刀利利，賺錢不過代」。由這些小說可見物慾旺盛是當時臺灣社會的寫照。

（三）吸食鴉片

一九二九年，蔣渭水於「臺灣民眾黨」成立後，直接向總督府提出抗議，展開反對「鴉片吸食特新許」運動，抗議文的要點不外是針對鴉片足以斷傷國民元氣，損害身體健康，絕非人道的做法爲宗旨〔註28〕。反對鴉片運動，因得到各地醫師公會的支持，以及東京新民會的響應，聲勢愈加茁壯。如賴和所隸屬的彰化醫師會也於二月十四日向總督府提出意見書，要求：「一、廢止鴉片特許吸食，二、即時廢止鴉片製造，三、嚴屬取締鴉片走私，四、癮者強制醫療，五、增設矯正院」〔註29〕，後來雖然沒有達到預期的反對目標，但在經由國際與島內動員對總督府施加壓力的反對過程上，鴉片問題已由總督府和日本內閣的問題，變成國際問題。遺憾的是「國際聯盟鴉片調查委員會」離臺之後，民眾黨反對「鴉片吸食特新許」運動也由盛而轉衰。

賴和〈棋盤邊〉（2000.一：115～123），主旨即在探討一九二九年發生「鴉

〔註23〕 蔡秋桐，〈保正伯〉，收錄於張恆豪編《臺灣作家全集——楊雲萍、張我軍、蔡秋桐合集》，頁 171～178，臺北：前衛，1994.10。

〔註24〕 蔡秋桐，〈新興的悲哀〉，收錄於前註書，頁 195～207。

〔註25〕 吳濁流，〈陳大人〉，收錄於彭瑞金編《臺灣作家全集——吳濁流集》，頁 37～66，臺北：前衛，1997.4。

〔註26〕 王詩琅，〈老婊頭〉，收錄於張恆豪編《臺灣作家全集——王詩琅、朱點人合集》，頁 59～68，臺北：前衛，1994.10。

〔註27〕 朱點人，〈安息之日〉，收錄於前註書，頁 209～224。

〔註28〕 參蔡培火、陳逢源、林柏壽、吳三連、葉榮鐘等著《臺灣民族運動史》，頁 406，臺北：自立晚報社，1993.12。

〔註29〕 同前註，頁 411。

片吸食特新許」的問題，適時諷刺了臺籍人士迎合統治者的心理狀況。賴和在〈阿芙蓉〉詩曾痛陳嗜食鴉片之弊：「始侵肝肺漸銷骨，薈然墜入黑甜鄉」（2000.五：412）。在呂赫若的小說裡亦有吸食鴉片導致破產的情節，〈逃跑的男人〉〔註30〕述及主人翁的祖父、父親因抽鴉片而沒落的過程；〈合家平安〉〔註31〕范慶星的家是近鄰部落馳名的鴉片巢窟，范家的遼闊園地最終全部化爲鴉片煙，落得居陋巷借錢維生。〈財子壽〉〔註32〕玉梅的兩位兄長也因一枝鴉片煙管蕩盡家產。

　　如同泗筌在〈臺灣人的幾個特性〉中所診斷的：好戴高帽性、貪財性、老駕性、奴隸性以及小膽性、渙散性〔註33〕。蔣渭水、賴和、蔡秋桐、吳濁流、呂赫若等小說家，凸顯臺灣舊社會風俗的固陋，以及對故步自封的封建社會表達強烈不滿。

三、診治處方

　　蔣渭水〈臨床講義〉的另一主旨，便是針對「臺灣」這位「智識營養不良」的「世界文化低能兒」，開五味藥方作爲診治處方，這五劑正是助長臺灣文化發達的良藥，即：正規學校教育、補習教育、幼稚園、圖書館、讀報社，都需最大量，則預估二十年內，智識營養不良症可以霍然痊癒。換言之，要掃除迷信深固、風俗醜陋的社會陋習，唯賴民眾的自覺革新，提昇智識水準，才是民族自救圖強之道。

　　爲了補給大量智識營養劑，一九二一年蔣渭水等人發起創立「臺灣文化協會」。自一九二一年至一九二七年，文化協會始終扮演文化啓蒙的角色，希望藉以改造臺灣同胞的思想，以根治社會的病症，所以蔣渭水在「臺灣文化協會」第一期會報即發表〈臨床講義〉，可見其立意用心。

　　文化協會廣納各個領域的知識分子，有計劃的辦理活動，值得一提的是開辦文化書局、發行《臺灣民報》、設置讀報社與舉辦各種講習會。文化書局地點就在蔣氏的大安醫院旁，書局以販賣中文書籍爲特色，特別偏重於傳遞

〔註30〕 呂赫若，〈逃跑的男人〉，收錄於林至潔譯《呂赫若小說全集》，頁160～182，臺北：聯合文學，1999.5。
〔註31〕 呂赫若，〈合家平安〉，收錄於前註書，頁337～365。
〔註32〕 呂赫若，〈財子壽〉，收錄於前註書，頁226～265。
〔註33〕 參張恆豪〈麒麟兒的殘夢——朱點人及其小說〉，收錄於張恆豪編《臺灣作家全集——王詩琅、朱點人合集》，頁287，臺北：前衛，1994.10。

孫中山先生的思想,關切祖國的國民革命,提倡五四之後的新文化運動。在日本同化政策的背景下,開辦文化書局甚具意義,尤其中文書刊對臺灣同胞而言,彌足珍貴;其次,對於民族意識的覺醒與臺灣新文學的奠基,亦功不可沒。

　　一九二三年四月十五日,發行《臺灣民報》,發揮輿論的力量。日治時期,臺灣所有的言論、集會、結社、出版等皆爲日人所控制,這樣一分報導兼批評時事的媒體,成爲「臺灣人的唯一喉舌」。蔣渭水、賴和皆是其中的臺柱人物,蔣氏以寫政論直刺日據當局而出名,賴和則主編文藝欄,以創作小說而聞名,兩人共同爲診治臺灣人的文化營養不良症而努力。

　　設置讀報社,成爲聚眾場所。矢內原忠雄在《日本帝國主義下之臺灣》中指出:「殖民地教育,通常是重視高等教育,有甚於原住者的初等教育;這一方面爲要養成統治的助手,同時則使一般庶民愚昧,以便統治。」〔註 34〕由於日本對臺灣的教育措施,採愚民政策,因此文協在初期的活動,以設置讀報社與舉辦各種講習會爲主,目的在啓發民智。讀報社有臺灣和日本的各種新聞雜誌,訂購報紙十數種以上,供一般大眾閱覽。舉辦各種講習會,大受民眾的歡迎,如「通俗衛生講習會」,藉以啓發民眾的衛生知識;「通俗學術講座」,充分發揮文化啓蒙的作用〔註35〕。

　　文協藉著各種活動與管道,希望提昇同胞的智識水準,拓展視野以了解世界思潮的趨向,進而追求臺灣人的獨立自主。其直接目標即在醫治臺灣同胞罹患的「智識的營養不良症」,因此認識文協,有助我們了解蔣渭水如何落實〈臨床講義〉的根本治療法。從今天的角度看起來,蔣渭水、賴和這些時代的先知先覺者、知行合一的醫事作家,最值得懷念的行事之一,便是他們除致力於抗日運動外,還不餘遺力地改革社會陋習——包括祈求建醮、補運謝神、燒金紙、聘金婚葬之奢靡、吸鴉片、嫖妓豪賭等。這些努力雖然和他們與生俱來的鄉土感情或同胞愛有關,但更是出自於他們高貴的道德情操與精神勇氣。

　　根據西德心理學家維拉.波蘭特在〈文學與疾病〉中的分析,作家個人患病的經驗,或通過疾病表現出來的經驗,對於作品的形成具有顯著的作用:

〔註34〕矢內原忠雄著、周憲文譯,《日本帝國主義下之臺灣》,頁 175,臺北:海峽學術,1999.10。

〔註35〕參林柏維《臺灣文化協會之研究(1921〜1927)》,頁 115〜118,中國文化大學歷史研究所碩士論文,1984。

名目繁多的疾病，從肉體受傷到機能障礙和傳染病，乃至身心疾病，還有精神失常和錯亂，作爲文學主題或題材，它們首先傳達了人們不尋常的經驗。這種患病的經驗，或通過疾病表現出來的經驗，豐富了關於人類存在的知識。其次，疾病在文學中的功用，往往作爲比喻（象徵），用以說明一個人和他周圍世界的關係變得特殊了。生活的進程對他不再是老樣子了，不再是正常和理所當然的了……。〔註36〕

又廖運範譯文〈醫學與文學〉也論及文學與疾病的關係：

疾病，有些作家只是偶爾利用疾病或意外事件，來適應情節的發展，但有些作家則試著去研究某種疾病對人物個性的影響。一般說來，一位作家之所以選用某疾病，不外乎三種理由：第一，他對某種疾病有直接的經驗；第二，他在追隨潮流；第三，他以某一疾病來象徵某一時代及其文化。〔註37〕

蔣渭水的〈臨床講義〉頗具巧思以「世界文化的低能兒」、「智識的營養不良」來象徵日治時期臺灣社會文化的低落，這正是屬於第三種的疾病主題義涵。

跨越時代的藥學詩人詹冰，在一九八九年十一月發表於《臺灣春秋》的〈人類病了〉這首詩，其意旨與〈臨床講義〉同爲診治社會的疾病，不同的是〈人類病了〉乃針對八○年代臺灣的社會現狀而論，全詩如下：

地球的人類，病了
而且，病得好厲害
天上的佛陀、耶穌、孔子
也無奈地搖頭嘆息──

有時發燒、冒汗、眼花
有時發冷、顫抖、悸動
有時咳嗽、氣喘、耳鳴
有時緊張、失眠、痙攣
有時夢語、囈語、暈眩
有時發癢、出疹、發炎

〔註36〕 見魯樞元、錢谷融主編《文學心理學》，頁65，臺北：新學識，1990.9。
〔註37〕 廖運範譯，〈醫學與文學〉，《當代醫學》1卷2期，頁100，1973.12。

有時浮腫、化膿、生瘤

有時出血、骨折、內外傷

有時便秘、瀉肚、四肢無力

有時中毒、麻痺、半身不遂

有時意識障礙、精神分裂

有時感染流行性疾病……

這樣的百病的痛苦集在一身

結果，人類就消瘦、衰弱、老化……

幾乎到無藥可救的地步——

找遍所有的醫書藥典

發現唯一的特效處方是：

「發揮愛心」！

萬一，這帖處方無效

那麼，就像恐龍一般

人類，從此由地球上消失！（1993：109）

首段以排比手法並列多種人類病症，呈現社會病入膏肓的藝術效果。隨著文明的發展與科技的進步，人類在生理上與精神上確實百病叢生，詩人於結尾費盡心思開示藥方，即「發揮愛心」，這一帖藥劑，不只是人類身心靈淨化的妙方，更是全球和平安詳的仙丹。全篇旨意和蔣渭水的〈臨床講義〉誠有同工異曲之妙，皆以筆桿為聽診器細診社會大眾的病症，具體提出切中腠理的根治之道，乃作家與醫學專業結合的藝術實踐。

第二節　反映民眾亂服秘方

　　清朝時代的臺灣，醫業屬於江湖上的行業，民眾都是靠祖傳的漢醫、草藥仙，或跑江湖的流動漢醫來醫治疾病，西醫只有極少數以傳道為目的、醫療為手段的外國傳教士而已。日治時期雖自一九〇一年起，嚴令漢醫均應於七月二十三日起至十二月底，限期向管區警察官署登記（〈臺灣醫生許可規則〉），以後就以警力取締未有登記而擅自行醫者〔註38〕。然而民眾對於醫療

〔註38〕參莊永明〈日治時代的醫學教育〉，《臺灣史料研究》8 號，頁 22，財團法人

問題，仍以祖傳秘方、藥草或求神問卜為原則的習慣，吳新榮在〈良醫良相〉中即明言道出：「祖傳秘方」、「家傳仙丹」、「密醫橫行」阻礙醫學的進步（1981.二：22）。有關反映民眾亂服秘方的醫事主題，在日治時期的醫事作家中以賴和的小說著墨最多。

　　一九三○年賴和發表的〈蛇先生〉，內容不只通過蛇先生被拘捕受刑罰的故事，譴責日本殖民體制法律的虛偽與殘酷，同時也透過蛇先生以藥草秘方治療蛇毒，批評舊社會迷信秘方的封閉觀念[註39]。〈蛇先生〉出現的人物有蛇先生、庄民、告發蛇先生的西醫以及求秘方化驗的西醫。故事核心由主角蛇先生聯絡貫串，他以捕獲田雞維生，對治療蛇毒的藥草有獨到的心得，據庄民的說法是一著手即成春，「曾有一個蛇傷的農民，受過西醫的醫治，不見有藥到病除那樣應驗，便由鄰人好意的指示，找蛇先生去，經他的手，傷處也就漸漸地紅褪腫消了。」（2000.一：91）蛇先生自認並非江湖郎中，不過是基於行善助人，為患者減輕疼痛，那知卻犯著了神聖的法律。他心知肚明沒有所謂的藥草秘方，縱使面對飛揚拔扈的日警，依舊「咒死賭活，堅說沒有秘方。」（2000.一：94）他唯有感嘆世間人，「明白事理的是真少。」（2000.一：102）由小說幾段敘述，即可以探窺庄民迷信秘方的心理背景：

> 因為蛇先生的推辭，屢信他秘方靈驗，屢是交纏不休。（2000.一：95）

> 世間人總以不知道的事為奇異，不曉得的物為珍貴，習見的便不稀罕，易得的就是下賤。（2000.一：99）

> 秘方秘法一經道破便不應驗。（2000.一：104）

道盡庄民崇拜秘方的心理，坦白真誠的蛇先生，也曾向西醫說明秘方靈驗的原因，這一段真情告白更可見其理性的思考與庄民的無知：

> 秘方！我千嘴萬舌，世人總不相信，有什麼秘方？！（2000.一：98）

> 蛇不是逐尾（每一條）有毒，……我所遇到的一百人中真被毒蛇所傷也不過十分之一外（餘），試問你！醫治一百個病人，設使被他死去十幾人，總無人敢嫌你咸慢（差勁），所以我的秘方便真有靈驗了。（2000.一：100）

吳三連臺灣史料基金會，1996.8。

[註39] 有關〈蛇先生〉的醫事主題，參筆者〈賴和「蛇先生」寫實意識探析〉，《中國現代文學理論季刊》13 期，1999.3。

> 咳！你也是內行的人，我也是已經要死的了，斷不敢說謊，希望你
> 信我，實在無什麼秘方。（2000.一：101）

> 毒強的蛇多是陰傴（陰毒），……到我手裏多是被那毒不大厲害的蛇
> 所咬傷，這是所謂陽傴（陽毒）的蛇，毒只限在咬傷的所在，這是
> 隨咬隨發作，也不過是皮肉紅腫腐爛疼痛，要醫治這何須有什麼秘
> 方？！（2000.一：102）

光明磊落的蛇先生，死前大方地把搗碎的藥草給了西醫拿回去化驗。這位西醫把秘製藥草提昇至科學分析的層次，「想利用近代科學，化驗它的構成，實驗它的性狀，以檢定秘藥的效驗，估定治療上的價值。」（2000.一：103）西醫的朋友花費一年十個月的光陰所化驗的結果，竟然：「只有既知巴豆，以外一些也沒有別的有效力的成分……！」（2000.一：104）故事結尾，只留下庄民的搖頭嘆氣與一紙沒有特別神奇療效的化驗結果。故事以此作結，頗有耐人尋味的藝術效果，不只揭開藥草秘方的神秘面紗，並嘲諷庄民的無知與迷信。如此看來，蛇先生的不凡，應當是來自他具有理性的思考，不同於其他庄民的無知。他的提供藥草，也只不過是扮演著醫療社會學中那位慰藉庄民的心理醫師。

賴和是一位關懷同胞疾苦的醫生，他將客觀和理性的觀察眞相，進而塑造〈蛇先生〉的人物，批評舊社會迷信秘方的封閉觀念，誠如施淑所說：「在〈蛇先生〉中，透過那帖草藥秘方的喜劇，賴和以一紙科學化驗證明，批判了被缺乏商品交易的農業經濟所決定的知識的片面性，也即普遍存在於農業社會的小天井意識和迷信。」〔註40〕由此我們不難理解賴和藉著本篇小說批評舊社會迷信秘方的封閉觀念是消極面，積極面當是提醒世人要相信知識，相信科學，因此塑造請求傳授秘方化驗的西醫，其目的在此。

賴和的另一篇小說〈未來的希望〉，也蘊涵了批評嘗試秘藥的寫實意識。三十七歲的阮大舍爲了達成生育的希望，他的妻妾嚐遍廣告上寫著其效如神，二百年來祕傳的眞方種子丹：「在不自覺之中，遂成爲一般走方醫的試驗動物。既被掛上試驗的號牌，當然免不掉犧牲。大舍的繼室，就在試藥之下失去了生命。」（2000.一：282）這是嘗試秘藥的後果，充滿荒誕不經的色彩，也是對舊社會積習相沿，故步自封的批評與導正。因此，唯有賴民眾自我的

〔註40〕施淑，〈稱子與稱錘——論賴和小說的思想性〉，收錄於張恆豪編《臺灣作家全集——賴和集》，頁279，臺北：前衛，1994.7。

覺醒，受過現代科學醫學訓練的賴和，藉著〈蛇先生〉、〈未來的希望〉，傳達勇於接受新知，忠於眞理的精神，實在是文化啓蒙時代導引民眾智識的重要課題。

日治時期作家也有多篇描寫亂服藥草、求神治病的情節，並諷刺其不當者。如吳希聖〈豚〉〔註41〕，阿秀這一位年輕賣春婦染上性病，家人請神明開藥方，病情一直沒有起色的阿秀，終以上吊自盡結束生命。朱點人〈蟬〉〔註42〕，純眞君的女兒罹患肺炎，在西藥不解熱、漢藥亦不奏效之下，大膽嘗試玳魚血解熱偏方，最後則以及時住院就醫，病情得以控制。龍瑛宗的〈黃家〉〔註43〕則說明主人翁之子罹患重病，但其母寧可求神問卜，吃香灰，而不肯接受西醫診療，最後導致悲劇。邱富〈大妗婆〉，大妗婆得了急病，西醫診察後病情沒有多大變化，親戚們提醒她兒子說：「西藥比較貴，中醫效力雖然緩慢，但價錢便宜，醫生如果治不好，那只有仰賴神明。」〔註44〕服食大媽祖、二媽祖的處方後，病況愈加嚴重。朱點人的〈紀念樹〉中梅的姑母，其口頭禪是「也著人，也著神」〔註45〕，所以生病時最相信女巫的指示，並將患肺病者認定是被大肚婦人「沖著」。楊逵〈無醫村〉則針對民間濫用藥草發抒感嘆之餘，進一步提出積極的建議說：「我以爲：須要把所有的民間藥集中起來，而加以分析，究明其中的成分，然後才集大成地詳加註明其適應症與使用方法，必要時也得到實地去指導。」〔註46〕嚴正指陳民間草藥應以科學方法分析研究，納之於純正的醫藥學術。小說中又述及無醫村醫師親眼目睹窮民無錢醫病而濫用草藥後，同情並感慨地說：

現在我開始知道民間治療法是瀉肚就給止瀉，發燒就給退熱，肚
子痛就用銅錢沾水來擦脊梁以麻痺神經。我曾看見小孩子們玩

〔註41〕 吳希聖，〈豚〉，收錄於葉石濤、鍾肇政主編《光復前臺灣文學全集3——豚》，頁3～28，臺北：遠景，1997.7。

〔註42〕 朱點人，〈蟬〉，收錄於葉石濤、鍾肇政主編《光復前臺灣文學全集4——薄命》，頁77～92，臺北：遠景，1997.7。

〔註43〕 龍瑛宗，〈黃家〉，收錄於葉石濤、鍾肇政主編《光復前臺灣文學全集7——植有木瓜樹的小鎮》，頁65～100，臺北：遠景，1997.7。

〔註44〕 邱富，〈大妗婆〉，收錄於葉石濤、鍾肇政主編《光復前臺灣文學全集6——送報伕》，頁280，臺北：遠景，1997.7。

〔註45〕 朱點人，〈紀念樹〉，收錄於張恆豪編《臺灣作家全集——王詩琅、朱點人合集》，頁166，臺北：前衛，1994.10。

〔註46〕 楊逵，〈無醫村〉，收錄於葉石濤、鍾肇政主編《光復前臺灣文學全集6——送報伕》，頁92，臺北：遠景，1997.7。

火。火引著壁上的枯草時，小孩子便用草啦、甘蔗葉啦來掩蔽它，
這倒使火勢愈猛，終於把整個屋子燒成灰燼。小孩們用這種滅火
的心理正和老婆子用草囉、樹根囉，給他的兒子吃，想要治好他
的病體的道理一樣，用心雖是很真摯，但這種無知的行為，實在
太可憐了。〔註47〕

為了不能讓人民的健康操之在那些具有神秘、怪誕色彩的治療方法上，楊逵
同賴和一樣，都希望所謂的祖傳秘方經過嚴格的檢查化驗，以確保國人的健
康。

　　民眾亂服藥草秘方的原因與其說是衛生觀念不普及，無寧是經濟關係較
為切實。一九三○年末，「新文協」、「農組」、「民眾黨」等組織曾向各地醫師
交涉，發起「藥價減低運動」〔註48〕，可知當時藥價昂貴，對一般民眾是相
當沈重的負擔。處在日本殖民政府的掠奪剝削，百姓三餐不繼，營養不良，
何來多餘的金錢治病，因此來自大自然的藥草，儼然成為救急秘方，〈一桿
「稱仔」〉中的秦得參這位貧窮農民染患瘧疾，自己亂服青草、漢藥，以致
造成嚴重的後遺症：

他（秦得參）患著瘧疾，病了四五天，才診過一次西醫，花去兩塊
多錢，……這回他不敢再請西醫診治了。他心理想，三天的工作，
還不夠吃一服藥，那得那麼些錢花？但亦不能放他病著，就煎些不
用錢的青草，或不多花錢的漢藥服食。雖未全部無效，總隔兩三天，
發一回寒熱，經過有好幾個月，才不再發作。（2000.一：46）

賴和透過秦得參醫治瘧疾的過程，刻劃窮人生病的痛苦，身為醫者的他很清
楚民眾服用藥草不單是無知或迷信，追根溯源應當是殖民體制下民眾經濟不
佳的因素。

　　在陳賜文的〈其山哥〉、楊華的〈一個勞慟者的死〉，我們也可以看到與
秦得參同病相憐的情節。〈其山哥〉，其山家境貧窮，咳嗽已久無錢看醫生，
所以只採些青草來吃，時好時壞，竟喀血出來。情急之下，其山嫂向金涼叔
借了一塊錢，在城隍爺的指點下，請了臭腳先來看病，診斷結果說：「我看
有較難啦！這是有錢人病，有錢人染了都不易治好，何況是貧窮人，總是藥

〔註47〕同前註，頁91。
〔註48〕詳參啓源〈藥價值下運動　醫療組織改革——に對すう考察〉，《臺灣新民報》
　　　　342～346號，1930.12.6～1931.1.10。

吃看怎樣，一半帖我看是沒有用，有錢可買藥嗎？」〔註 49〕由臭腳先的這段話正明晰反映窮人生病的無助。〈一個勞働者的死〉中，工人施君由於被資本家的勞力剝削，以致病倒，處境令人憐憫，探病的友人李君對於貧富懸殊所造成的不同境遇，深有感觸地訴說：「那穿著洋服的西醫，和那大名赫赫的院長，他們的老主顧老是富人家，貧窮的人寧死請不起他們，便是次一等的也要幾塊錢，能請得起他一趟兩趟嗎？」〔註 50〕引發小說中「我」的不平之感，道出：「——啊！生病！生病是富者的享福，窮人的受苦！施君呀，像你我這種人那裏配生病呢！窮人生了病，第一請不起醫生，第二掙不著工錢。窮人生了病，老實是死神降臨了……。」〔註 51〕這樣的實情在楊逵〈無醫村〉中透過主角醫生說：「窮人是要診斷書時才叫醫生的」〔註 52〕，醫生的角色對窮病人而言，已經不是診療醫，也不是預防醫，而完全成了個驗屍人。在楊逵另一小說〈模範村〉中，也提及蔡木槌無錢買藥為二子治病，只好「聽人家說什麼草藥好，就胡亂找些來煎給他們吃。結果一病未好，又染上別的毛病。」〔註 53〕迷信、落後的舊社會中，人們大半是貧窮、無知的，在生命的旅程中病痛死亡雖無法避免，但貧窮無知者所受的折磨卻更甚，也更引人同情。

　　殖民體制下無產者及勞動者倍受資產階層的掠奪，貧窮已使人失去基本生活的需求，加上長期與現實環境的搏鬥，生理與心理雙重煎熬，情何以堪！值得注意的是，賴和曾診斷日治時期臺灣百姓普遍患有營養不良，其病源即與民眾的生活環境密切相關，在一篇未命名的散文說：

> ……，眼見近來病人更多上幾倍，對我們利益上打算好，對社會一般想起實在心總不能安。這病由現時看起來，但只覺營養不良，血色枯燥而已，病人自身不覺得什麼苦痛，但生活的根本已受傷不少，已失了自主能力，亦不是限於一部，更散漫於四方，似有傳染

〔註 49〕陳賜文，〈其山哥〉，收錄於葉石濤、鍾肇政主編《光復前臺灣文學全集 3——豚》，頁 60，臺北：遠景，1997.7。

〔註 50〕楊華，〈一個勞働者的死〉，收錄於葉石濤、鍾肇政主編《光復前臺灣文學全集 4——薄命》，頁 11，臺北：遠景，1997.7。

〔註 51〕同前註，頁 14。

〔註 52〕楊逵，〈無醫村〉，收錄於葉石濤、鍾肇政主編《光復前臺灣文學全集 6——送報伕》，頁 93，臺北：遠景，1997.7。

〔註 53〕楊逵，〈模範村〉，收錄於張恆豪編《臺灣作家全集——楊逵集》，頁 254，臺北：前衛，1994.7。

性，……。（2000.二：196）

由此透顯賴和關懷民眾的健康，不僅局限於生理層面，更包含了心理層面以及社會層面。比賴和早三十四年出生的俄國醫生作家契訶夫，早在小說〈有閣樓的房子／一位藝術家的故事〉探討俄國女性生病的病源，並且提出一套人類健康、理想的生活方式，他說：

> 饑餓、受寒、動物性的懼怕，一大堆的工作，就像是一塊崩雪，阻礙了心靈活動的通路。它正好擋住了那區分人類和動物的東西，以及人生之所以值得生存的事。……人們應該免除繁重的勞力工作，……應該把他們從重擔中解放出來，讓他們有休息的機會。……他們因而有時間想到他們的靈魂，上帝，和拓展他們心智的能力，這種心智活動是指不斷地追求眞理和生命意義的活動。這是人類的天職。……一旦人類明白了他們眞正的天職，他們就會從宗教，科學和藝術中得到滿足……。〔註54〕

契訶夫認爲醫院和學校的幫助也無法解除民眾心靈的桎梏，相反地，醫療費、書款只是增加負擔罷了。契訶夫確信，唯有減輕工作的負擔，讓人類擁有自由之身，並且把空閒的時間用來致力科學和藝術的工作，共同追尋眞理和生命的意義，那麼人類才可以藉著這些恆久的眞理，從壓迫的病痛或死亡中解救出來。契訶夫的身心靈健康觀念也正是日治時期臺灣同胞的迫切需求，因爲在殖民體制下沒有生活的保障、沒有思想言論的自由，更遑論透過科學和藝術的工作，共同追尋眞理和生命的意義，這也就是蔣渭水、賴和、吳新榮等一匹有心的醫生從事社會改革的動力，其意義正是要爲臺灣同胞帶來更幸福、更進步的生活。

第三節　揭露療疾致富的社會價值觀

回溯日治時代臺灣同胞的就業情況，充其量只能做日人的工具，擔任低級的小職員；當時由於只有醫生和律師較少受到日人的干涉及壓迫，因此吸引了一部分青年投向這兩個自由職業。另外，一般人普遍存有醫學萬能、療疾致富的觀念；加上醫生社會地位崇高，「學醫」成了當時大家最嚮往的「出

〔註54〕契訶夫，〈有閣樓的房子／一位藝術家的故事〉，收錄於鍾玉澄譯《傻子》，頁157～159，臺北：志文，1976.8。

路」，難怪有一句臺灣俗語說：「第一醫生，第二賣冰。」賴和在〈富戶人的歷史〉，即透過前後兩個轎夫道出了開業醫和公醫收入豐厚的情形：

> 後：像古大醫生，比你慢幾年纔出來開業，現在聽講建置千外租，
>
> 　　羅醫生也比你較慢，現在也起一座大厝，伊的春錢怎那樣快。
>
> 前：醫生是怕不時行，若會時行，怕伊無錢賺，現在這許多的醫生，
>
> 　　啥人像你生意這樣好，就是公醫大人每年有萬餘圓賺，也無你
>
> 　　的信用好。（2000.一：296-297）

這一段對話可以作為日治時期臺灣醫生收入的參考，又如在〈阿四〉這篇自傳性小說，賴和敘述一九一七年辭去嘉義醫院的醫職，「周圍的人都勸他開業，說做醫生一年間至少也有幾千圓賺」（2000.一：268）。據稱「一九〇八年之際，一個開業醫師每月收入少則二、三百日圓，多則有達五百日圓左右者」〔註55〕，這樣的收入與教師薪資比較確實高出甚多。一九〇八年，臺籍教師初任月俸為十二至十七日圓，最高俸亦不過四十五日圓；一九一〇年則大約與前項數字相差無幾；至一九二〇年代，因物價上漲，臺籍教師在調薪之後，初任月俸達四十至五十日圓之間〔註56〕，仍不及醫生收入多。又根據吳新榮一九三七年十二月三十一日的日記說：

> 自開業五年以來今年是最有裕餘的一年。……今年的總患者數及總
>
> 收入款是未曾有的好紀錄。總患者數一七、五六一名，總收入款一
>
> 二、一四三圓。（1981.六：57）

若又以這個年度每月平均收入一千多圓來比較，顯然比薪資階級收入高出許多。醫生收入雖令人稱羨，但若與年納稅額數百甚至於數千圓的富豪相比，則仍然瞠乎其後。以一九二〇年代為例，有家產二千日圓以上者可稱為小康，有十萬日圓以上可算是富豪〔註57〕。由此可見醫生在當時社會應屬中產階級，也因此形成療疾致富、醫學萬能的社會價值觀，許多父母望子成醫，同時有不少青年學子為了改善家庭社會地位而志向從醫。

　　王昶雄的〈奔流〉透過伊東和林柏年的家長望子成醫的故事，描述社會對醫生職業的嚮往，小說中洪醫師曾感嘆道：「沒有比本島人對醫師的盲目的憧憬，更淺薄的了。」伊東自公學校畢業後，家長雖勉為其難答應他到日本

〔註55〕 吳文星，《日據時期臺灣社會領導階層之研究》，頁98，臺北：正中，1992.3。

〔註56〕 參吳文星《日據時期臺灣師範教育之研究》，頁168～176，臺灣師範大學歷史研究所專刊，1983。

〔註57〕 參吳文星《日據時期臺灣社會領導階層之研究》，頁124，臺北：正中，1992.3。

讀書，但唯一的條件是必須進入醫學校，伊東卻違背了父親的希望，就讀了
國文系（日文），從此斷了家庭的經濟支援，兼差工讀自立苦學，文中說：

> 期待著他進醫學的，他卻背叛了父親的要求，考上了 B 大的國文系。
> 父親發脾氣，更有過之的母親的歇斯底里的吵鬧，都是慘不忍睹。
> 這時候，他倆以不轉系，學費的供應就立刻中止來做威脅，但伊東
> 的決心仍絲毫不動搖。之後，直到畢業 B 大，父親的匯款不論有無，
> 他都完全不在意，一任青年的血氣，設法工讀一直苦學過來。（1995：
> 135～136）

另一位林柏年也是違逆父母期待的學子，到內地求學時，不顧雙親「要立志
做醫生」的叮嚀，反而進入了武道專門學校。林柏年的母親說：

> 那個孩子從小就喜歡讀書，說什麼工讀也要幹得好好的，這樣苦苦
> 的哀求。父親示以白眼，加以鞭打，也不在乎，一點辦法都沒有。
> 如果能像先生一樣，做個醫生的話，有時我們也會想，借債也可以
> 供他學費呀！（1995：132）

由王昶雄〈奔流〉中望子成醫的情節，不難想見社會崇仰醫生的風潮，另外
呂赫若的〈風水〉〔註 58〕，也描述周長坤如願地強迫兩個兒子進入醫學校，
以供他安養老年、厚實家業。而龍瑛宗〈午前的懸崖〉裡的醫學生張石濤，
勉強順從愛錢的父親去讀醫，卻造成莫大的痛苦，他說：

> 這都是因爲唸醫，賺錢是必定的。老爸根本就不想理解我的個性和
> 長處，祇把我當做搖錢樹。……我唸醫是件痛苦的事。但是，良心
> 上更痛苦的是我沒有醫學上的才華。將來，我在社會上成了一名沒
> 有才華的醫生，即使對病患盡了最大的努力，可是從更廣闊的、更
> 客觀的立場看來，由於我不是個夠資格的醫生，便很可能給社會造
> 成損失了。〔註 59〕

家長忽略孩子的個性與長處，使孩子成爲流行趨勢下的犧牲者，甚至造成社
會資源的浪費。這一段語重心長的自省，足令天下父母深思。

　　青年主動讀醫的例子，出現在賴和的〈盡堪回憶的癸的年〉。一位欣羨醫
生賺錢多的青年，急欲改善貧窮的家境，竟不顧學費的昂貴，而瞞著父親偷

〔註 58〕 呂赫若，〈風水〉，收錄於林至潔譯《呂赫若小說全集》，頁 301～318，臺北：
　　　　聯合文學，1995.7。
〔註 59〕 龍瑛宗，〈午前的懸崖〉，收錄於張恆豪編《臺灣作家全集——龍瑛宗集》，頁
　　　　87，臺北：前衛，1994.10。

偷報考醫學校，青年的父親向「我」（醫生）傳述說：

> 我的大孩子很欣羨汝們做先生的賺錢多、做名好，小學畢了業，就想考進上級去，因我們是窮人，不是資產家，是不能栽培子弟成人的，我就不答應⋯⋯

> 汝不曉得啊，這一起的學費，一月裏要幾十塊，我這老骨頭怎擔得起這重擔子。要不使他去，怕校裏不答應，后來他說是考在官費生裏，心纔放寬一點。雖說官費生，一月裏所用也要十來塊錢。（2000. 一：16）

父親因學費的重擔，絲毫沒有望子成醫的願望與喜悅。回顧醫學校成立初期，全部是「給費生」（官費生），由學校給予生活費及雜費，供給學生多、夏制服和學生帽、皮鞋等；一八九九年時，「每位學生給伙食費日幣二角及津貼五分，因上課需要派往六里外之處公差時，每位給付日幣一元五角以上的特別津貼。」杜聰明就讀時所拿到的「公費」是每個月六圓五十錢，其中五圓為食費及一圓五十錢為零用錢；晚了四年入學的韓石泉，所領取的公費已經提升到七圓五十錢，零用錢沒有變，但是伙食費成了六圓。五年的學業，雖然有公費的待遇，但是書籍費用和寒、暑假返鄉的旅費，仍然要自己支出，所以對於窮困人家的子弟仍然是一項負擔〔註60〕。然而因就讀醫學校乃提供清寒子弟改善社會地位的管道，縱使到了一九二○年代，醫學校學生的家庭背景多來自中、上階層家庭，這時清寒子弟讀醫以改善家庭狀況者仍然可見〔註61〕，賴和〈盡堪回憶的癸的年〉中的這位青年即是例子。

日治時期羨慕醫生頭銜的社會現象，也可以從姑娘喜嫁醫生為妻的婚姻表現出來，雖然這方面的題材並未出現在醫生作品中，然而李騰嶽在〈臺灣初期醫學教育的回顧〉一文就指出：「（醫學校）在當時是本省的最高學府，而其畢業生無論在官公立醫院就職，或從事自己開業，均受社會人士的尊重，所以有子女的家庭，男的都希望去學醫，女的希望嫁與新畢業的醫師，這時候可說是本省醫學者的黃金時代。」〔註62〕日治時期的小說中，赤子的〈擦

〔註60〕參莊永明〈日治時代的醫學教育〉，《臺灣史料研究》8號，頁 12，財團法人吳三連臺灣史料基金會，1996.8。

〔註61〕參吳文星《日據時期臺灣社會領導階層之研究》，頁 124～125，臺北：正中，1992.3。

〔註62〕見莊永明〈日治時代的醫學教育〉，《臺灣史料研究》8號，頁 9，財團法人吳三連臺灣史料基金會，1996.8。

鞋匠〉也曾有詳盡的描述：

> N 記者不是醫生，爲什麼要穿「醫士鞋」呢？因爲現在這種鞋是很
> 時髦的，差不多個個好漂亮的男子都喜歡穿來模仿醫生的派頭。這
> 種虛榮心，或許是因爲欣慕醫生的名頭好，賺錢又多，而且近來，
> T 島的醫生大多加上社會運動家的好頭銜。尤其是最值得人欣羨
> 的，就是那一班高女畢業的漂亮姑娘們，個個都喜歡嫁給醫生做先
> 生娘。所以醫生的飯碗，不單是成年的男子欣慕，就是連那乳臭未
> 離不知長短的小朋友，個個的腦中也不時浮著要做醫生！賺大錢，
> 買田園，建洋樓，討嬌妻，娶美妾念頭。〔註 63〕

這段話特別指出「高女畢業的漂亮姑娘們，個個都喜歡嫁給醫生做先生娘」，
根據楊金虎曾回憶當時「醫學生與臺北第三高女生之結婚，是定評的，是天
定的，當時的臺灣文化，就是此種程度」〔註 64〕，而其原因即是臺灣總督府
醫學校及臺北第三高等女學校分別爲當時男子及女子教育的最高學府，「所以
醫學校學生排在第一優秀，女學校畢業生的第一對象就是醫學生。」〔註 65〕
小說中陳瑞榮的〈失蹤〉〔註 66〕以及楊千鶴的〈花開時節〉〔註 67〕，也有敘
述世人喜歡把女兒嫁給醫生的情節，以〈花開時節〉爲例，高女畢業的惠英
經姑媽遊說的一門親事，「對方是醫生，以後賺的錢真是不可限量。」小說中
也提及了其他同學嫁作先生娘的幸福狀。

　　醫生雖然擁有名利雙收的優越地位，可是種種不爲人知的內心世界，世
人豈能體會？王昶雄〈奔流〉中洪醫師的行醫心聲，是生命被埋沒於鄉間懸
壺濟世的不滿足感，以及足不出戶的苦悶：

> 想研究到定型的心情，以及對北國生活的留戀，終於在現實之前，
> 立刻完全懾服了。繼承父親，一生埋沒於鄉間醫生的境遇，對我來
> 說，是很不容易忍受的。（1995：104）

　　小城雖小，父親留下的地盤卻意外地穩固，病患經常門庭若市。一

〔註 63〕赤子，〈擦鞋匠〉，收錄於李南衡編《日據下臺灣新文學明集 3——小說選集
　　　　二》，頁 7，臺北：明潭，1979.3。
〔註 64〕楊金虎，《七十回憶》（上），頁 57，臺北：龍文，1990。
〔註 65〕同前註，頁 44。
〔註 66〕陳瑞榮，〈失蹤〉，收錄於鍾肇政、葉石濤主編《光復前臺灣文學全集 6——送
　　　　報伕》，頁 169，臺北：遠景，1997.7。
〔註 67〕楊千鶴，〈花開時節〉，收錄於施淑編《日據時代臺灣小說選》，頁 294，臺北：
　　　　前衛，1997.5。

個半月過去了，每天每天都面對人生痛苦的一種象徵——病苦的
人，我反覆著喘不過氣來的緊張繁忙的生活。但是，我由於開業醫
生的悲哀，一步也不能出外。（1995：109）

另外，吳新榮在一九三七年五月二十八日的日記中反映患者眾多，導致無法
休息，甚至無暇為兒子治病的慨嘆：

驚異的躍進，又是突破新紀錄了，今日的患者總數確實一○三名。
我們致使無五分鐘的休息，如我最愛的小兒南河發了小熱也不能診
察治療，做醫生人也不能如意，也是真正的幸福嗎？（1981.六：49）

又在〈一個村醫的記錄〉道出生活的不自由以及看診的辛苦：

做一個草地醫生是困難的事，因為草地患者根本不理會你是早或
暗，你是忙不忙，尤其是多少有患者的開業醫，一日二十四小時都
是勤務時間。（1981.一：219）

隨筆〈三十年來〉，吳新榮回顧自一九三二年東京醫專畢業後，三十年間的行
醫經驗：

三十年來，想來想去，做醫生何有好處？……做醫生是一生勞碌，
享受的機會很少，不能遠行數日，談不上出國深造。（1981.二：141）

這段文字表達醫生的忙碌影響生活品質。再來，楊逵的〈無醫村〉則描述醫
生開業維艱的窘狀：

剛畢業時，是為了要籌開一家醫院的資金，吃了很多苦頭，開業以
後呢，生意又不好，從此便是始終為了還利息和種種費用在頭疼，
但是，世間的人都有一種習慣，以為醫生一定都很富裕，所以我也
就不願意把自己的慘狀公開出來。我常常想，這大概是地勢不好的
關係，若再搬到一個比較好的地方去，說不定生意就會漸漸好起來，
可是卻又恐怕增加債務，所以就這樣一天天地拖過去，苦痛也就一
天比一天地侵進到骨髓裡。〔註68〕

由〈奔流〉、〈一個村醫的記錄〉、〈三十年來〉、〈無醫村〉的醫生處境，
提醒世人所謂醫學萬能的社會價值觀，根本是盲目的、淺薄的，〈奔流〉說：

對於「望子成醫」的天下父母親的這種安逸的想法，真使人有不寒
而慄之感。讓潛藏在一個年輕人身中的可能，充分地生長，這種沒

─────────────────────────

〔註68〕楊逵〈無醫村〉，收錄於張恆豪編《臺灣作家全集——楊逵集》，頁85，臺北：
前衛，1994.10。

　　有偏見的熱忱，不才是現代的父母親所應有的嗎？醫學萬能，絕不
　　是對本島可喜的語辭。（1995：132）

洪醫師有感而發地呼籲天下父母親，唯有尊重個人天賦，依其興趣充分發揮，
本島人的前途發展才會更多元、更寬廣，又說：

　　本島人的前途，並不限於醫業，今後的本島人，既可做官吏，也可
　　以開拓藝術之道。所以，如果抹殺了個人所具有的天賦能力，是非
　　常可惜的。（1995：136）

這樣的理念在當時一片追慕學醫的潮流中，對民眾思想的啓發功不可沒，頗
具教育意義。王昶雄透過〈奔流〉，一則揭露醫生這個高尚職業的神秘面貌，
一則點醒社會療疾致富的功利價值觀。

第四節　塑造醫生形象

　　文學中的醫生形象，隨著醫學的發展、社會結構的改變而有所不同，正
反映出各時代對醫生的不同觀感，以及醫生對專業醫術、自我醫德的要求。
在世界文學中，十八世紀之前，醫學尚未採用科學的方法，那時在文學作品
中的醫生總是一些專橫小人的形象；但是不到十九世紀，這種傾向有了改變，
例如巴爾扎克筆下的醫生，大多數都是頂天立地的男子漢，是熱心好義的化
身；史帝文生（R.L.Stevenson，一八五〇～一八九四）塑造了人道關懷的醫生
形象〔註69〕。

　　再就中國古籍中的醫生形象來看，傳統中國評價醫生有「上工」、「良
工」、「大醫」之別，「上工」是指醫術高明，「良工」是指醫德可風，「大醫」
則是前兩者的綜合。

　　就醫術而言，根據《左傳》成公十年及昭公元年記載，秦國兩位名醫——
醫緩與醫和的醫事活動。醫緩診病，能準確判斷疾病的癥結所在和預後，技
術高超；這段記載同時反映當時醫術已能採用灸法、針刺和服藥等多種治療
手段。又醫和論疾一席話，說明對六氣等不同病因已有初步認識，並涉及陰
陽學說、人與自然及人應節慾以養生等醫學基本思想，反映中醫醫學理論正
在開始形成和逐步發展〔註70〕。其次，在《史記》卷一百五十〈扁鵲倉公列

〔註69〕參廖運範譯〈醫學與文學〉，《當代醫學》，頁102，1973.12。
〔註70〕參段逸山主編《醫古文1》〈醫師章〉，頁9，臺北：知音，1998.5。

傳第四十五〉，司馬遷以戰國時的秦越人爲原型，選取典型事例，通過三個病案，塑造了扁鵲這位名醫的形象。說明他善長望、聞、問、切等診斷方法，也精通湯劑、針灸、藥酒、按摩，甚至各種食療等療法，技術全面，能「隨俗爲變」，以適應社會的需要。在〈倉公傳〉中，既記述淳于意的生平，又詳細收錄二十五則診籍，記載病者姓名、貫里、職業、病狀、診斷、病理分析與治療預後等，爲後世醫案、病史的先河〔註71〕。《左傳》、《史記》各描繪了醫緩、醫和、扁鵲這幾位醫術高明的「上工」醫生形象。

就醫德而言，唐代沈亞之〈表醫者郭常〉一文，記述郭常治癒某商賈重病而謝絕厚酬的事跡，表彰他體恤病人、不慕財利的高尚醫德〔註72〕，誠然是醫界的「良工」。

《新唐書‧孫思邈傳》中，描述唐代著名的醫藥學家孫思邈，長期在民間行醫採藥，著書立說，總結了唐以前豐富的醫療實踐經驗和個人的臨診心得，寫成《千金要方》和《千金翼方》兩部鉅著。他重視醫生的業務和道德修養，提倡採用服藥和施加針、灸等綜合療法，主張健身養生，晚年尚在研究傷寒學說。提出「心小膽大行方智圓」的原則，對後世的醫德修養影響頗深〔註73〕，孫思邈是兼具醫術高明、醫德可風的「大醫」形象。

到了《太平廣記》、《宋人笑話》及元雜劇中，也都有醫生形象的刻劃，或心術險惡、詼諧逗趣，或高尚清廉，不一而足〔註74〕。

臺灣醫生社會地位到了日治時期大爲提昇，不只經濟上成爲中產階級，醫德與醫術上亦普獲好評，因此在當時的小說中不少以醫生治病爲寫作材料者，呈現醫生品類的美醜風貌與社會群生的疾苦形神。本節首先分析賴和、吳新榮、王昶雄筆下的醫生形象，次則與其他作家筆下的醫生形象作一比較，最後凸顯醫事作家塑造醫生行象的特殊性及其意義。

賴和、吳新榮、王昶雄筆下的醫生形象，可以區分爲以下三類：

〔註71〕同前註，頁46。
〔註72〕沈亞之，《沈下賢文集》卷四〈表醫者郭常〉，《四庫全書總目‧集部‧別集類（三）》。參前註書，頁137～138。
〔註73〕參前註書，頁66。
〔註74〕參蔡雅薰《「太平廣記」、「宋人笑話」及元雜劇之醫生群像初探》，收錄於《醫護文史學術研究成果發表會專刊》，輔英技術學院人文教育中心編，2000.10.7。

一、醫人醫國型

　　醫生懸壺濟世原本就是既勞心又勞力的工作，因此，孫中山先生棄醫獻身於革命，魯迅棄醫從文。然而日治時期的蔣渭水、林篤勳、李應章、賴和、楊木、韓石泉、石錫勳、吳新榮等人，他們則一邊行醫，一邊實踐社會運動的理想，如果他們的生命價值觀不是擁有堅定的拯救民族的信念，將如何同時兼顧現實與理想，熱情地投注在這兩分救人的事業上。吳新榮在〈點滴拾錄〉即強調說：「醫生不是人類的吸血鬼，也不是黃金的奴隸。醫生任何時都要為病社會的救護者，新世界的創造人。」（1981.一：79）吳新榮顯然不是奉行貴族主義、功利主義，身處於臺灣政治運動風起雲湧的日治時期，有良心的知識分子永遠思考著明日的臺灣，需要醫生做什麼？吳新榮一九三○年的〈不但啦也要啦〉一詩，更具體道出一個行醫者對社會民族的重責大任：

> 南方的青年呀！
> 我們學醫：
> 不但要治自己的空腹
> 不但要圖家族的幸福
> 我們學醫：
> 也要治社會的病毒！
> 也要圖民族的光復！
>
> 南方的青年呀！
> 所以我們
> 不但要努力現在的研究
>
> 不但要實現眼前的要求
> 所以我們
> 也要奪還一切的自由！
> 也要打倒人間的怨仇！　（1981.一：9）

這首詩強調學醫的目的，「不但要治自己的空腹／不但要圖家族的幸福」，「也要治社會的病毒／也要圖民族的光復」，尤其對異族統治下的臺灣人來說，唯有醫生或律師才能和日本人一爭長短，因此不僅要做個疾病的醫生，更要做社會及民族的醫生。深深喜歡「良醫良相」（1981.二：21）這四個字

的吳新榮，在〈社會醫學短論〉中對「仁術」下了這樣的定義：「是爲社會服務的犧牲精神來做最高的道德」（1981.一：213），吳新榮以新詩與隨筆的形式，明確地傳達行醫者應當具備「醫人醫國」的精神；而賴和則將行醫者崇高的政治理想、滿腔的熱血與愛國情操，寄託在〈阿四〉、〈辱〉這兩篇醫生角色的精神塑造上。

　　〈阿四〉，以第三人稱「阿四」爲敘事觀點，他是一位熱心於社會運動的醫生，常活躍於文化講演會上，得到民眾熱烈的歡迎。阿四的故事，作者最主要呈現的是一位滿懷理想的醫學校畢業生踏出校門後，轉向現實社會後所遭遇的種種衝擊，諸如實習過程面臨日本人對臺灣人的種族歧視、不平等待遇，開業後處處遭法律的干涉；再加上世界解放思潮的影響，以及許多留學生朋友的遊說鼓舞。進而使他覺悟到：「前所意想的事業盡屬虛幻，只有爲大眾服務，纔是正當的事業、光榮的事業。」毅然加入「臺灣議會請願運動」、「臺灣文化協會」，以實際行動與政治壓迫者一搏。往後的情節安排，阿四和幾位醫生因支援東京留學生講演隊，被日本警方以「阿片取締細則」告發，又因「治警事件」入獄；然而阿四並不退縮，還是熱心於社會啓蒙活動，尤其能與昔日志同道合的醫學校同學一起爲臺灣前途打拼，樂此不疲；甚至當年醫學校校長高木友枝的話語：「將來的臺灣會成爲醫學校卒業（畢業）生的臺灣。」（2000.一：272）言猶在耳，也爲阿四增添不少的勇氣。小說最後以阿四赴竹林爲苦於無法自救的農民演講，面對這一群將希望寄託在「臺灣文化協會」的農民，阿四極盡所能想要藉著講演，給予他們安慰與光明：

> 阿四看這種狀況，心裏眞不能自安，他想大眾這樣崇仰著、信賴著、期待著，要是不能使他們實際上得點幸福，只使曉得痛苦的由來，增長不平的憤恨，而又不給與他們解決的方法，準會使他們失望，結果只有加添他們的悲哀，這不是轉（反而）成罪過？所以他這晚立在講臺上，靜肅的會場，只看見萬頭仰向，個個的眼裏皆射出熱烈希望的視線，集注在他的臉上，使他心裏燃起火一樣的同情，想盡他舌的能力，講些他們所要聽的話，使各個人得些眼前的慰安，留著未來的希望，抱著歡喜的心情，給他們做歸遺家人的贈品。
> （2000.一：275）

結尾以農民運動爲焦點，不但不被史料束縛，反而可以感受醫生用愛擁抱民眾的胸懷，將農民的特殊遭遇以及內在心理幽幽地洩出，呈現了醫生陪伴農民進行龐大命運抗爭的救贖形象。

〈辱〉中的醫生也是「臺灣文化協會」的會員，賴和以全知觀點敘述醫生遭遇日本警察的騷擾，以及圍觀群眾的無知：

> 擋煞了戲，那一行拿人的人，增大了許多威風似的，雄雄糾糾，擺
> 擺搖搖，衝進一處醫生館去。那醫生本也是文化的一派，也曾在演
> 講臺上講過自由平等正義人道；現時不常見他再上舞臺，想是縮腳
> 中的一個。未走散的民眾，看見他們走進醫生館，有的在替那醫生
> 擔憂，因爲醫生和他們是對頭。（2000.一：131）

這一位平日在演講臺上喚醒民眾反抗異族統治的醫生，義憤填膺的向警察表明：「我是覺悟者，覺悟在恁地方被刣的。」「不是講野蠻的手段，還有文明的方法。」此時此刻，手執聽診器的醫生，完全是正義者的形象。在理想與現實的衝突之間，承擔大多數人的痛楚，承擔時代的憂患奮力前進。

就在這一場警察擾民的事件過後，爭看熱鬧的民眾卻評論道：

> 濫肆權威之後，到講正義人道的人的面前去顯一顯威風，眞是稱心
> 的事情，痛快無比。眞光榮？他們也去拜訪他。（2000.一：131）

「眞光榮？」是反諷，也是民眾的無知。醫生聞此深表痛心受辱，覺悟唯有教育啓蒙民眾，以凝聚更多正義的力量共同來抗拒橫暴，才是積極之道。

顯然的〈阿四〉、〈辱〉的醫生形象，其實就是賴和的化身。就文學創作而言，作者不只是說自己故事，而且藉著小說中醫生的動作、情節，來呈現「醫國者」的心理探索。一九三二年赤子〈擦鞋匠〉中也有敘述道：「T 島的醫生大多加上社會運動家的好頭銜」〔註 75〕，即指當時臺灣醫生多爲「臺灣文化協會」會員，從事文化、政治抗爭運動，以喚醒民眾反抗異族統治。另外，葉石濤於一九六六年發表的〈獄中記〉，這篇小說敘述畢業自東京帝大醫學部的李淳，在戰前因「叛國」罪名入獄的情節，也是一位從事政治社會運動的醫生形象。上醫醫國，中醫醫人，下醫醫病。從這些小說中，我們可以觀知習醫的知識分子，在日治時期對文化啓蒙、社會、政治民族運動都做了極大的貢獻。

二、以文學爲情婦型

雖然首位表白「醫學爲妻子，文學爲情婦」的是俄國契訶夫，但是古今

〔註 75〕赤子，〈擦鞋匠〉，收錄於李南衡編《日據下臺灣新文學明集 3——小說選集二》，頁 7，臺北：明潭，1979.3。

中外左執聽診器、右執詩文筆的醫生，不勝其數。在日治時期小說中即有多位醫生喜好文學閱讀或寫作。其中賴和〈彫古董〉中的懶先生，就是一位兼愛舞文弄墨的醫生，他在文學喜好與成就上，有下列幾項特色：第一、對漢學用心，也發表過漢詩：

> 懶先生是西醫，是現代人，不知是什麼緣故，大概是遺傳性的作祟罷！也有點遺老的氣質，對漢學曾很用心過，提起漢學自然會使人聯想到中國的精神文明，懶先生雖不似衛道家們時常悲世嘆人，也似有傾向到精神文明去的所向，對現代人的物質生活，卻不敢十分贊同，所以被上了「聖人」一個尊號（假性）。幾年前曾在所謂騷壇之上，露過面目，對於做詩也受過老前輩的稱許。（2000.一：106）

第二、由漢詩轉而創作白話小說，並閱讀現代小說：

> 只是不再見他大做其詩，反而有時見其發表一篇兩篇的白話小說。又且他無事時聊當消遣的《玉梨魂》、《雪鴻淚史》、《定夷筆記》，已由案頭消失，重新排上的卻是《灰色馬》、《工人綏惠洛夫》、《噫！無情》、《處女地》等類的小說。（2000.一：107）

第三、以醫學為本妻、文學為情婦：

> 變了相的懶先生，也還沒有拋棄他費人生命賺錢的醫生而不做的勇氣，因為　這是在現時社會上一種很穩當的生活手段，可以說懶先生是醫生而愛弄些不三四兩的文墨的一類人。（2000.一：107）

第四、在醫學與文學之間，懶先生更欣然接受文學的被肯定：

> 懶先生也是人，（雖曾受過聖人的尊稱，那是可以捉弄的憨直人的謚號），也還有名譽心，也愛人「荷老」（誇獎），關於醫業上的荷老，人家總是欣羨他的賺錢，他似不高興承受，而且有點厭膩，只有關於他所弄文字的荷老，會使他高興，因為這些人多少有點文藝知識，可以互相切磋。（2000.一：107）

第五、特別喜好閱讀小說：

> 我的愛好文藝，不，只是愛讀小說，原為消遣自己無聊的光陰，因為沒有像別人以婦人美酒為消遣的才能。（2000.一：110）

如果說〈阿四〉和〈辱〉是賴和參與政治社會運動的心路歷程，那麼〈彫古董〉就是他的文學歷程寫照了，本篇情節中還特別設計醫生看診空檔，為一位文藝同好的讀者回信，並幫其修改小說創作的插曲，獎掖後進的熱誠溢於

言表。

王昶雄〈奔流〉中第一人稱的「洪醫師」和習醫的父親，同是文學閱讀的愛好者，小說透過患者伊東第一次以朋友的身分造訪醫生，即訝異於其藏書的豐富：

> 「藏書眞不少，是個學者啊！」伊東說著，瀏覽著兩架大書架。「哈哈！你的文學的書，比醫學的書還多嘛！」
>
> 「哈哈，哈哈哈哈！」我笑著推過坐墊給他。「過世的父親的書也在裡面。這樣也看得出來，一時曾是很熱烈的文學青年，想做個作家，終究是一場昔日的夢啦！」（1995：107）

另外，幾位非醫生作家也有「以文學爲情婦型」的醫生塑造。楊逵〈無醫村〉第一人稱的醫生，他也寫詩，一邊慘淡開業行醫，一邊寫稿，並以金錢支助雜誌社的經營：

> ……在學校時，曾寫過詩和小說，既沒受人讚賞，也沒受過貶抑……如今想一想，除排字工和校對者以外，恐怕沒有一個人讀過這些作品吧。但是，好像「大舌的愛講話」似的，以後我還是時常想寫些什麼。〔註76〕
>
> 在學生時代發生關係的同人雜誌，來信向我要稿和捐錢。……吾兄，我們的雜誌社現在是瀕於垂死的狀態中，很迫切地盼望吾兄給我們打一針強心劑——……就在藥局找出注射藥和其他的藥品讓給鄰居的名醫，把那些錢寄去。……我進了診察室時，燒剩的稿紙還在微微地冒煙，我把它吹掉，拿了新的稿紙，以新的感觸寫著和去時不同的詩，當夜就寫成了。〔註77〕

龍瑛宗〈午前的懸崖〉的醫學生張石濤，是位熱愛文藝更甚於醫學的青年，在父親貪婪的如意算盤下，逼讀賺錢的醫科，使得他常常把本行的醫學擱在一旁：

> 張石濤的書齋。裡頭大約隔成兩半，一半是鋪上六蓆榻榻米的床，用紙門隔開，其餘一半有書桌、書櫥。書以醫學方面及文學類的爲主。例如葛西善藏的《悲哀的父親》、賽珍珠的《大地》、司坦達爾

〔註76〕楊逵，〈無醫村〉，收錄於張恆豪編《臺灣作家全集——楊逵集》，頁83，臺北：前衛，1994.10。

〔註77〕同前註，頁85、93。

的《紅與黑》、紀德的《造假錢的人》、《藤村詩集》，還有屠格涅夫
的《貴族之家》、《煙》、《初戀》等。〔註78〕

「文學方面也是。佛洛拜、莫泊桑等人的作品，正好象徵著疲倦的
法國。」

……「你好像看了不少書？」

「也不算多吧，不過常常把本行的醫學擱在一旁，讀文學方面的書。」

……「……我祇不過是個藝術的愛好者罷了。……」〔註79〕

呂赫若在〈順德醫院〉中，將醫生松柏塑造成一個熱愛文學更甚於醫學
的熱情詩人：

> 對惠珠而言，與其說是愛著丈夫的醫生身分，不如說是因為丈夫是
> 一位熱情的詩人而愛著他。……雖說是醫生，但在松柏的書房裡，
> 淨是一些文學的書，而他對醫學的話題也不如文學的多。惠珠認為
> 丈夫的心情是美麗的，他也總是讚美丈夫的詩，夢想著他的心境，
> 夫妻倆人常夜夜談論藝術，交換關於人生和人性的意見。〔註80〕

當我們透過「臺灣新民報社」及「興南新聞社」所編的《臺灣人士鑑》
（一九三四、一九三七、一九四三年版），得以一窺日治時期臺灣醫生的嗜
好趨向，在取樣五六一人（有效樣本四○九人）中，讀書項目有二五○人（含
讀書、文學、文藝、小說），佔了最多人數；其餘依序是運動一三七人、音
樂九六人、園藝八三人、棋藝五八人、旅行四三人、詩作三二人（含詩作、
俳句、和歌等）、收藏二三人、攝影十九人。這樣的調查結果與日治時期小
說中醫生對文學的嗜好，正好是吻合的。

三、身體醫兼心理醫型

身體醫兼心理醫型的形象，早在《太平廣記》二一九卷中的〈元顥〉條，
曾出現醫生不只治病，還兼顧患者的心理作用，內文說：

〔註78〕 龍瑛宗，〈午前的懸崖〉，收錄於張恆豪編《臺灣作家全集──龍瑛宗集》，頁
86，臺北：前衛，1994.10。

〔註79〕 同前註，頁88～89。

〔註80〕 呂赫若，〈順德醫院〉，《臺灣藝術》49號，昭和19年（1944）5月1日。原
文日文，此處譯文由朱家慧譯。見朱家慧〈藝術追求或社會責任？──從「順
德醫院」及其樂評看呂赫若的藝術觀〉，頁7，臺灣文學研討會「臺中縣作家
與作品」，臺中：臺中縣政府主辦，2000.3.25。

> 唐時京城有醫人忘其姓名。元頏中表間，有一婦人從夫南來，曾誤
> 食一蟲，常疑之，由是成疾，頻療不損，請看之。醫者知其所患，
> 乃請主人姨嬭中謹密者一人，預戒之曰：「今以藥吐瀉，但以盤盂盛
> 之。」當吐之時，但言有一小蝦蟆走去，然切不得令病者知是誑紿
> 也，其乃僕遵之，此疾永除。〔註81〕

生病有時是心理臆想所致，並非是眞有病；婦人因爲誤食一蟲，久疑成疾，醫生巧妙設計法子，使人誑稱其吐瀉出一隻小蝦蟆，婦人心患大除之後，疾病自然不藥而癒。

在王昶雄〈奔流〉中的洪醫師，也是一位身體醫兼心理醫的類型，對長期處在皇民化體制下的知識分子的心靈有入微的關照。他的行醫理念是：

> 醫生這類人種，會不會只顧人的肉體，而忘掉人有精神的一面呢？
> 我開始領悟、診察了的肉體，而不能同時適切地判斷人的感情、心
> 理的力量，沒有這個自信是不成的。（1995：123）

小說的重點並沒有正面描述洪醫師醫術的精湛，然而他對病人林柏年內在感情、心理的了解，以及前途的鼓勵，使這位血性青年如沐春風，可以信賴地傾吐內心語言，良好的醫病關係流露無遺。面對另一位病人伊東的日本化，他不只細密地診察出伊東良知扭曲及人格解體的苦狀，同時也激發他體悟到臺灣青年糾葛在雙重文化生活夾縫中的苦惱。

周金波〈水癌〉裡，以第一人稱塑造一位身體醫兼心理醫型的牙醫，他留學日本，是典型的皇國臣民，立志要改造臺灣、要洗淨臺灣人的血，自認爲：「我可不是普通醫生！我不是還得做同胞的心理醫生才行嗎？」〔註82〕但我們看到的卻是：他以高高在上、不可一世的神氣凌駕於臺灣人，作爲殖民者的「仿效者」，他甚至比殖民者還盛氣凌人。對照〈奔流〉來看，〈水癌〉的醫生形象，根本不見其對臺灣同胞眞誠的關懷。

除此，呂赫若〈順德醫院〉的松柏醫師，他認爲醫生應當如小說家、詩人，純粹以探究人性的文學精神來行醫：

> 我覺得醫生必須像文人一樣。當作家寫小說、詩人作詩的時候，便
> 遠離一切的功利性，只純粹探究人性，這種精神是醫生應該學習的。

〔註81〕《太平廣記》（三），頁 1676～1677，臺北：文史哲，1987。
〔註82〕周金波，〈水癌〉，《文藝臺灣》2 號，1940.3。原文日文，此處譯文見垂水千惠著、涂翠花譯，〈戰前「日本語」作家——王昶雄與陳水泉、周金波之比較〉，《臺灣文藝》總號 136 創新 16，1993.5。

如此一來，世間庸俗的醫生才會變得更優秀了。我覺得，我們應該
擷取文學的精神來對待病人。〔註83〕

　　以上賴和、王昶雄筆下的醫生形象，皆屬品類崇高、仁心仁術者；至於
陳賜文、楊逵、邱富、呂赫若、吳濁流、謝萬安、楊華等人，則以旁觀者的
角度，塑造了更多樣的醫生形貌，如醫德可風型、現實營利型、皇國臣民型
等。

　　首先來看醫德可風型。陳賜文的〈其山哥〉〔註84〕，人稱「臭腳先」
的草藥醫生，雖失了時氣，卻仍負責盡職地看病，並發揮慈悲的憐憫心，留
下紅包給窮患者買藥。楊逵〈無醫村〉中的「預防醫」，有理想也有醫德，
本著「醫師不是賺錢的職業」、「不應該忽略了崇高的醫德」〔註85〕來行醫。
邱富的〈大妗婆〉〔註86〕，王醫師拒收窮人家的出診費（紅包），主動往診
關照患者病情的進展。呂赫若的〈清秋〉〔註87〕，耀勳醫師對「醫學終究
還是金錢的奴隸」這一事實感到悲哀，他堅守：「醫生本當以扁鵲華陀之崇
德妙術，盡瘁於桑梓之衛生文化，方為正途！」「醫生是一種『人』的責任，
是一無上清高的職業的信念。」這些都是醫界仙手佛心的形象，發揚了醫者
的職業道德。

　　其次是現實營利型，吳濁流的〈先生媽〉〔註88〕，嗜財如命的錢新發，
靠太太娘家得以開業發跡；為了招攬生意，對病人諂諛偽善地施予病情的恐
嚇，以便替病人多打幾針以收取高價的診療費。謝萬安〈五谷王〉〔註89〕，

〔註83〕呂赫若，〈順德醫院〉，《臺灣藝術》49號，昭和19年5月1日。原文日文，
　　　　此處譯文由朱家慧譯。見朱家慧〈藝術追求或社會責任？——從「順德醫院」
　　　　及其樂評看呂赫若的藝術觀〉，頁8，臺灣文學研討會：「臺中縣作家與作品」，
　　　　臺中：臺中縣政府主辦，2000.3.25。
〔註84〕陳賜文，〈其山哥〉，收錄於李南衡編《日據下臺灣新文學明集3——小說選集
　　　　二》，頁18，臺北：明潭，1979.3。
〔註85〕楊逵，〈無醫村〉，收錄於張恆豪編《臺灣作家全集——楊逵集》，頁85，臺北：
　　　　前衛，1994.10。
〔註86〕邱富，〈大妗婆〉，收錄於鍾肇政、葉石濤主編《光復前臺灣文學全集——送
　　　　報伕》，頁263，臺北：遠景，1997.7。
〔註87〕呂赫若，〈清秋〉，收錄於林至潔譯《呂赫若小說全集》，頁414，臺北：聯合
　　　　文學，1999.5。
〔註88〕吳濁流，〈先生媽〉，收錄於彭瑞金編《臺灣作家全集——吳濁流集》，頁21，
　　　　臺北：前衛，1997.4。
〔註89〕謝萬安，〈五谷王〉，收錄於李南衡編《日據下臺灣新文學明集3——小說選集
　　　　二》，頁189，臺北：明潭，1979.3。

大地主的二個學醫的兒子，奢侈放蕩，狎妓納妾，家庭風波不斷。尤其長子阿杉習醫而絲毫無醫德，只因病人忘了帶錢來，便將藥水擲向玻璃，對窮病人苛待至極。楊華〈一個勞慟者的死〉〔註90〕，敘述勞動者久病未醫的慘狀，道出了窮人生病請不起醫生的無奈：「生病是富者的享福，窮人的受苦」，冷嘲熱諷不講德術、嗜財如命的醫生。呂赫若的〈清秋〉，開設「博濟醫院」的醫師江有海，和一般以營利爲主的醫生沆瀣一氣，把醫業當做生意經營。這一類醫生缺乏崇高的救人理想，有如醫術的商人、醫學的冒瀆者，醫品庸俗墮落。

還有一類是皇國臣民型，除了周金波〈水癌〉中的牙醫接受皇民化，吳濁流〈先生媽〉的醫生錢新發，也不顧母親心意，擅改爲「國語」家庭，生活日本化，對日本郡守或課長極盡阿諛。勉強母親講日本語、穿日本和服、住日本屋、吃味噌湯，過純粹的日本生活，直至母親含恨去世，仍要被逼接受日本喪禮。

綜觀以上日治時期臺灣小說中的醫生形象，有：「醫人醫國」型、「以文學爲情婦」型、「身體醫兼心理醫」型、「醫德可風」型、「現實營利」型、「皇國臣民」型，顯然比傳統中國評價醫生的「上工」、「良工」、「大醫」之別，呈現更多種的樣貌。值得注意的是，「醫人醫國」型只出現在賴和、吳新榮筆下，他們由自傳經驗注入了時代性格、社會環境、國事時局的觀察，其類型意義不只彰顯日治時期知識分子對社會的責任，由病人關照至民族未來的命運，更如實地表現了當時醫生社會角色的特殊性。至於其他作家筆下的醫生形象，出現最多的是「醫德可風」型、「現實營利」型，反映治病醫德上的「良工」風範，是日治時期民眾評價醫生的重要指標；尤其針對不計德術、只知賺錢、俗不可耐的醫生，充滿冷嘲熱諷的意味。藉由這些醫生形象，也讓我們了解這幾位醫事作家的思想觀念和價值取向的問題。

第五節　描述行醫體驗

日治時期醫事作家中，賴和、吳新榮的作品處處可見其個人行醫體驗的描述，不同的是：賴和的敘述視角以自我爲焦點，吳新榮的敘述視角拓展至大時代的醫療環境。

〔註90〕楊華，〈一個勞慟者的死〉，收錄於李南衡編前註書，頁141。

一、從實習到開業

　　就賴和而言，他在〈未來的希望〉、〈阿四〉、〈富戶人的歷史〉、〈蛇先生〉、〈彫古董〉、〈辱〉等六篇小說皆出現醫生的角色，自傳色彩濃厚。以〈阿四〉這篇小說為例，創作日期雖不詳，內容卻詳實地記述了賴和自一九一四年四月醫學校畢業後，至一九二三年從事社會運動以及醫館遭警察搜索的行醫歷程。這中間也敘及一九一五年由學校推薦，前往嘉義醫院就任醫職時，面對不平等待遇的心情：

> 阿四到醫院受命那天，他覺得他在學校中所描劃的理想事業，將有破滅的危險，他便把神經特別地緊張著，想和這惡環境鬥爭一下看。他的俸給使他吃驚地小，不及同時拜命的日本人一半，又且事務長向他說，宿舍因內地人醫員增員，你們沒處可住了，你自己去租，宿舍料（費用）規定本十五圓，因為是臺灣人，六割（六折），九圓；獨身又再七割，六圓三角，可在這範圍內，自己去尋一間。因為是臺灣人就可住較便宜的房屋，這有什麼理由？他拜命初，也不敢質問，只有忍受著。（2000.一：266）

在醫院的待遇，不只薪水不及共事日本人的一半，而且沒有配給宿舍，更令賴和難以忍受的是任職將近一年，仍只是擔任筆錄病歷的實習醫生和翻譯的事務，不被承認是完全的醫生，在忍無可忍的歧視待遇之下，他終於提出陳述，結果非僅不能見容於醫院，並且產生更屬害的衝突：

> 翌日院長又向同時任命的臺灣人說，你們一兩年后是要去開業的，到醫院來說給醫院服務，毋寧說醫院供你們實習較實在，我也認定你們是來實習，所以各科都任你們自由去見學，醫院給你們特別的便宜，希望你們對醫院不可有無理的要望。阿四的自尊心，給這番訓話破壞到無餘了，醫院簡直不承認我們是一個完全的醫生。唉！這樣的侮辱，阿四想，就要厭憎嗎？不能向他抗議一聲嗎？結果不能，別人皆表示著十分的滿足。阿四傷心了，還希望執到實務以后，能有改善的機會。一月等過一月，將過了一年，他所執的事務，依然是筆生（抄寫圓）和通譯（翻譯）的範圍，他不能忍受了，翌年捉到了機會，便向院長提出希望，對主任陳述要求。結果非僅不能見容，併且生出意見的衝突，傷了互相間的情誼。他所受的待遇，就更加冷酷了。兩年后，他便決心把研究慾拋掉，把希望縮小，也

曉得他所理想的事業，是不易實現了，就把醫院的職務辭去。（2000.
一：267）

一九一七年六月辭去醫院的職務，賴和接受家人與鄉人的建議在彰化市
仔尾故居自行開設賴和醫院，小說敘述道：「他回到家裏，周圍的人都勸他開
業，……他本想要求家裏，再供給他幾年學費，看這樣子一定是不可能了，
便也順從家人的勸說，在自己的鄉里開起業來。」（2000.一：268）賴和個人
的行醫記，透顯殖民者對臺灣醫生的差別待遇。

就創作取材而言，跨越文學的醫事作家，融注自己專業職場的觀察省思
入題，乃成爲其別具創意、生動逼眞的寫作策略，賴和在〈未來的希望〉中，
就阮大舍那難產胎兒的醫療過程，寫下臨床體驗說：

> 因爲這腦水腫，還是中等程度，使不再增大，腦實質不受到更大的
> 壓迫，是會長大的，也不至成爲白痴。但是要使這水腫不再進行，
> 須用什麼方法，是一個重大問題，施行穿顱術將頭腔內的液體，吸
> 取起來，然後施以壓迫繃帶，使頭蓋裏面，再沒有滯留液體的空隙，
> 這是可以阻止水腫的進行，但影響於腦實質的壓迫依然一樣，會不
> 會阻礙知能的發達，是很難預斷。不過這是神經學的範圍，待少長
> 大，再爲考慮也尚未遲。（2000.一：285）

醫學與文學相輔相成的表現效果，使得小說情節更顯得寫實並具說服力。除
此，賴和在隨筆〈聖潔的靈魂〉中，也寫下身爲醫者卻無法挽救三位愛子的
自責與遺憾，他說：

> 良醫之子，多死於病。我雖然也在行醫，尚不足說是高明，況至於
> 良乎。何事我的兒子也多死於病。一、二月尚可自解，因當時經驗
> 尚淺，且不盡死於自己手下。至於再之，又在十年後之今日，又完
> 全死在自己處方之裏。唉！這將何以對死者啊！
>
> 不殺人不足以爲良醫，這是世間的定論。別人猶可，況乃自己的兒
> 子呢？在這十年間，別人且可勿論，因爲未曾有過欲向我索償生命
> 者，但自己的兒子已經藥殺了三個，這樣竟再有行醫的勇氣？（2000.
> 二：228）

賴和這一段自我醫術的譴責，決不是單純的文字敘述或對生老病死表面的寫
照，從中我們可見醫生面對死亡的無力感，以及愛惜生命、尊重生命的情操。
醫生對於死亡以及瀕臨死亡的狀態，無疑比一般人有更密切而深刻的觀察，

一個殊具悲憫胸襟的醫生，目睹愛子一步一步向死亡靠近，而自己竟無能爲力，此番心境殊具張力。

二、法律干涉醫業

在日治社會中，醫生往往與律師並稱爲自由業，《臺灣民族運動史》曾敘述道：

> 在日本統治下的臺灣，有兩種行業稱爲「自由職業」，一種是醫師，另一種是律師，因爲在當時，政府機關、生產機構以及一般社會團體均掌握在日人手裏，臺人任你有天大本領，也無法插足於其間，充其量只能做日人的工具，當低級的小職員。……只有醫師和律師比較不受拘束，除非你有違法的行爲外，就是臺人最討厭的警察，也不會隨便來找麻煩的。至於律師，因爲學的是法律，警察更不敢來班門弄斧了。〔註91〕

臺灣醫生在社會上佔有優勢的地位，不僅在經濟上獲得自主，而且因爲殖民政府要普及歐美的醫藥衛生，所以對醫生特別優遇。然而醫生也不是完全被「另眼看待」的，也有其困擾。

賴和在〈盡堪回憶的癸的年〉雖肯定從醫是穩當的生活手段，但是在〈阿四〉則敘及開業處處受法律干涉的不自由，他說：

> 誰想開業以後，不自由反覺更多，什麼醫師法、藥品取締規則、傳染病法規、阿片取締規則、度量衡規則，處處都有法律的干涉，時時要和警吏周旋。他覺得他的身邊不時有法律的眼睛在注視他，有法律的繩索要捕獲他，他不平極了，什麼人們的自由？竟被這無有意義的文字所剝奪呢？（2000.一：268）

畢竟臺灣的醫生隸屬於總督府警務局衛生課的管轄之下，仍不能擺脫法律、警吏的桎梏，身爲開業醫的賴和反覺有更多的不自由，小說中也提到他和林篤勳、李中慶、楊木四人，因爲支援東京臺灣留學生的講演團，而遭警進入家宅搜查，以違反「阿片取締細則」的名目告發，並裁處罰金，結果四人不服，上訴獲判無罪。《臺灣民報》有相關報導說：

> 據臺灣的新聞報導，說彰化醫師林篤勳、賴和、李中（誤爲長）慶、

楊木四君，因有關聯某事件，被家宅搜查，聞其結果亦無何等之得，
只以阿片令違反的事故，處科料（誤爲科）金三圓、五圓、七圓、
十圓而已。……李、林、賴、楊四君是中部青年中錚錚的人物，改
革臺灣的社會最熱心的青年，有相當的抱負與覺悟，素爲我們所崇
敬的青年了，祈強飯加衣些兒罷。〔註92〕

日治時期醫生被允許在藥品中使用鴉片粉末，以減輕患者病痛；日本警方無
理取締，只不過是伺機報復罷了。

又一九三九年因患者感染傷寒病初期症狀，賴和未依法定傳染病規則向
有關當局申報，以「違反醫師取締規則」遭重罰並被停止行醫半年。一九四
一年十二月二十五日當賴和被日本官憲拘禁在彰化警察署留置場時，曾回憶
這段往事道：

吾自省這十數年來，眞沒有什麼越軌的言行，尤其是自事變後，更
加謹愼，前次惹起了醫師取締規則違反，純然是不論什麼醫生都會
犯著的事實，……對於醫道上，醫生的良心上，是無過不去的地方。
但是會碰到那樣結果，也是我的謹愼不充足。（2000.三：26）

殖民地當局無所不用其極藉故整治「自由業」的醫生，在賴和另一篇小說
〈辱〉也曾出現。而吳新榮在《震瀛回憶錄》則稱日本人視他爲眼中釘，「任
意爲難，說他不法設備病室啦，說他故意收容犯人啦。」（1997.三：126）
大體均是屬於低層警吏的惡意騷擾一類事情。

三、呈現醫療環境

吳新榮敘述臨床體驗的主題，其最大特色是忠實地呈現光復前後的醫療
環境，提供臺灣醫療發展史的寶貴資料。他在五十六歲（一九六二年）生日
寫下的隨筆〈三十年來〉，回顧從日治跨越國民政府這兩世代間藥物及醫術的
進步、疾病的變化、醫病之間的關係、醫生社會地位的改變，以及個人行醫
的成就感。其中反映一九六〇年代的醫生社會地位已不如日治時期，他說：

除患者以外大多數的人，都看醫生是不祥的東西，因爲他們都恐怕
生病，而拿錢讓醫生賺。所以他們看醫生都是假仁假義，諷生喝死，
以致醫生也變爲卑屈化、宣傳化，甚至商業化。……昔時有人說醫

〔註92〕〈時事短評〉，《臺灣民報》7號，頁9。見林瑞明《臺灣文學與時代精神——
賴和研究論集》，頁161，臺北：允晨文化，1993.8。

生子難求，或說非醫生不嫁，但這黃金時代已過去了。（1981.二：141）

一九五六年吳新榮在寫給河兒的書信中，也提及醫生的黃金時代已不再，望子成醫的社會風潮不如過往的熱絡，他說：

> 再考醫學的問題，我想不必勉強……醫學第一學費高，第二學年長，而出來社會已不是如昔時的黃金時代，而且科學進步，萬人都能享受同一水準的醫學恩惠。……而且在此臺灣醫生已飽滿狀態。（1981.八：24）

從以上這兩段文字，可見吳新榮對光復前後醫生社會地位的改變，作一歷史的見證。〈三十年來〉對於患者對藥物治療觀念的改變，有如下的敘述：

> 三十年來，患者不但對醫生的觀念變化，對治療的想法也變化，連服藥的方式也變化了。在第一個十年間，患者說要給醫者看病時，他們都說「愛吃一帖藥」，這是受中藥習慣而來的。第二個十年間，他們就說「要吃一罐藥水」，這時代非給水藥他們就不滿意，而說只有水藥才能退火。第三個十年間，他們說「要注一支射」，因爲針藥到此時代很發達，只打一針就很見效，如果不打針的話，他們就可能有怨言。（1981.二：139）

從愛吃藥、藥水到要求注射，反映了一般民眾已逐漸接受西醫的治療方式，比起迷信秘方藥草、巫醫神術，是來得科學而且進步。

另外，我們可以從吳新榮的日記中，了解一九四四年大東亞戰爭期間醫療資源的不足，這一年一月二十三日日記說：「患者驚異的減少」，「這些都由於強度的統制與社會的變遷使然」（1981.六：153）又十月九日日記說：「近日患者雖多，但甚可悲。」因爲「藥品缺乏，無法良心處方」（1981.六：164）到了光復後整體醫療環境有何改變？《震瀛回憶錄》中提及二二八事變前後門診的病人減少，加上奔走公事不顧家業，使得吳家的收入不足維持家計。首先，吳新榮就民眾醫療觀以及國民政府醫療制度之不當，來分析經濟生活窮迫的原因，他說：

> 第一、自光復後一般的文化水準低下，他們誤信光復就是復古，飲漢藥以爲光榮，甚至辦關乩童問神明信爲國粹的發揚。第二、有關當局以大陸的舊法則來臺灣施行，什麼甄訓、什麼考試、什麼手續，使醫師證書滿天飛，弄到理髮師、藥店員、獸科醫一夜之間變成合

格醫師。第三、衛生當局因急於功，強行所謂公醫制度，靠美援於
各鄉鎮設置衛生所，而忘了自己在監督醫政的地位，竟以成本以下
的藥價與開業醫師競爭飯碗。

其次，是個人的因素：

第一、就是他自光復後多關心公事不顧患者，連久年的患家一來不
在、二來未回、三次就永不來了。第二原因就是自己的身體和性格
不符時勢，他自知患高血壓症以來，遠路夜間均不外診，而在性格
上不願與那輩名醫惡醫爭取名利，因爲他相信自己是個良醫或庸
醫，良醫已不爲名而傷人，庸醫也不爲利而害病。（1997.三：262）

由吳新榮這兩段個人行醫的內容，前者記錄光復後臺灣醫療衛生的實況；後
者我們看到吳新榮切身實踐「做名醫寧做良醫」的崇高醫德，不願與名醫惡
醫爭取名利。

四、改善醫界建言

吳新榮在〈良醫良相〉、〈三十年來〉、〈模範醫師〉、〈後來居上〉、〈紀念
國父百壽〉等篇隨筆，對日治時代的醫療環境有諸多的建言，尤其對醫界
的風氣、醫療的設備，以及醫者自我的要求等議題，特別用心。

（一）強調人格高潔

就力挽醫界的風氣而言，他在〈模範醫師〉（1981.二：25-29）強調「人
格高潔」是模範醫生的第一條件，也是做人的基本條件，所以排斥以商業手
段的謀利行爲，以及爲了從政而表現的慈善行爲。文中同時重視刊登醫學廣
告時，必須兼顧社會教育與社會服務，不但要有科學性，也要有道德性，以
提高社會大眾的智識，進而對橫行的密醫有所明智的判斷。並且呼籲醫界要
消除「同途相怨」的職業意識，團結醫師公會的力量，如此才能杜絕一些起
因於唯利是圖的名醫、掮客與訟棍的醫療糾紛事件，消滅了這些社會病的毒
菌，才能整頓醫界的風氣，促進醫學的進步。

對於這些醫德墮落，風氣卑俗的不良現象，吳新榮不但逐一反省思考，
並且具體提出改善的意見，反觀他行醫的自我期許，一九三八年一月十日的
日記說：「醫生本來的目的是要醫療患病者，沒有患病者也沒關係，少利益也
沒關係，沒有名譽也沒關係，只要醫治患病者就好。」（1981.六：61）因此他
主張「做名醫寧做良醫」，所謂「名醫」，是指開業出名的醫師，他們不擇手

段，以迷信籠絡患者，以巧言阿諛患者，甚至以卑下增長患者，成爲人類的吸血鬼，黃金的奴隸；而所謂「良醫」，則是既不爲名，又不爲利，一本科學的良知與誠心來醫萬病。

（二）注重醫學倫理

吳新榮亦十分注重醫學倫理，認爲純科學與倫理學並重的醫學教育，是端正醫界風氣的重要圭臬。〈醫箴〉文中列舉十條譯自「昭和醫箴」的信念，以提高醫生同仁的見識和修養。第一即積極呼籲：「凡爲醫者，應以其診所爲學術鑽研之道場，精神修鍊之聖堂，日日盡瘁其業務，以致濟生救民之誠。」（1981.二：64）換言之，充實專業，職業道德，救治民眾，三者不可偏廢。就前二者而言，又有相關的二條目言：「雖然學術精研，而孤高狷介不容於世者，常有之；身爲醫人，須要涵養常識，通達世情，但亦不可墮爲卑俗。」「對同業者要尊重老弱，而互相敬愛，努力醫風之向上，確保社會之地位，對診會同之際特以爲然。」可見行醫與做人並重的涵養。其次，救治民眾方面則強調：「須以慈眼慈手圖起死回生」、「內藏信義誠實，外與慰安光明，是仁心之發露也。」尤其對待慢性長期患者，要「致意經濟，亦是仁術之端緒也。」（1981.二：65）這種以仁心仁術爲宗旨的醫學倫理精神，足以作爲勸諫後學的精髓，也提供了當今醫學倫理的重要教材。

（三）健全醫療設備

吳新榮〈後來居上〉隨筆，反映醫生人數還不夠要求標準。「因爲世界的最高水準是有二千人口就有一個醫生，本鎮人口約四萬，自然醫生也要廿名以上才對，現在只能加上中醫及密醫才能維持此一流國家的水準。」（1981.二：51）許多僻遠的無醫村更缺乏醫生的照料，因此吳新榮特別深切關懷充實醫療資源的問題，本著「昭和醫箴」的精神：「醫人究極之使命，在同胞之保健以及人類之繁榮，須要翼贊國家施設，指導社會衛生，每與公眾俱在爲要。」（1981.二：65），在〈社會醫學短論〉（1981.一：213-218）、〈紀念　國父百壽〉（1981.二：165～169）二文中極力推動「建設社會醫學」，所謂「社會醫學」，即包含預防醫學、治療醫學、民族醫學、體育醫學，小者自細菌醫學起，大者至保險醫學止，其最後目標是「全民無病」的理想社會。並且爲了要有健全的醫療設備，以對患者施予非營利的治療，他在〈醫界兩三題〉（1981.一：209-212）主張「醫業國營論」，設立大眾醫院，不只提昇醫療品質，也落實「全民保健」的理想目標。

一九五六年吳新榮在寫給河兒的書信中：「醫療制度的矛盾這不是醫家的責任，而是政治家的責任。」（1981.八：24）吳新榮聽診器的這端醫治臺灣百姓的身體，另一端診斷臺灣醫界的病症，諸多亟待改革的問題，使他決定走出診所而投入政治的舞臺，因爲政治的目的和醫人的目的一樣，都是謀求最大多數人類的最大幸福。

小　結

綜觀本章內容，可知日治時期臺灣醫事作家筆下的醫事主題，包括診斷「臺灣」病症、反映民眾亂服秘方、揭露療疾致富的社會價值觀，以及醫生形象的塑造、行醫體驗的描述。這些醫事主題，印證了埃斯卡皮（Robert Escarpit）「作者社會學」（Sociology of the Author）的看法，作者的職業背景足以影響作者創作的旨趣與意蘊〔註93〕。

張恆豪〈麒麟兒的殘夢——朱點人及其小說〉一文說：「帝國主義的伎倆，慣於利用封建桎梏來愚弄殖民地人心，阻撓改革進步，以利於其直接有效的控制。但也牽涉到那夾雜在半封建、半資本形態中的島民性格，它一方面固是牛步化的守舊、愚昧、迂腐、迷信。」〔註94〕醫事作家們繼承五四運動反庸俗、反封建的啓蒙職責，透過醫事主題細診帝國主義下國族的隱疾，分別揭發臺灣島民的不良習性與社會價值觀；甚至就醫界的問題與現象，提出準確又尖銳的批判，葉石濤說：「大凡一個有成就的作家，必須確信他的工作對於人類社會有所貢獻而能孜孜不倦，堅忍不拔的寫下去，以反映時代和社會，作家必須是時代的晴雨計。試看，從巴爾扎克、杜斯妥也夫斯基一直到卡繆，他們皆有貪婪地追求眞理的作家精神，具有敏銳的觀察力，如同一個卓越的博物學者，把他所處的時代，社會的病竈挖了出來，解剖了出來，指出該時代社會赤裸裸的諸形相。」〔註95〕醫事作家在醫事主題的表現單元誠有如「時代的晴雨計」，體現其多元關懷社會、積極改革社會的使命感。同時這些具有強烈的社會寫實與批判意識的作品，可窺出他們自覺或不自覺地受到契訶夫、魯迅的影響，也爲現今醫事寫作的園地播撒下種子。

〔註93〕參本文第一章〈緒論〉第四節〈研究目的與方法〉。
〔註94〕張恆豪，〈麒麟兒的殘夢——朱點人及其小說〉，收錄於張恆豪編《臺灣作家全集——王詩琅、朱點人合集》，頁285，臺北：前衛，1994.10。
〔註95〕見何欣《當代臺灣作家論》〈葉石濤的文學觀〉，頁42，臺北：東大，1983.12。

第六章　作品的藝術成就

　　所謂「風格」，即是作家藉由作品來表現其總體特徵，而這個總體特徵的形成，來自於作家的主觀因素與環境的客觀因素兩方面。主觀因素包含了作家的氣質性格、生活經歷、思想意識，以及各種寫作技巧等等；而客觀因素包含了社會環境、時代環境，以及文學風潮等等。換言之，無論寫作內容與形式其實都受到這些主觀、客觀環境的影響與制約，所以魯迅說：「風格和情緒，傾向之類，不但因人而異，而且因事而異，因時而異。」〔註1〕又傅騰霄《小說技巧》對「風格」釋義說：

> 內容與形式的綜合統一，是藝術風格最為重要的特徵，它能夠全面地揭示出一個風格作家的創作優勢，真正顯示出其可貴的獨創性。……藝術風格的這種整體與綜合的特徵，並不是內容與形式的簡單『結合』，而是作家為表現一定的現實生活內容而顯示出來的創作個性（包括他的各種藝術技巧）。這種個性不僅表現出作家鮮明的、獨創的和一貫的藝術表達手段，而且也常常在作家所選用的題材和他所描繪的獨特的人物畫廊等方面顯示出來。正是在這種整體特色上，作家不僅僅表現出他寫什麼，而且表現出他怎樣寫、他在藝術創作上有何特殊的貢獻。〔註2〕

簡言之，構成風格的條件，不只著重內容與形式的整體結合，同時還必需顯示作家鮮明的、獨創的、一貫的藝術表達手法，這樣的藝術表達手法經常出

〔註1〕　魯迅，〈淮風月談・難得糊塗〉，收錄於《魯迅全集》卷五，頁372，北京人民文學出版社，1993。

〔註2〕　傅騰霄，《小說技巧》，頁355～356，臺北：洪葉，1996.4。

現作品中，進而形成作家個人創作的整體特色。就醫事作家而言，他們的寫作內容當然也受到主觀、客觀環境的影響與制約，尤其取材自醫學專業背景而表現出醫事主題的特色。至於藝術表達手法是否也受到醫學專業的影響？這是本章探討的重點。以下試圖就：醫學語言的運用、心理活動的描寫、以死亡爲悲劇架構三節，來析論日治時期醫事作家其作品的藝術成就。

第一節　醫學語言的運用

語言就其使用的情形，通常可以分爲文學的語言與非文學的語言，二者到底有什麼區別？若依波蘭哲學家殷佳頓（Roman Ingarden，一八九三～一九七○）所提出的看法，他認爲文學與科學作品的文字（指「廣義的科學作品」在此包括了自然科學、社會科學、哲學、歷史等著作在內）至少有下列五點不同：

一、由直述句的認知含意看，文學中的直述句與科學作品中絕大多數的直述句皆不同，因爲前者只是準判斷，後者才是眞判斷。眞判斷涉及眞實存在的事物，科學家不但自己相信它是眞的，也想令讀者相信。科學中的直述句當然也可以是假的，但至少它們皆被作者宣稱是眞的。

二、文學必須具有上述那四層結構（語音層、語意單位層、被描寫的對象層、圖式化的方面層），而科學作品則可不必有圖式化的方面層。即使有此層，它在科學作品中的功能也只是爲了達到傳達知識之結果而服務的。

三、在科學作品中，被描寫的對象是「透明的」，作品中的語意層將讀者直接帶領到獨立存在的外物。文學中所描寫的對象是建立在語意層上的虛構物，不是透明的。

四、文學中的每一層皆有與審美價值相關的性質，這些性質的多音的和諧是使一作品有藝術性的必要條件。文學的主要功能即在審美經驗中實現作品的藝術價值。科學作品雖也可有審美價值，但其主要功能不在製造審美經驗，而在傳達關於獨立在作品之外的客觀眞實的知識。科學作品的審美價值是裝飾性的，與作品的主要功能不但無關，有時甚而有妨害，因它可能令讀者對所討論的問題分心。

五、形上性質雖非文學的普遍結構之一，但它是作品有高度審美價
　　值的指標之一。但對科學作品來說，除非形上性質本身成為作
　　品傳達認識結果的題材之一，它對作品不但非必要，而且應該
　　避免。殷氏的意思似乎是說除非像某些形上學作品那樣論及形
　　上性質，一科學作品具有形上性質會妨害其認知的傳達。〔註3〕

殷佳頓的觀點雖未必窮盡文學與科學作品的不同，但我們從中或可分辨文學
語言與非文學語言的差別；大體而言，文學語言是非實用性的，以具有審美
價值為必要條件；非文學語言是實用性的，以傳達客觀真實的知識為主要功
能。

　　日治時期醫事作家中，蔣渭水的散文與詹冰的新詩，他們企圖打破文學
語言和非文學語言的既有概念，將實用性的醫學專名融入詩中，使醫學語言
有新的詮釋而不侷限在既定的認知。所以在同一作品裡，讀者可能同時感受
到文學語言的美感經驗，與非文學語言的實用性；但這兩種語言的差異性卻
不會顯得格格不入，最主要原因是由於作家已將這些醫學語言「變形」或「異
化」，進而轉義為具有審美價值的文學語言。

一、以醫學診斷書為形式結構

　　鄭明娳《現代散文構成論》說：「每一篇散文都要靠形式支撐起來，所以
必然有形式結構。形式結構的基本方式是：題目加正文。正文部分則是開頭、
中段與結尾。我們不能忽略的是，形式結構的目標是協助內容主題的傳達。」
〔註4〕蔣渭水的〈臨床講義〉，從題目看來，似乎是篇醫學報告的科學性語言，
但經由本論文第五章第一節的探析，得知其正文內容以醫學病症來隱喻臺灣
社會的陋習，具有社會改革的意義。這張以臺灣為患者的醫學診斷書，其形
式結構如下：

　　患者：

　　性別：

　　年齡：

　　原籍：

　　現住所：

〔註3〕　劉昌元，《西方美學導論》〈黑格爾的悲劇論〉，頁385，臺北：聯經，1998.9。
〔註4〕　鄭明娳，《現代散文構成論》，頁210，臺北：大安，2000.4。

番地：

職業：

遺傳：

素質：

既往症：

現症：

主訴：

診斷：

原因：

經過：

預斷：

療法：

處方：

日期：

主治醫師簽名：

本文形式特色有三：一、規律整齊：爲了配合醫學診斷書的形式，正文部分沒有分段，只有秩序的排列，使人有規律整齊之感。二、含蓄有趣：文學語言跟科學語言不同，後者僅求表意清楚，前者則要求表意方式之巧妙。本文經過轉化的手法，迥異於原先的實用性的解讀，而有文學語言的間接含蓄的傳達方式，所蘊含的微言大義生動而有趣的昭示於眾。三、藝術造型：鄭明娳論及散文的「練形」時說：「散文的形式自不必特意用奇巧怪異來求勝。但是，因作者用心佈置許多特殊形式，確實能煉就出藝術造型。」〔註5〕對寫慣了政治文獻、入獄隨筆的蔣渭水而言，把文字巧妙安置而產生如此強烈諷刺意義的小文章，實屬罕見。

〈臨床講義〉能針對主題的需要，而重新賦予醫學診斷書另一個新義涵，使得內容與形式成爲不可分割的有機體；其形式結構不只助長意義深刻化的效果，同時也創下臺灣散文史上的首例。

二、以「血」、「器官」爲意象

詩的語言，亦即意象的語言，張漢良在〈論詩的意象〉一文中，歸納意

〔註5〕 同前註，頁25。

象的三個範疇：一、心理上的意象；二、喻詞的意象；三、作爲象徵意義或非哲學性眞理的意象型式，可以稱爲象徵的意象。其中所謂「心理的意象」，是從心理學的角度定義意象的內涵。在心理學上，「意象」一詞所表示的是過去的知覺或感受的經驗在心中的回憶與復現，心理學家布雷（B.W.Bray）認爲：「意象是吾人意識上的回憶。原物不存在時，它能在吾人的知覺上，重新完整的或部分的產生原始印象。」〔註6〕這些印象包括視覺的、聽覺的、味覺的、嗅覺的、觸覺的、至肌肉運動感覺的，以及各種感官間相互溝通的印象。經由心理學家的試驗證明，在特殊情況下，各種感官仍有互通轉化的可能，這就是所謂的「通感」。李元洛說：「妙用通感，可以使形象鮮明生動，給人以新穎奇特的美的感受，同時，由於形象對審美主體產生多種感官刺激，因而能夠激發人們豐富的聯想和豐富的審美情感。」〔註7〕通感的運用，開放了詩人各種感官經驗之間的交錯，從而使我們讀者得到新穎的體會。然而，就擁有醫學背景的詩人而言，除了以上提及的感官通感之外，更拓展延伸到身體其他器官的通感作用，同樣的，使其意象收到新奇鮮活的效果。

　　藥學詩人詹冰不斷地創新試驗，極力打破了語言的窠臼，走入不受文學語言拘牽的境地。在日治時期醫事作家中，詹冰最常以醫學專名爲意象，其中以「血」、「器官」出現最多。首先就「血」的意象而言，第一本詩集《綠血球》後記曾說：

　　　　追求美的時候，我的血管裏彷彿在流著綠血球。追求愛的時候，我
　　　　的血管裏就感覺正在流著紅血球。……詩作的活動上來說，我是比
　　　　較愛好綠血球的表現。

在詩人眼中，綠血球、紅血球已不是醫學專名或身體構造，它已轉化成「美與愛」的象徵。詹冰注血入詩的作品，戰前有〈五月〉、〈音樂〉、〈詩作之前〉、〈曉天〉，戰後有〈透視法〉、〈寒夜〉等。其中〈五月〉以綠血球象徵五月大自然的生命之美，最爲清新動人：

　　　　五月，
　　　　透明的血管中，
　　　　綠血球在游泳著──。
　　　　五月就是這樣的生物。

〔註6〕　見張漢良〈論詩的意象〉，《現代詩論衡》，頁1，臺北：幼獅文化，1977.6。
〔註7〕　李元洛，《詩美學》，頁534～535，臺北：東大，1990.2。

五月是以裸體走路。

在丘陵，以金毛呼吸。

在曠野，以銀光歌唱。

於是，五月不眠地走路。（1965：7）

一九四三年在東京求學的校園裡，詩人臨窗遠眺那初盟綠芽的櫻樹，萬物的蓬勃生機深深觸動心弦，有感而發地將五月比喻是會游泳、走路、呼吸、歌唱的生命物體。全詩並沒有採取景物素描的方式陳述，只是透過幾個感官意象以及擬人化的筆法來描寫，例如：「透明的血管中，綠血球在游泳著——。」（視覺）、「在丘陵，以金毛呼吸」（嗅覺）、「在曠野，以銀光歌唱」（聽覺）、不眠地以裸體走路（肌肉運動感覺），來呈現詩人的美感經驗。在短短八行詩句中，形象鮮活，引發讀者產生豐富的聯想，人間五月天彷彿化身爲一位精神奕奕的美麗佳人。

其次，〈音樂〉一詩，運用「胸脯」、「肺臟」、「血」、「屍體」等醫學語言，描述在音樂世界中的陶然忘我：

用新芽似的尖嘴，

喔，樂音啊，

你不斷地啄我的胸脯。

不斷地痙攣的肺臟。

不斷地流血的思想。

漸漸地我變了一個快樂的假屍體——。（1965：29）

這首詩詹冰將音樂比喻爲有如新芽的「尖嘴」，陶醉於眞善美樂境中的詩人，胸脯不斷被啄，肺臟不斷痙攣，思想不斷流血；換言之，五臟六腑已被撼動人心的音符所填滿，詩人儼然有如一具「快樂的假屍體」。〈音樂〉的特色是異化了身體機能操作的客觀具象，成爲主觀抽象的象徵語言。

再舉〈詩作之前〉，運用「淚與血」，表達詩在詩人生命中的神聖地位：

在這愉悦的工作之前，

我要妝點花朵。

在這神聖的工作之前，

我要清潔心房。

好像跪在神的面前，
祈禱著拿我的筆與紙。
好像奉給神的文字，
筆尖醮在我的淚與血。

寫吧，閃爍著美的詩句，
使人看到人生的至美。
寫吧，充滿著愛的詩篇，
使人感到生命的寶貴。
在這幸福的工作之前，
我要鞭撻我自己；
「詩的提高就是人格的提高。」
「詩的前進就是人類的前進。」（1965：47）

這首詩彷彿是詹冰在詩作之前的自我宣誓詞，尤其要藉著這支「醮在我的淚與血」的詩筆，寫出閃爍著愛與美的詩句，呈現人生的至美與生命的寶貴。

另外，〈曉天〉運用「外科手術」、「血液」、「眼睛」、「紗布」等醫學相關名詞，生動的刻劃出黎明時天空的光彩：

黑色人種的
外科手術

哦！噴出了
光的血液

星星害怕地
閉起眼睛

雲的紗布
染紅了！（1965：14）

這首詩看似外科手術鮮血淋漓的實況，事實上不然，詩人巧妙地運用了黑人開刀、光的血液、紅紗布等意象，描繪一幅由黑夜、經曙光初現，至破曉時

分的景象。在這首詩中「血」已由「美與愛」的象徵，轉義成「紅色曙光」的譬喻對象，全詩充滿視覺通感與色彩刺激，詩人的機智由此顯露無遺。

戰後，詹冰以器官爲題的〈流入心臟的杯子的液體〉，表達對老妻的至愛不渝，有令人耳目一新的表現：

> 如綠草尋找白蛇一般
> 在妻的黑髮中找出白髮
> 我細心地一根一根拔出——
> 想要叫回妻的青春
> 曾經　黑亮的香髮
> 爲了生活的辛勞　一根一根變白了
> 隨著拔出一根一根的白髮
> 我的淚液一直流入　心臟的杯子
> 撿回扔掉的白髮　排在掌上
> 一根一根的白髮發出銀的光輝
> 忽然白髮的銀針刺進我的胸脯——
> 傷口的血液又流入　心臟的杯子（1986：66）

透過「黑髮」和「白髮」的強烈對比，以及「傷口的血液又流入　心臟的杯子」詩句，流露對愛妻青春美麗的消逝滿懷疼惜與不捨；「心臟」是身體的主宰，有如愛妻是詩人生命的重心，夫妻鶼鰈情深，不言可喻。

〈透視法〉，則是藉著對薔薇枝葉的透視，傳達詩人憐花惜花的心境：

> 柔軟的四肢，
> 演出了植物的姿態。
> 粉紅的肺葉，
> 流入了早晨的 Ether。
> 咦，一直增加的呼吸數——。
>
> 白的樹幹，
> 佇立在銀砂上。
> 紅的樹液，
> 昇降在血管裏。
> 多麼優美的溫度計呀。

看迷了麼，少女。

愛上了麼，薔薇。

啊！

白色的腦髓中，

紅色的花朵開了。（1986：28）

這首詩一開始以「粉紅的肺葉」、「紅的樹液，／昇降在血管裏。」譬喻自在
伸展的薔薇健康紅潤。結尾以「白色的腦髓中，／紅色的花朵開了。」想像
花紅盛開的情景，充滿視覺的強烈印象。

詹冰新詩除了運用醫學語言為意象，擁有藥劑師執照以及曾擔任國中理
化老師的學經歷背景，使他另有多首以化學或物理專名為意象者，例如〈理
想的夫婦〉，運用陰陽異極相吸的物理原理，象徵理想夫婦——你泥中有我，
我泥中有你，一體相融、琴瑟和鳴的相處模式：

理想的夫婦

不是 1+1=2

而是 1*1=1

理想的夫婦

不是混和體

而是化和體

理想的夫婦

是同頻率的音叉

永遠起共鳴

理想的夫婦

是磁的 N 極和 S 極

永遠相吸引

理想的夫婦

是電的正極和負極

發熱又發光

> 理想的夫婦
> 含有愛的結晶水
> 成美麗的結晶體
>
> 沒有理想的丈夫
> 沒有理想的夫人
> 只有理想的夫婦（1965：71）

另有〈液體的早晨〉描述新鮮的晨景：

> 瞬間，
> 初生態的感覺
> 游泳在透明體中。
> 毫無阻力——。
>
> 現在，
> 讀新詩般我要讀
> 被玻璃紙包著的
> 新鮮的風景。
>
> 例如，
> 水藻似的相思樹下，
> 成了魚類的少女
> 搖著扇子的魚翅。
> 於是，
> 早晨的 Poesie，
> 好像 CO_2 的氣泡，
> 向著雲的世界上昇。（1965：37）

又〈金屬性的雨〉則描述由下雨至雨過天晴的所見所感：

> 銀白色的雲
> 發射白金線的雨，
> 於是少女的胸裏，

就呈七色焰色反應。

鳥類的交響曲是
沸騰的高錳酸鉀溶液。
心臟型的荔枝是
燦爛的血紅色結晶體。

並列的檳榔樹是
綠色的三角漏斗，
啊，過濾的詩感
水銀般點滴下來……。
充滿 Ozone 的花園就是
新式化學實驗室。
太陽脫下雲的口罩，
顯出科學家的嚴肅。（1965：39）

　　這些都是詹冰的詩觀實踐，他曾強調：「詩人該習得現代各部門的學識和教養，傾注其所有的知性來寫詩……」〔註8〕，由以上舉例可見其詩的意象，橫跨醫學、物理、化學等自然科學領域，具有多樣性、獨創性而且新奇鮮活的特色。

第二節　心理活動的描寫

　　心理活動的描寫，即分析和描述人物內心世界細緻複雜的活動，表現他們思想、情緒、心理，以致外界事物影響而發生的反應過程。人物塑造的方式多種多樣，不僅要從外部特徵的肖像、行為、語言等去著手，更重要是人物內部世界的心理描寫尤不可忽視。以心理活動來表現一個人物性格時，則是由內而外的，讀者不僅可欣賞其外貌，亦可洞悉其內心世界，使其人物形象更生動、更深刻的顯示在我們面前，這樣的人物才會血肉豐滿，能立於紙面，呼之欲出。基本上，作家以心理描寫來塑造人物形象時，不外乎以「意識層面」、「潛意識層面」兩種方式，或「原我」、「自我」、「超我」三種人格

〔註8〕　見莫渝〈簡樸與清純——詹冰論〉，收錄於《詹冰的文學旅遊》，頁 11，財團法人榮後文化基金會：「榮後臺灣詩人獎——得獎人詹冰專輯」，2001.1.

領域來描繪。

由本論文第一章緒論得知，精神分析對創作心理、文學批評有密切的關係，尤其透過小說的人物刻劃，更能細微挖掘出各個不同意識層的心理活動。在佛洛伊德的精神分析理論中，人類的心靈有兩種結構方式，從行動（包括思想、感情）方面來考慮時，它可分爲「潛意識」（Unconsciousness）、「前意識」（Preconsciousness）及「意識」（consciousness）三個層面：

> 佛氏認爲，人類心靈的結構猶如冰山，浮在海面的可見部分即是我們的「意識」，它只是冰山的一小部分而已；而冰山更大的部分則藏在海面之下，那就是我們的「潛意識」，它是我們無法「意識」到的意識，因此也是我們無法控制的。「潛意識」又可分爲兩種，一種是雖然潛隱但易再度變爲意識的則稱爲「前意識」，就好像冰山在退潮時，又能從海底浮出海面的一小部分，而位於底層，『轉變不易，只有使用相當的精力始能再起，或根本不再出現的』，才稱爲『潛意識』。〔註9〕

佛式對於現代心理學的貢獻，主要在於深究人類心靈的意識層面，他以譬喻說明人類心靈的結構猶如冰山，其重大的質量與密度，均皆藏於表層（或意識面）之下。接著，佛氏又從人格方面來考慮時，它可分爲「原我」（id）、「自我」（ego）、「超我」（superego）三個領域：

> 「原我」，完全屬於潛意識的範圍，它是「原慾」（libido）的貯存所，它的功能在於滿足基本的生命原則，依「快樂原則」（the pleasure principle）來滿足本能的需要……它沒有意識或類似理性的力量，「不知價值，不明善惡，不懂道德」，像心中惡魔，只關心如何來滿足本能上的需要。
>
> 「自我」，一部分屬於意識範圍，一部分屬於潛意識範圍，但它通常被認爲是「意識之心」。它是內在世界與外在世界之間的仲裁，依「現實原則」（the reality principle）來節制「原我」的本能衝動。
>
> 「超我」則一部分屬於意識範圍，而大部分卻屬於潛意識範圍，它是「一切道德自制的代表，止於至善的擁護者，簡而言之，它相當於人類生活中所謂高尚的東西」，它像一位檢查官，依「道德原則」（the morality principle）來維護良知與自尊，它可直接或透過「自

〔註9〕 王溢嘉編譯，《精神分析與文學》，頁35，臺北：野鵝，1980.9。

我」，抑制或禁止「原我」的衝動。〔註10〕

小說家有如第一流的實踐心理分析家，敏銳體顯各個人物的不同意識層面；換言之，人類思想的每一顯示對小說家都可成為刻劃心理的另一線索。這樣的作品，不只提供讀者透視人物心理狀態的一個徵兆，同時也凸顯作者的創作意識。賴和與王昶雄同時對知識分子皆有細膩的心理描述，另外賴和對警察以及弱小人物也有頗多內心世界的刻劃；以下茲就「原我」、「自我」和「超我」三種性格領域來探究賴和、王昶雄小說的心理描繪，並列舉〈不如意的過年〉、〈惹事〉、〈善訟的人的故事〉、〈奔流〉等作品說明之。

一、原我性格的描寫

　　賴和筆下的警察性格單一，不外是斂財索賄、欺凌弱小、貪戀美色、執法不公等，令人唾棄生厭的形象，其中〈不如意的過年〉描述警察斂財索賄湊不上五千，轉而發洩氣憤、咒罵民眾的情緒，頗能揭露警察「原我」猙獰的真面目，最是淋漓盡致：

> 他想：這些狗，不！不如！是豬！一群蠢豬，怎地一點點聰明亦沒有？經過我一番示威，還不明白！官長不能無些進獻，竟要自己花錢嗎？怪事，銀行貯金，預計和這次所得，就可湊上五千，現在似已不可能了。哼！可殺，這豬，他唾一空口沫，無目的地把新聞扯到眼前，忽地覺有特別刺眼的字：「綱紀肅正」，他不高興極了。「拍」的一聲打著椊子，敏捷地站起，憤憤之極，不覺漏出咒罵來：豬！該死的豬，真的被狗吠一樣的新聞嚇昏了嗎？「不景氣，我現在纔感覺到。」查大人想：「但只我們中間，你們這一群豬，有什麼景氣不景氣？家家的煙銅，不是日日在吐煙，搬進來的蕃薯，僅由衙前經過，一天總有幾十載，甘蔗一萬斤也可以賣四十圓外（餘）。且現時米粟（穀）是等便宜的時候，自然生活不會艱難，讓一步便不景氣風真也吹到你們中間？可是道路上還未見有餓死凍僵的人，生活不是還有餘裕嗎？是！我明白了。你們重視金錢過於生命，如此下去就能保得不死嗎？豬！」查大人不斷地在心裏咒詛，因為貯金湊不上五千。（2000.一：81-82）

作者透過警察滿腦子貪污的「胡思亂想」，浮現出那張予取予求、貪贓枉法的

〔註10〕同前註，頁 35～36。

嘴臉，有如巨大的惡魔，集人性原始本能的衝動、以及追求私慾滿足的黑暗力量於一身；尤其無視於「綱紀肅正」的職業道德與紀律，對身爲人民褓姆的警察而言，無疑的是一大反諷，眞不如意者應當是無辜受害的臺灣百姓。

二、自我性格的描寫

　　王昶雄的〈奔流〉，是篇典型的心理小說。王昶雄自言深受法國自然主義的奠基者及代言人左拉（Emile Zola，一八四〇～一九〇二）的影響，張恒豪說：「左拉認爲文學的目的，在於研究人的心靈，心理學應當附屬於生理學，是故他將創作賦與遺傳學和環境論的科學基礎。」〔註11〕左拉的作品重視研究與觀察，強調描寫的客觀性；他相信人的行爲受心理、社會及遺傳的影響，所有的行爲都是人的個性與環境互動的結果；因此他認爲，作家應該精確安排好故事的時間與空間，才能產生角色，並刻劃其生理與心理的行爲與特徵。這種具有實驗精神的見解，對王昶雄有很大的啓示。

　　基於人類所有行爲都是個性與環境互動的結果，〈奔流〉塑造了第一人稱的「我」：洪醫師，以及伊東春生、林柏年三位知識分子，描繪在四〇年代皇民體制下他們備受糾葛衝突的心靈。作者特別用心於描繪洪醫師與伊東交往的心情起伏的歷程，洪醫師首先由第一層的好奇、相投、佩服，經第二層的訝異、失望、否定，終至第三層的同情瞭解。作者由外而內，層層深入，無限波折。以下列舉幾例，以見洪醫師自我心理轉折的脈絡。

　　第一層：寫初識時被伊東的外表吸引，佩服其接受日本文化的勇氣：

　　　　和我相比，伊東眞是演技絕倫的名角。他的事情我雖然還未完全明白，但他不是毫不猶豫地做了，而且不是做得很好嗎？內地的那種寬舒的心情和生活，伊東照樣帶回到鄉里來。常常想，他是了不起的。（1995：114）

　　第二層：洪醫師之前與伊東分享日本文化的愉悅經驗不再，代之而起的是被伊東放棄母語、蹂躪生身父母，執迷不悟地成爲「忠良的皇國臣民」的行徑強力衝擊，由表而裡，進入了沉思。

　　訝異：伊東堅持以「國語」應對洪醫師略懂日語的母親。

　　失望：洪醫師一趟拜年，瞭解伊東生活完全日本化，穿著和式禮服，奉

〔註11〕張恆豪，〈反殖民的浪花〉，收錄於王昶雄《驛站風情》，頁 313，臺北：臺北縣立文化中心，1993.6。

養日本岳母，卻拒生母於門外，無視於臥病的父親，可以忘我地高唱「伊那節」歌，這場面使洪醫師心情激動著：「其實，我的喉頭，也感到熱熱的阻塞，聲音都吐不出來了。」（1995：116）「但是，不知為什麼，我還不敢有追究的心情。日常對伊東的信賴心和類似尊敬的心理，我不願在此看到脆弱的崩潰。」（1995：117）

否定：伊東父親喪禮，拒絕接受本土禮俗，沒有披麻帶孝，只是穿著黑色西服帶黑色腕章，對趴在棺柩無止盡號哭的母親，怒斥道：「不要再學那種不能看的做法啦！」（1995：121）不耐煩地催促法事快些進行。向父親訣別時，拒行跪拜禮。靜默一角的洪醫師，「想像一個無人可依靠的悽慘的女人，好像胸口受到壓縮，我的心跌進苦悶中。」（1995：121）葬禮結束後，伊東日本太太邀「婆婆」回家，被伊東拒絕，殘酷的現實，使洪醫師感到「有生以來不曾嘗到過的欲嘔的重壓。」「想一個人悄悄地思考、反省的心情，充滿了心胸。」（1995：122）對伊東棄養父母的作風，做了徹底的否定，認為「娶日本女人為妻的伊東，對日方岳母孝敬是對的，但對生身父母有所忤逆行為，是千不該萬不該的。」（1995：122）

在批判的同時，洪醫師由小我體悟到臺灣青年糾葛在雙重文化生活夾縫中的苦惱，中肯地道出易地而處的心情：

> 究竟是我怕常常遭致伊東頑強的威力而被推出圈外，還是不願攪亂
> 他那好不容易得到的假惺惺的那種幸福的心理呢？我為此焦急、煩
> 惱。這種焦苦的心理，究其結果，可能意味著：如果我被安放到與
> 伊東同樣的境遇，可能也會蹈其覆轍的心理弱點吧。我懷疑，恐怕
> 連我自己的心理都有點扭曲了。（1995：130）

走在邊緣的焦急與苦惱，並沒有使洪醫師陷入迷失的深淵，故鄉廢港的風晴之美再度喚起他對鄉土的熱愛，恍然大悟於故鄉的美並不亞於內地的多晴，決定「今後，我非用這個腳跟穩重地踏著這塊土地不可。」（1995：139）洪醫師紮根本土的意識是十分鮮明的。

第三層：結合伊東的家庭背景，進行深入的心靈解讀。表面上看，伊東冷酷絕情地棄絕生身父母，寧可與日本人生活在一起；但伊東對一向反對他的林柏年卻另有一種微妙的感情，他知道林柏年是臺灣的優秀青年，因此對他的敵意視若無睹，最後還暗中資助他赴日深造。如此說來，伊東的「忘本」不是為了自我的安逸享受，而是為了生身之地臺灣的進步，這些不為人知的

用心,從「白髮」的形象顯現出來。

> 也許伊東是爲了拋棄俗臭沖天的父母而贖罪,才會在感覺上格外激
> 烈,對不成熟的生活方式感到戰慄的本島青年,懷著粉身碎骨的獻
> 身精神從事教育去吧。對柏年所表示的好意,不可光把它當做好意。
> 無論如何,伊東的白髮,若不是這不顧一切的戰鬥的一種表現的話,
> 又會是什麼呢?(1995:140)

由嚮慕日本文化,而回歸到愛護鄉土的洪醫師,同時也細密地診察出伊東良知扭曲及人格解體的苦狀。特別值得注意的是,他能以善感靈敏的心,去感同身受伊東贖罪的動機,與白髮逆立的勞心,正是意味著臺灣知識分子的心理衝突與煎熬。

　　處在現實世界與理想世界之間的衝突,作者顯然有意以洪醫師和伊東做個對比。洪醫師和伊東同樣地認識日本文化的美好,也同具改造臺灣的期望;但是兩人對現實的認知態度不同,成爲他們人生態度的截然不同的分野。洪醫師屈服於現實,接受家庭所在的本島文化根的呼喚,不敢娶日本女性,一接到在鄉里開內科診所的父親逝世的消息,立即束裝返鄉,並且顧念孤單的老母親,放棄回東京的念頭,完全懾服於現實,在臺灣當一個鄉間醫生;甚至故事結尾洪醫師愈挫愈奮,屢仆屢起的潛意識象徵筆法,正意味著其正義的憤怒與覺悟的勇氣。伊東春生則勇於實踐自己的理想,是洪醫師無法企及的。伊東不能忍受本島人的卑劣性,他不但要把自己徹頭徹尾改變成日本人,而且要從根柢重新改造本島人學生的乖僻性情。不僅絕不向現實屈服,還要和宿命對抗。改姓名、娶日本女子、孝養岳母、擔任中學「國文」教師、講「國語」、唱日本歌、住日本式房屋、穿日本衣、厲行日本禮俗,甚至棄生身父母於不顧、不齒臺灣人等,都表示他竭盡可能要把自己的靈魂改造得符合日本精神,不惜一切代價把自己變成日本人。張恒豪說:「在〈奔流〉中,作者塑造了『我』(主觀的,小說中的敘事者)及朱春生、林柏年(客觀的,現實裡的代表人物)等小說角色,運用『對比』和『剖析』的技巧,強化了小說中人物性格的對立,深刻化了其心靈的衝擊,使得題旨的寓意具有無比的張力。」〔註12〕〈奔流〉是一篇以對比技巧深度剖析自我心理的力作。

　　其次,賴和在〈惹事〉中對知識分子「我」,被一群屈服在「力即是公理」之下的民眾所出賣的心境,以譬喻手法展示這一段百感交集的內心世界:

─────────────

〔註12〕同前註,頁317。

這次活動的結果，得到出乎預期的成績，大家都講這是公憤，誰敢不贊成？而且對於我的奔走，也有褒獎的言辭，這很使我欣慰，我也就再費一日的工夫，再去調查他，我所不知的劣跡，準備要在他上司的面前，把一切暴露出來。……我突然感著一種不可名狀的悲哀，失望羞恥，有如墮落深淵，水正沒過了頭部，只存有朦朧知覺，又如趕不上隊商，迷失在沙漠裏的孤客似地徬徨，也覺得像正在懷春的時候，被人發見了祕密的處女一樣，腆覥，現在是我已被眾人所遺棄，被眾人所不信，被眾人所嘲弄，我感覺著面上的血管一時漲大起來，遍身的血液全聚到頭上來，我再沒有在此立腳的勇氣……。（2000.一：203）

「我」爲了堅持替民眾伸張正義，保持法律尊嚴的理想，決定告發那位栽贓婦人偷雞、亂收罰金掙功、貪戀美色的警察。然而，現實上，他卻反被警察陷害，犯了公務執行妨害、侮辱官吏、搧動、毀損名譽等罪名；民眾的不近人情、卑怯騙人，更令這位知識分子感到悲哀、失望以及羞恥。作者勾勒出主角從滿懷理想的「超我」，掉落到「自我」絕望神情的心理活動，描繪得生動而貼切。

三、超我性格的描寫

賴和小說中最典型的超我形象，即〈善訟的人的故事〉主角林先生，以及〈阿四〉、〈辱〉義無反顧參與社會運動的醫生，作者以行動描寫中的情緒描繪與動作描繪，再配合心理描寫，使其形象更加深刻。以〈善訟的人的故事〉林先生爲例，他是位堅強的正義之士，爲了替貧窮的百姓爭取利益，對私佔山地收取墳地錢的志舍提出告訴，公然與土財主與官府的惡勢力挑戰；雖然落得入獄坐監，仍有堅持到底的覺悟，再遠赴福州請當地總督衙主持公道：

林先生也向官府提出告訴法，告的是……志舍不應當占有全部山地做私產，他的狀紙做得眞好，一時被全城的百姓所傳誦。……這張狀紙會被這樣多數的人所傳誦，就因爲這意見是大家所贊成的，不單止是城市裏的人，就是村莊的做穡人，聽著這事也都歡呼起來；多數的人——可以講除起志舍一派以外，多在期待著這風聲能成爲事實，同時林先生也就爲大家所愛戴了。（2000.一：217-218）

處在一個被殖民的時代，大都採取隱忍苟活的方式；然而殘橫暴虐並不可怕，可怕是對它的屈服、沈默或歌頌。賴和小說中的「超我」形象，扮演社會改革者的角色，是公理正義、人權尊嚴的擁護者。

由以上舉例，可見賴和、王昶雄對警察、知識分子的心理描寫，不管是原我、自我、超我的性格描述，都能將人物的內心世界毫無保留的呈現在讀者面前，精彩且深刻的凸顯主題。心理描寫中並綜合交互運用其他技巧，以能表現其所扮演的形象特徵為原則。

第三節　以死亡為悲劇架構

古今中外的醫事作家其作品幾乎不離死亡的探索，賴和、詹冰的作品皆有與死亡相關的悲劇敘事，但內容並非取材自醫院或診所生老病死的生命現象，而是通過死亡的悲劇，提出對時代不義者的抨擊，以及對悲苦人生的觀照。以下主要以〈一桿「稱仔」〉、〈可憐她死了〉為探析對象，依序就這兩部小說的死亡悲劇肇因、寫作特色與意義來討論。

一、死亡悲劇的肇因

悲劇人物的行動雖是作家虛構的，但也並非完全憑空想像出來的，黑格爾的悲劇理論歸納悲劇的肇因，來自家庭、政治、宗教三大因素：

> 理想的悲劇所刻畫的是兩種互相對立的倫理力量，在實現過程中所產生的衝突，悲劇人物為了擁護他所堅持的普遍力量或原則而受苦難，甚至死亡。因此理想的悲劇總有嚴肅重大的主題，包括家庭倫理生活、國家政治生活及帶有宗教精神的生活。如不是為了擁護較高觀點的緣故，何必一定非把一齣戲的結局弄得悲慘不可？〔註13〕

分析賴和〈一桿「稱仔」〉、〈可憐她死了〉的悲劇肇因，前者可說是政治因素，後者為家庭因素，然而也可歸結為一，即日本的殖民統治大時代環境。

〈一桿「稱仔」〉主角秦得參父親早死，自小替人看牛、做長工；於婚後加倍工作，因過勞伏下病根，患著瘧疾，家庭經濟更加困窘；力圖振作當起菜販，卻因一桿稱仔未能符合官廳標準，慘遭警察辱罵與檢舉，最後選擇與警察同歸一盡。〈可憐她死了〉，阿金父母親無力繳稅，只好賣女以解燃眉之

〔註13〕劉昌元，《西方美學導論》〈黑格爾的悲劇論〉，頁336，臺北：聯經，1998.9。

急；身爲童養媳的阿金，開始獨立面對命運的折磨，從勞工運動中丈夫被毆
致死，到忍辱爲姨太太，最後被棄後溺死。賴和作品中的人物除了知識分子
外，幾乎都是下層社會卑微的小人物，他們沒有雄心壯志，殖民統治的殘暴
與生活的困厄，使他們不得不屈辱的活著，頑強的和死神搏鬥。凡此種種莫
不說明殖民體制的政治背景，乃鑄悲劇的主因。

　　日治時期以死亡爲悲劇敘事的小說，不勝枚舉。如出自政治因素者：有
楊守愚的四篇小說：〈升租〉，老佃農其旺因不堪田租、納稅的壓力，窮苦病
死；〈凶年不免於死亡〉，至貧的妻因納稅賣掉女兒，悲傷生病而死；〈鴛鴦〉，
阿榮因鴛鴦被農場監督姦污，他自慚形穢，氣憤填膺出走，後被火車軋死；
〈誰害了她〉〔註14〕，農場女工阿妍，不堪農場監督性騷擾，狂奔逃避，
落水魂銷。陳虛谷〈無處申冤〉〔註15〕，地保弟婦遭巡警姦辱，反被官府
拷打致死。繪聲〈秋兒〉〔註16〕，秋兒的父親因旁人說犯了治安法而死。

　　出自家庭因素者：如吳天賞〈龍〉〔註17〕，龍與其妻，媒妁婚約，勉
強結合，婚後一月雙雙自殺身亡。周定山〈汝母〉〔註18〕，身爲么兒的可
生，因母親充當有錢人家的奶媽，乏照料致死。吳希聖〈豚〉〔註19〕，赤
農阿三長女阿秀因家貧被玩弄後淪爲賣春婦，貧病交迫投環身亡。柳塘〈有
一天〉〔註20〕，南生的弟弟因父親在外另組家庭，棄妻兒不顧，遂病死。
楊守愚〈赤土與鮮血〉，工人阿昆入贅阿科嬸家，爲養家抱病工作，土崩被
壓死。又〈一個晚上〉〔註21〕，穆生的妻自忖肺癆不久人世，爲了使丈夫
專心從事社運，上吊而死。楊逵〈送報伕〉〔註22〕，農婦楊君母親日人逼

〔註14〕 楊守愚，〈升租〉、〈凶年不免於死亡〉、〈鴛鴦〉、〈誰害了她〉，收錄於葉石濤、
　　　　鍾肇政主編《光復前臺灣文學全集 2——一群失業的人》，頁 197～206、3～
　　　　12、207～230、19～28，臺北：遠景，1997.7。
〔註15〕 陳虛谷，〈無處申冤〉，收錄於葉石濤、鍾肇政主編《光復前臺灣文學全集 1
　　　　——一桿秤仔》，頁 223～244，臺北：遠景，1997.7。
〔註16〕 繪聲，〈秋兒〉，收錄於葉石濤、鍾肇政主編《光復前臺灣文學全集 3——豚》，
　　　　頁 205～214，臺北：遠景，1997.7。
〔註17〕 吳天賞，〈龍〉，收錄於前註書，頁 299～302。
〔註18〕 周定山，〈汝母〉，收錄於前註書，頁 143～158。
〔註19〕 吳希聖，〈豚〉，收錄於前註書，頁 3～28。
〔註20〕 柳塘，〈有一天〉，收錄於葉石濤、鍾肇政主編《光復前臺灣文學全集 5——牛
　　　　車》，頁 301～314，臺北：遠景，1997.7。
〔註21〕 楊守愚，〈赤土與鮮血〉、〈一個晚上〉，收錄於葉石濤、鍾肇政主編《光復前臺
　　　　灣文學全集 2——一群失業的人》，頁 231～252、117～126，臺北：遠景，1997.7。
〔註22〕 楊逵，〈送報伕〉，收錄於葉石濤、鍾肇政主編《光復前臺灣文學全集 6——送

迫，又自忖病重，爲了讓兒子全心用功、做事，自殺身亡。楊雲萍〈秋菊的半生〉〔註23〕，童養媳秋菊被養父姦辱，投河自殺。楊華〈薄命〉〔註24〕，愛娥受婆家虐待，發瘋後不久死亡。

出自宗教因素者：如楊守愚〈移溪〉〔註25〕，農民阿得迷信神明能移溪，奔下溪底被淹死。朱點人〈島都〉〔註26〕，史蓁迎神建醮爲捐錢而賣子，思子過度發瘋後落水死亡。蔡德音〈補運〉〔註27〕，弟弟到廟裡祈福，爆竹引爆被火燒傷致死。龍瑛宗〈黃家〉，七歲小男孩卓尉因祖母迷信，致延誤就醫不治死亡。〈一個女人的記錄〉〔註28〕，父親因被輾殘廢後，不願拖累家人遂自殺；兒子爲照顧母親的肺病反遭傳染而病亡。邱富〈大妗婆〉〔註29〕，大妗婆因家人迷信鬼怪作祟，延誤就醫喪生。

另外，也有死於手術檯上者：如賴和〈未來的希望〉（2000.一：277-286）阮大舍第一任正妻死於後屈子宮的手術。欲延子嗣，胡亂吃草藥致死者：如賴和〈未來的希望〉阮大舍的繼室。病死者：如呂赫若〈石榴〉〔註30〕的木火；龍瑛宗〈黃昏月〉的彭英坤（瘧疾），以及〈植有木瓜樹的小鎮〉〔註31〕林杏南的長子（肺癆）；王詩琅〈青春〉〔註32〕的月雲（肺癆）；張慶堂〈老

報伕》，頁 5～64，臺北：遠景，1997.7。

〔註23〕楊雲萍，〈秋菊的半生〉，收錄於葉石濤、鍾肇政主編《光復前臺灣文學全集 1——一桿秤仔》，頁 183～192，臺北：遠景，1997.7。

〔註24〕楊華，〈薄命〉，收錄於葉石濤、鍾肇政主編《光復前臺灣文學全集 4——薄命》，頁 19～34，臺北：遠景，1997.7。

〔註25〕楊守愚，〈移溪〉，收錄於葉石濤、鍾肇政主編《光復前臺灣文學全集 2——一群失業的人》，頁 143～164，臺北：遠景，1997.7。

〔註26〕朱點人，〈島都〉，收錄於葉石濤、鍾肇政主編《光復前臺灣文學全集 4——薄命》，頁 35～52，臺北：遠景，1997.7。

〔註27〕蔡德音，〈補運〉，收錄於前註書，頁 279～290。

〔註28〕龍瑛宗，〈黃家〉、〈一個女人的記錄〉，收錄於葉石濤、鍾肇政主編《光復前臺灣文學全集 7——植有木瓜樹的小鎮》，頁 65～100、165～186，臺北：遠景，1997.7。

〔註29〕邱富，〈大妗婆〉，收錄於葉石濤、鍾肇政主編《光復前臺灣文學全集 6——送報伕》，頁 263～288，臺北：遠景，1997.7。

〔註30〕呂赫若，〈石榴〉，收錄於林至潔譯《呂赫若小說全集》，頁 366～394，臺北：聯合文學，1999.5。

〔註31〕龍瑛宗，〈黃昏月〉、〈植有木瓜樹的小鎮〉，收錄於葉石濤、鍾肇政主編《光復前臺灣文學全集 7——植有木瓜樹的小鎮》，頁 101～126、5～64，臺北：遠景，1997.7。

〔註32〕王詩琅，〈青春〉，收錄於張恆豪編《臺灣作家全集——王詩琅、朱點人合集》，

與死〕〔註33〕烏肉兄的妻。有過勞死者：如張慶堂〈他是流眼淚了〉〔註34〕章大根的妻；徐青光〈謀生〉〔註35〕競英的父母親。這些死亡悲劇，大部分仍以政治因素最多，說明了日治時期小說家對殖民統治攻擊，不遺餘力。許俊雅《日據時期臺灣小說研究》論及當時的悲劇肇因說：

> 只要我們稍稍留意，就會發現這時期許多短篇小說的人物，在故事
> 中往往以死亡或瘋狂做為悲劇敘事架構。這些人物的生命，充滿各
> 式各樣的痛苦、艱難、屈辱和挫折。他們的悲劇，往往不是肇因於
> 自己的性格，而是自身以外的環境與際遇、或命運的摩掌有以致之。
> 這時期的小說人物「死亡」或「瘋狂」的出現率，高得驚人。生老
> 病死原是人生必經之途，任誰也無法逃避，不過小說作者處理「死」、
> 「狂」等問題時，基本上，絕不僅是人生現象的描寫，而是與時代、
> 社會的脈動息息相關。〔註36〕

賴和小說雖然沒有塑造瘋狂的人物，然而在〈一桿「稱仔」〉、〈可憐她死了〉的死亡悲劇表現上卻有不凡的特色。

二、死亡悲劇的寫作特色

從死亡悲劇的寫作角度來看，〈一桿「稱仔」〉、〈可憐她死了〉在情節敘事、死亡氣氛營造方面，皆有傑出的表現。

首先在情節敘事方面，比較賴和〈未來的希望〉死亡的情節敘事只是一筆帶過，而〈一桿「稱仔」〉、〈可憐她死了〉的情節則從開始至結尾皆有完整的交待，並扣緊死亡的背景線索貫穿全文，情節合理化，具有亞里斯多德《詩學》中強調理想的悲劇情節必須有「完整」及「統一」性的要求〔註37〕，而

頁 27～40，臺北：前衛，1994.10。

〔註33〕張慶堂，〈老與死〉，收錄於葉石濤、鍾肇政主編《光復前臺灣文學全集4——
薄命》，頁 359～380，臺北：遠景，1997.7。

〔註34〕張慶堂，〈他是流眼淚了〉，收錄於前註書，頁 381～407。

〔註35〕徐青光，〈謀生〉，收錄於葉石濤、鍾肇政主編《光復前臺灣文學全集6——送
報伕》，頁 129～148，臺北：遠景，1997.7。

〔註36〕許俊雅，《日據時期臺灣小說研究》，頁 591，臺北：文史哲，1995.2。

〔註37〕劉昌元《西方美學導論》〈亞里斯多德的悲劇論〉：「在亞里斯多德《詩學》七、
八兩章中，強調理想的悲劇情節必須有『完整』及『統一』性。所謂『完整』，
就是說要有開始、中間及結束，而且不得任意開始與結束。所謂『統一』指
的是悲劇不但集中描寫一個行動，而且各事件之秩序及安排都需依可能或必

且也落實了亞氏所主張的悲劇情節構成要素：開始——反轉——發現——受苦——結束。其中「反轉」與「發現」是情節最動人處。所謂「反轉」，指的是「行動的眞實結果與所預期的相反」。秦得參滿懷希望的賣菜維生，警察的阻撓帶來情節的「反轉」；阿金爲了侍奉養母，屈辱讓阿力包養以維生，阿力的棄養帶來情節的「反轉」。所謂「發現」，指的是「由無知到醒悟的轉變，這種轉變造成命運轉變者的愛或恨。」〔註38〕〈一桿「稱仔」〉警察再度的辱罵得參爲「畜生」，並淪爲階下囚，使他「發現」時代環境就像一根無形的鍊條，緊緊地拴住人類生存的能力，於是覺悟尋求死亡作爲解脫之道：

> 參尚在室內踱來踱去。經他妻子幾次的催促，他總沒有聽見似的，
> 心裏只在想，總覺有一種，不明瞭的悲哀，只不住漏出幾聲的嘆息，
> 「人不像個人，畜生，誰願意做。這是什麼世間？活著倒不若死了
> 快樂。」他喃喃地獨語著，忽又回憶到他母親死時，快樂的容貌，
> 他已懷抱著最后的覺悟。（2000.一：54-55）

〈可憐她死了〉，阿金「發現」阿力的薄情寡義，使他更覺悟要靠自己勞動，維持養母生活：

> 阿金遭受了厭棄，同時受到世人的鄙視，但是在她自己反更泰然，
> 一些兒也不悲惻，因爲阿力哥所給與她的原不是幸福，只有些不堪
> 回憶的苦痛煩悶，一旦解除了，自然是快樂的。所以阿跨仔官常在
> 悲傷咒詛，她總是勸慰她，她不愁此後的生活，她是困苦慣了，她
> 自信還能夠勞動，還能養活阿跨仔官。（2000.一：167）

這兩部小說情節敘事「完整」及「統一」，揭示了人物艱苦的生活歷程與心靈轉折。又能製造「反轉」與「發現」的情節，表現人物堅定而毫不妥協的生命態度。

其次，在死亡氣氛營造方面，〈一桿「稱仔」〉塑造了日治時期死亡悲劇難得一見的復仇者形象，得參不惜犧牲性命殺掉無法無天的警察，然後同歸一盡。小說在得參自殺之前巧思的埋下伏筆：

> 參休息過一天，看看沒有什麼動靜，況明天就是除夕日，只剩得一
> 天的生意，他就安坐不來，絕早挑上菜擔，到鎮上去。此時，天色

然的規律，其中任何一個受到改變就會影響到整體。一個存在或不存在都不
會造成任何可見之差異的事件就不是整體的部分。這是種情節完全合理化的
要求。」頁295，臺北：聯經，1998.9。

〔註38〕有關亞里斯多德悲劇情節構成要素，詳參前註書，頁317。

還未大亮，在曉景朦朧中，市上人聲，早就沸騰，使人愈感到「年
華垂盡，人生頃刻」的悵惘。（2000.一：51）

「年華垂盡，人生頃刻」，在過年前夕透露幾許悲涼，它預示了得參生命的短
暫。賴和描述死亡沒有劍拔弩張的緊張，也沒有柳暗花明又一村的曲折，只
有「什麼都沒有」的平靜氣氛：

圍過爐，孩子們因明早要絕早起來開正，各已睡下，在作他們幸福
的夢。……元旦，參的家裏，忽譁然一聲發生一陣叫喊、哀鳴、啼
哭。隨后，又聽著說：「什麼都沒有嗎？」「只銀紙備辦在，別的什
麼都沒有。」同時，市上亦盛傳著，一個夜巡的警吏，被殺在道上。
（2000.一：54-55）

死亡的時間特別安排在洋溢著幸福快樂的過年當天，除了增添悲傷的氣氛，
更由對比的氣氛中，收到反諷的藝術效果；魯迅在〈祝福〉中也安排祥林嫂
自殺的時間，就在過年前家家戶戶拜神祈福的日子，同樣可見兩人運用反諷
技巧高妙的地方。〈一桿「稱仔」〉透過秦得參的自殺事件，揭示殖民體制的
弊端與荒謬，尤其題目的立名更具象徵手法的應用，許俊雅說：「賴和〈一桿
「稱仔」〉，以客觀、精確之『稱仔』象徵『法』之精確、客觀，若執法者隨
意折斷『稱仔』，則其無法無天可喻。」〔註39〕由此可見，本篇小說筆法高妙，
而無斧鑿的痕跡。

〈可憐她死了〉也為阿金的落水預設伏筆：

可是腹部已經很大了，似將要分娩的時候，胎兒時時在顫動著掙扎
著，像忍不住這拘禁，要破開肚皮跳出似的。這胎動給與阿金很大
的不安。她想：「一旦有了孩子，自己負著撫育的責任。到那時候還
有時間去勞動嗎？不更拖累了她老人？」阿金不能不別想方法，她
覺得有了孩子，是使她老人家愈走到不幸去。（2000.一：167）

相較之下，〈可憐她死了〉的死亡氣氛一樣平靜，只不過比〈一桿「稱仔」〉
多了些情景的描述：

是一個月明幽靜的夜裏，阿金因為早上腹部有些痛，衣服不曾洗，
晚來少覺輕快，要去把它洗完，便自己一個人從後門出去，走向荒
僻的河岸來，不一刻已看見前面有一條小河，河水潺潺作響，被風
吹動，織成許多皺紋，明月照落水面，閃閃成光，空氣很是清新，

<hr>

〔註39〕許俊雅，《日據時期臺灣小說研究》，頁 708，臺北：文史哲，1995.2。

沒有街上塵埃的氣息，胸中覺得清爽許多，便蹲下去把往常洗衣時坐的石頭拭乾淨，移好了砧石，把衣服浸入水裏，洗不多久腹裏忽一陣劇痛，痛得忍不住，想回家去，立了起來，不覺一陣眩覺，身體一顛竟跌下河去，受到水的冷氣，阿金意識有些恢復，但是近岸的水雖不甚深，阿金帶了一個大腹，分外累贅，要爬竟爬不起來，愈爬愈墜入深處去，好容易把頭伸出，想開口喊救，口纔開便被水衝了進去，氣喘不出，喊亦不成聲，被波一湧，又再沉下去了，那個瞬間阿金已曉得自己是會被淹死的，很記掛著她的阿母，記掛著將要出世的孩子。此時天上皎皎的明月一切於吾無關似的仍是展著她的笑臉，放出她的萬道金光，照遍沉沉無聲的大地，只有河邊的秋蟲在唧唧地悲鳴著，好像爲她唱著輓歌。（2000.一：168）

日治時期小說中的死亡悲劇頗多以落水作爲死因，比較諸篇，賴和對阿金這段落水情節最扣人心弦。作者不只注意垂死邊緣的阿金，其無助的掙扎與牽腸掛肚的心事，甚至以渲染手段加以描寫周圍景象。幽靜的月夜伴著唧唧的秋蟲輓歌，烘托情節，營造出另一分死亡的美感，成功的善用景物的反諷技巧，來深刻反映臺灣婦女在日治時期無奈的悲慘命運，這是〈可憐她死了〉匠心獨運的特點。

日治時期整個社會空間，決定了當時小說人物性格的形成，及其命運歸宿，不管人物如何與周圍環境抗爭，如何想改變自己生存空間，終究不能超越時代背景的限制，注定要在時間長流中浮沉，走向必然的命運，體現人生。金健人《小說結構美學》說：

> 大空間是一定歷史時期或階段的一般社會畫面，它意味著全部社會關係的總和，在作品中猶如地心的引力，雖然不是在在可見，卻也無所不在。它決定著人物的性格形成，支配著人物的命運變化。人物，當然也在同周圍的環境抗爭，他們也改變著自己的生存空間，但這種變革，一般在小空間上見出。而大空間的改變，則有賴生存於大空間的，也即無數未進入作品的芸芸眾生。〔註40〕

可見社會空間對於小說情節的發展，具有主導的作用。

賴和除了小說有悲劇敘事題材，新詩中亦有〈流離曲〉以及〈生的苦痛〉等，〈流離曲〉是首長篇敘事詩，分三個子題敘述：一、「生的逃脫」，二、「死

〔註40〕 金健人，《小說結構美學》，頁 65，臺北：木鐸，1988.9。

　　現在　人已是等待釘的屍體

　　墓地的冷冽普遍地籠罩甲板上

　　哦！我看見了活著的死！（1986：44-50）

詹冰的這首死亡詩篇，透過戰火對無辜生命的摧殘，表達強烈的反戰思想。

三、死亡悲劇的意義

　　「悲劇」是希臘亞里士多德時代一種主要的敘述形式，同時亞里士多德也認定「悲劇」具有淨化心理的治療作用：

> 他把悲劇的效果，用一個醫學術語，稱之為對不良的哀憐情緒和恐懼情緒的「淨化」（catharsis）。悲劇首先激發這些情緒然後清除它們。這就像醫學上的一種順勢療法一樣起作用：悲劇通過以毒攻毒從而治癒疾病。〔註42〕

朱光潛說：「人生來就有哀憐和恐怖兩種情緒，如果不發洩，也可以淤積起來，釀成苦悶。悲劇給這兩種情感以發洩的機會，所以能引起喜感。」〔註43〕人在不同程度內皆存有過多的憐憫與恐懼，通過悲劇的欣賞可以把這兩種過剩的情感滌清或淨化，因此而產生精神安慰。實際上，後來在臨床醫學上也曾出現詩的治療法，鄭泰安在譯文〈詩與醫學〉，曾提及採用詩作為輔助治療工具的案例，幫助病人恢復正常的與現實世界接觸：

> 治療學家發現有些詩對個別的病患具有價值。在某些危急的狀況——譬如家庭中發生死亡事故時——它們能解放病患的強烈情緒；它們也有助於淨化孤寂、沮喪、憤懣等問題。有些精神科醫生將偉大的戲劇詩——特別是希臘悲劇與莎士比亞悲劇——推薦給他們的病人，使病人得以洞察他們糾纏的情緒關係。這些醫生發覺到一項驚人的治療效果——病人可以體認到已有其他人類分享了他內心深層的經驗；他從詩人充滿情感的字眼與意象裏發覺了自己情感的表白。〔註44〕

這段話中特別提出希臘悲劇與莎士比亞悲劇，對病人具有顯著的治療效果。顯然，「悲劇」具有淨化心理的治療作用，已獲精神科臨床醫學的肯定。對賴

〔註42〕Frank Lentricchia & Thomas McLaughlin 編、張京媛等譯，《文學批評術語》〈敘事 NARRATIVE〉，頁88，香港：牛津大學，1994。
〔註43〕朱光潛，《文藝心理學》，頁270，臺北：開明，1980.11。
〔註44〕鄭泰安翻譯，〈詩與醫學〉（二），《當代醫學》2卷2期，頁79，1975.2。

和而言，在和大時代搏鬥的反叛中，創作成爲他對不朽的渴望，同時也驅動了其創作精神的動力，尤其對人類生與死的探索，包括人的痛苦與不幸、生存的價值、死亡的悲劇等等，這些充滿哲理意味的思維，也充分展現了醫事作家對動盪、不安、悲慘世界的人道關懷。而透過這些無辜受難的悲劇主角，在現實世界中的不停的衝突與克服的歷程，主角本人面臨苦難所表現的堅定及崇高的性格，的確都是使讀者產生精神安慰的重要因素。賴和的悲劇精神不忘彰顯人在面臨人生之苦難、荒謬時的堅強與高貴，這是其悲劇的積極意義。

小　結

　　由本章顯然可見，日治時期臺灣醫事作家其藝術表達手法與醫學專業的關係，柯慶明《文學美綜論》說：「文學創作，除了基本上是一種心靈歷程，在這種歷程裏，創作者必然得更深切周至的去感受一己的『生存情境』與『生活經驗』；並在這種深切的感受中，透過『生命意識』的昇揚，心靈自由的擴大，達到一種『生命智慧』的體驗外；更重要的是，還必須透過文字語言的組構，將這樣的感受與體驗，塑造成一種可理解，可以重新再體驗的『經驗歷程』；也就是必須賦予這一切的『生存經驗』與『心靈歷程』以某種適切的『形式』。」〔註45〕綜合上述三節，醫事作家的藝術成就顯示出個人的「生活經驗」、「生存情境」與「心靈歷程」，同時具有以下兩項特色：

　　一、醫學專業與藝術表達手法的結合：蔣渭水以臨床診斷書作爲散文形式，詹冰以醫學專名作爲新詩意象，基本上皆與其醫學專業背景息息相關。一個成功的作家，其作品除了必須符合時代性的特色；如果他在繼承時代精神之餘，還能不斷在寫作形式上創新，從而展現自己的獨特風格，成就作品的藝術特色，就應當擁有文學的時空位置。這些醫學專業與藝術表達手法結合的作品數量雖不多，品質或許也未臻成熟，然而其勇於嘗試創新的精神值得肯定。

　　二、印證精神醫學對文學創作的影響：賴和、王昶雄、詹冰在死亡的悲劇敘事，以及心理活動的描述各有代表作品，從中可見精神醫學對文學創作的影響，誠如司馬中原在〈小說世界的奧妙〉說：「人類的意識活動，變化無

〔註45〕柯慶明，《文學美綜論》，頁 43～44，臺北：長安，1993。

窮，很多單項科學的研究，都圍繞著它（小說）在進行，像各類心理學、生理學、生態學、精神醫學等的研究成果，對二十世紀以後的文學創作，已發生巨大的影響，使小說作者在反映人類精神活動時，獲得很多助益。」〔註46〕又佛洛依德之後的精神分析學家羅洛梅（Roll May）認爲，藝術家彷彿是人類心靈的「雷達站」，他們以其特有的洞察力，深刻地描繪出既定社會秩序早期的傾斜，反映出人類在那個時期中的感情及精神面貌。依此觀點，賴和、王昶雄、詹冰將時代人類的死亡形象與衝突經驗注入作品中，賦予了一種有意義的形式〔註47〕。

〔註46〕 司馬中原，〈小說世界的奧妙〉，收錄於鄭明娳、林燿德編著《時代之風──當代文學入門》，頁245，臺北：幼獅文化，1991.7。
〔註47〕 王溢嘉編譯，《精神分析與文學》，頁78，臺北：野鵝，1980.9。

第七章　社會參與及主題表現的傳承

　　日治時期臺灣醫事作家關懷臺灣全體同胞生命，以及耕耘臺灣文學園地，戰後也有一群作家，他們除了忙於為人看病解除痛苦外，還繼承了前輩樹立的人道主義的精神典範，奉獻他們的智慧、感情和力量，掌握時代脈動，診斷社會弊病。這分深切關懷臺灣土地與同胞的理想主義者的熱情，為營私阿附、競奔權利的現實社會，注入一脈人性的光輝。同時他們持續的灌溉耕耘臺灣文學園地，使得醫學與文學交會出更耀眼的光芒。本章主旨乃在透過戰後醫事作家的「參與政治社會文化運動」與「延續臺灣文學的香火」，以及針對其作品的「政治面向」、「社會面向」、「醫事面向」的現實關懷，探析臺灣醫事作家社會參與精神以及作品主題表現一脈相承的關係。

第一節　社會參與的傳承

　　臺灣光復是中國民族主義的一大勝利，全臺歡慶鼓舞，甚至組織致敬團回到祖國祭黃陵，在在表示了臺灣知識分子多年來期盼「回歸祖國懷抱」的理想開始實現；然而就在一九四七年爆發了臺灣史上空前的「二二八」慘劇，不但使臺灣人嚮往祖國的熱情迅速冷卻，同時也挑起日本殖民統治「五十年來，慘苦痛疚，壓迫剝削」﹝註1﹞的記憶。隨著時代環境的驟變，自日本皇民化以來至國民政府遷臺，臺灣知識分子的政治、社會、文化等運動一直皆呈現睡眠時期。文學活動方面，直到一九六四年吳濁流創辦《臺灣文藝》、詹冰

﹝註1﹞ 韋政通，《中國思想與人文關懷》〈臺灣意識與民族主義〉，頁 263，臺北：洪葉，2000.11。

等人創辦《笠》詩刊以後，臺灣文學作家有志難伸的壓抑才逐漸獲得宣洩的
出口；政治社會文化運動方面，則遲至八、九〇年代以後才逐漸有甦醒的現象，
戰後醫事作家發揚前輩社會參與的精神也從這段時間開始。

一、參與政治社會文化運動

　　戰後，吳新榮仍積極參與政治、社會活動，除了加入「三青團」外，也
投身縣議員的選舉。吳新榮在〈良醫良相〉說：「光復後……，很多的同業都
參加政治活動，有人做過縣長鄉長，有人做委員議員，這是很好的現象。但
好景不常，爲了時勢的變遷，有人弄壞了生命，有人弄罄了家財，有人竟潦
倒人生最不幸的深泥而不能自拔。他們終於反省著他們不應該走到政治路
線。」（1981.二：23）由這段話可知，戰後許多醫生雖仍繼續參政，但因中央
民代選舉的名額有限，地方自治的選風又日益惡化，使得素來是政治「清流」
的醫生難以適應。加上「二二八事件」，很多臺灣優秀的醫生遭到被殺害、逮
捕及逃亡的命運〔註2〕，這分恐懼陰影造成臺灣醫界中大多數人噤若寒蟬。其
後隨著國府在大陸軍事上的全面失利，爲了防止所謂的「赤化」，臺灣宣布實
施戒嚴，而進入了「五〇年代白色恐怖」時期，以郭琇琮爲首的十餘名年輕醫
生及醫學生遭到處決，同時綠島也關了大約十名以上的醫生政治犯〔註3〕。這
使得素來具有抗爭傳統的醫學教育傳統，長達四十年不再熱衷於政治運動，
從此走進醫學院的象牙塔中。直至八、九〇年代，曾貴海、江自得、陳永興、
王浩威、田雅各等醫生才逐漸參與關懷社會的活動。

（一）曾貴海——南臺灣綠色教父

　　目前任職於高雄信義醫院的內科醫師曾貴海，廣涉文學、環保、教改、
政治等運動。曾經參加「臺灣人權促進會」、「臺灣環保聯盟」、「高雄縣教育
改革委員會」，目前是「高雄市綠色協會理事長」、「衛武營公園促進會會長」、
「保護高屏溪綠色聯盟會長」，對環保運動尤其熱衷，曾貴海認爲全球的命運
繫於每一個人，而且在一個先進的都市中，公園綠地須佔百分之十，所以提
出衛武營公園想法，主張應將衛武營六十七公頃地全部闢建爲公園。一九九

〔註2〕　詳參陳永興《臺灣醫療發展史》〈臺灣醫界與二二八〉，頁 103～111，臺北，
　　　　月旦，1998.1。
〔註3〕　參陳君愷《日治時期臺灣醫生社會地位之研究》，頁 141，臺灣師範大學歷史
　　　　研究所碩士論文，1991.6。

二年，集合了志同道合的友人，正式成立「衛武營公園促進會」，所謂「南臺灣綠色革命」的第一把火也就此點燃。除此，他對高屏溪的整治、反核四等運動亦不遺餘力，同時因動員多起南臺灣綠色革命運動，故素有「南臺灣綠色教父」之稱〔註4〕。

（二）江自得——愛與創造的實踐者

任臺中榮總醫院胸腔內科主任江自得，秉持「愛與創造」的信仰，他說：「我深刻體認，只有『愛』與『創造』能夠賦與生命價值與意義。愛自己的家園、社會、國家，愛人類、愛這一片大地，只要付出真誠的愛，便能感到生命的充實、有意義、有價值。」〔註5〕江醫師將他的大愛與熱情化為實際的行動，成立「臺杏文教基金會」，以提昇醫學生人文素養，重振醫學界人文精神為宗旨，並且每年舉辦「全國醫學生人文夏令營」，精心設計每項活動與課程，除了有臺灣醫界與政治社會文化運動、生態環保運動、文學創作及欣賞三者關係的講述外，江醫師並強調所謂道德教育，重在真誠的實踐，而不是流於泛知識化，希望藉此將人文的種子播撒在各醫學院的角落，進而尊重生命個體。又臺中「阿米巴社文化講座」，是江醫師為重振醫界人文精神，促進臺灣文化發展的另一個用心，由此可見其具體實踐「愛與創造」的生命價值觀〔註6〕。

（三）陳永興——臺灣醫療史的記錄者

現任高雄市衛生局局長的陳永興，也是位散文家，曾經擔任立法委員、臺灣人權促進會會長、二二八公義和平運動召集人、臺灣醫界聯盟執行委員及秘書長等，本著上醫醫國的精神投身臺灣民主人權運動，並試圖透過「臺灣醫界聯盟」的力量，評估全民健保、暫緩核四興建、舉行青少年煙毒防治運動、推動總統公民直選等。除此，他更積極推動醫療博物館的成立及臺灣醫療史的研究，一九九七年完成《臺灣醫療發展史》，乃繼一九七四年臺北帝國大學醫學部部長小田俊郎的《臺灣醫學五十年》（一九九五年漢文版出版）之後，第一部真正由臺灣人所寫的醫療史，本書內容回顧臺灣過去一、二百

〔註4〕　以上資料乃根據筆者與簡光明親訪曾貴海醫師所得，時間：1999.10.8，地點：高雄信義醫院。
〔註5〕　江自得，《從聽診器的那端》，臺北：書林，1998.7。
〔註6〕　以上資料乃根據筆者與簡光明、簡銘宏、方靜娟親訪江自得醫師所得，時間：1998.7.29，地點：臺中榮總醫院。

年醫療衛生的演進與發展，記錄臺灣近代化的過程，以及臺灣過去醫界精英的奮鬥史蹟，最可貴的是彰顯醫生在近代史上所扮演的社會角色，其意義誠如江自得所說：「對當前醫學教育的傾頹現象有匡正的作用」〔註7〕。

　　陳永興在《臺灣醫療發展史》中的自序〈做一個有尊嚴的臺灣人醫生〉說：「從學生時代啓蒙以來，我就一直懷抱著學醫就要救人濟世的理想，年輕時志向遠大，只希望自己能學習醫界前輩，如蔣渭水、杜聰明、賴和等人，為臺灣社會的進步貢獻心力，或甚至像史懷哲或臺灣早期醫療傳道者一樣，扮演拓荒者的角色，深入窮鄉僻壤為病患服務。」〔註8〕陳醫師自求學時期即立志做一個有尊嚴的臺灣人醫生，除了以悲天憫人的胸襟照顧病人的健康之外，更自我要求效法醫界前輩，對於政治、社會、文化改革盡心盡力，因此他說：「體會了醫學本質，掌握到一個真正有良心的醫師之後，就要去做個跟人家不一樣的醫生，把社會當作一個病人，以救大眾為己任，經由對社會的關係以及政治改革的參與來主導整個臺灣社會的進步。」〔註9〕陳永興不只是臺灣醫療的記錄者，同時也扮演一個改革社會的知識分子。

（四）王浩威——社會文化的評論家

　　王浩威是位擅長撰寫社會文化評論的作家，筆鋒遒健；八〇年代曾參與了學生運動、社會運動和政治讀書會，是一個與時邁進的知識青年異議分子，在《憂鬱的醫生，想飛……》一書說：「八〇年代中期，整個臺灣社會開始蠢動，戒嚴的軍事法律幾乎要綁綑到最強力的極限了。我剛好離開了校園生涯，在臺北參加了一兩個政治氣氛強烈的讀書會。高中懂事以來，一直以天下事為關懷的情緒，更是沈重了。甚至，像鋼鐵的彈性疲乏一樣，太過長時的嚴肅，已經讓朋友之間的見面都變得痛苦而動輒衝突。」〔註10〕基於以天下事為己任，他除了主持《島嶼邊緣》這一本文化雜誌之外，任職花蓮慈濟醫院精神科主治醫師時，並且積極地參與花蓮本地的公共事務，為學校或一些社福單位做團體輔導，四處演講，值得注意的是這段期間寫出了他對花蓮的歷

〔註7〕　陳永興，《臺灣醫療發展史》〈十一位醫學、史學專家共同推薦〉，臺北：月旦，1998.1。

〔註8〕　同前註，頁41。

〔註9〕　高醫學生：許思文、陳裕元、邱映倫、鄭欣宜、王又德訪問稿，〈為臺灣而戰——訪陳永興醫師〉，收錄於簡光明編《白袍之下——M88的醫師專訪》，自印，2000.6。

〔註10〕　王浩威，《憂鬱的醫生，想飛……》，頁140，臺北：張老師文化，1998.12。

史、地理、社會、族群、文化等問題的反思，如〈花蓮文學的特質〉、〈夜生活的花蓮〉〔註11〕等文，展現花蓮地方人文的特色。另外，一九九九年九二一集集大地震時，王浩威立即投入故鄉南投災區現場，實地協助災民進行心靈重建工作，體現臺灣醫生社會關懷的精神〔註12〕。

（五）田雅各——蘭嶼的史懷哲

目前服務於臺東縣長濱鄉公所的田雅各，學生時代即參加「臺灣原住民權利促進會」（一九八四年成立）的活動，此乃臺灣原住民的自覺運動，八〇年代隨著臺灣本土化、國家定位，以及歷史主體性的追求，原住民的議題逐漸開始浮升，田醫師與族群們為「原住民」的正名運動努力不懈，直至一九九四年，「原住民」的名稱才被政府所接受，並訂入憲法，逐漸凸顯了原住民的主體位置〔註13〕。就醫生的角色而言，田雅各始終以臺灣原住民醫療服務為職志，尤其在一九八七年七月放棄高薪，毅然遠赴缺乏現代醫療照護的蘭嶼任職，三年八個月蘭嶼行醫的歲月，田雅各本著人道主義的精神，跨越族群深入瞭解蘭嶼達悟族的醫療環境，並且深切盼望透過政府的力量來建立完善的醫療制度，充實醫療設備，以吸引源源不斷更優秀的醫師，進而解決蘭嶼的醫療困境。為了這些美好的願景，任職期間他滿懷熱誠地為民喉舌，再三地透過文字議論，乃至談判、協商，甚至不惜與政府吵架，以力抗那些不解民情疾苦、流於冠冕堂皇的政策。田醫師的努力終於獲得政府的回響，破天荒地創辦「蘭嶼群體醫療中心」，一九九四年年底，島民也開始享受「全民健康保險」制度，生命多了些保障，蘭嶼的基層醫療工作從此真正落實。田雅各離島服務，默默發揚醫人救世的精神，並且用時間和族人共同生活，積極學習語言，深入文化背景的差異進行真誠的交談與詮釋，與達悟族成為生命共同體，這一分淑世的犧牲奉獻的熱情，與史懷哲遠赴非洲行醫的理想實踐，是可以相契媲美的〔註14〕。

〔註11〕　王浩威，《海岸浮現》〈花蓮文學的特質〉、〈夜生活的花蓮〉，頁194、212，臺北：皇冠，1995.9。
〔註12〕　參王浩威《災後心靈工作室》，《自由時報副刊》，1999.10.3～10.12。
〔註13〕　參孫大川演講題目：〈跨世紀的原住民圖象——以變遷中的臺灣大社會為背景的反省〉，劉悅姒整理，時間：1997.8.23，收錄於《文化講座第四輯》，頁74～95，國立國父紀念館，1998.11.12。
〔註14〕　參筆者〈醫療、文化、生態——田雅各「蘭嶼行醫記」的族群關懷〉，《原住民教育季刊》21期，2001.3。

　　現實污濁唯利是圖的醫療惡習絲毫沒有沾染上這些醫生，他們只想站在親愛的土地上，爲親愛的人群做一點有意義的工作，誠如陳永興醫師在《生命、醫學、愛》序中說：「這些可愛的傻子，就是人類社會中維繫人性向上而不墜的靈魂角色，在每個黑暗的時代中，散發出人類尊嚴和價值的絲絲亮光！」〔註15〕是的，戰前的蔣渭水、賴和、吳新榮，以及戰後的曾貴海、江自得、陳永興、王浩威、田雅各等醫生，他們都是時下狂狷的傻子，因爲有他們的人道精神的凝聚，才能映照出臺灣社會一片明亮的遠景。

二、延續臺灣文學的香火

　　吳新榮、王昶雄、詹冰，同吳濁流、龍瑛宗、呂赫若、王白淵、楊逵、楊雲萍等跨語一代作家，他們走過戰爭的陰影、被殖民的桎梏，戰後能夠延續臺灣文學的香火是他們最大的期待。在「二二八事件」之前，文學界曾力圖臺灣文學重振旗鼓、發揚光大，最大的特色是各種報紙紛紛登場，如一九四五年年底以前，計有楊逵主編的《一陽周報》、蘇新主編的《政經報》、黃金穗主編的《新新》，以及《鯤聲報》等創刊。接著一九四六年又有《人民導報》、《民報》、《臺灣文化》、《自由日報》、《臺灣詩論》等創刊。加上官方的《新生報》、《中華日報》等〔註16〕。又戰前創立的「銀鈴會」，戰後重新出發，於一九四八年出刊《潮流》，「銀鈴會」成員林亨泰說：

> 《潮流》的重新出發在二二八事變之後，正當臺灣作家活動因二二
> 八事變而低潮後，銀鈴會的同仁反而更積極而勇敢地重振旗鼓，這
> 是值得大書特書的一點。〔註17〕

看似不絕如縷的文學活動，隨著日文的禁止、政治的打壓以及戰後經濟不穩定等因素，致使臺灣文學的發展產生斷層現象。吳濁流曾明言「二二八事件」前後的文學環境比日治時期更不自由：

> 二二八事件發生以前的報紙確實是自由的，言論方面絕不比文明國
> 家差。當時的新聞記者個個以社會的木鐸自許，也以此爲傲。
>
> 由於《新生報》的日文版，偶而有與政府對立的言論，因而民國三

〔註15〕陳永興，《生命、醫學、愛》代序，臺北：新地，1985.5。
〔註16〕參張金墻《斷裂與再生——「臺灣文藝」研究（1964～1994）》，頁11，成功大學歷史研究所碩士論文，1997.6。
〔註17〕林亨泰，〈銀鈴會史話〉，《臺灣文藝》118期，頁9，1989.7。

十五年十月二十五日（光復一周年），此報日文欄被廢，同時日文報
紙也全面遭禁。

二二八事件後……僅報社就被查封了六家，光復以來的自由言論全
部遭封殺，比日本時代更不自由了。日本時代有本省人的《興南新
聞》，在嚴厲的監督之下，冰層下面還是有潺緩流水。〔註18〕

又彭瑞金說：

一九四七年以後，文學活動倚為重心的報紙副刊主編清一色是外省
作家，臺灣作家不過羞澀、被動的游離寄生在這個時代的夾縫而已。

〔註19〕

換言之，戰後四○年代的臺灣文學仍然深陷寂寞苦悶的深淵之中。

　　五、六○年代的臺灣文學，因為政治上仍存在白色肅清的恐怖陰影，以及
斷頭之恨、牢獄之災的生命威脅；再加上文壇被「戒嚴法」、「國家總動員法」、
「臺灣地區戒嚴時期出版管理辦法」等有系統的宰制，以及「出版法」的修
正、報紙限張、限家數等極其嚴格的限制與操縱，臺灣文學墮為政策的附庸。
葉石濤在《臺灣文學史綱》中批判這個時期的反共文學說：

五○年代文學所開的花朵是白色而荒涼的；缺乏批判性和雄厚的人
道主義關懷，使得他們的文學墮為政策的附庸，最後導致這些反共
文學變成令人生厭的、劃一思想的、口號八股文學。〔註20〕

又呂正惠從文藝社會學的角度來批判五、六○年代的文學風氣，他說：

他們不能作為某一具體社會的一分子而存在，而是作為普遍人類的
一分子而存在。他們的思想與創作不是從「社會環境」的立場去發
展，而是從「人間境況」的立場去發展。從批判的角度來看，他們
因為被迫從社會中疏離（或「異化」）出來，他們只有面對自己赤裸
裸的存在，而不得不考慮到自己的「存在問題」。〔註21〕

這樣來自政治勢力的傷害，最明顯的文學現象是中斷了寫實主義的題材。直
到一九六四年《臺灣文藝》、《笠》的先後創刊，才逐漸承續了日治時期注重
現實的寫作精神，這兩分有別於現代主義文學與反共文學的刊物，誠為臺灣

〔註18〕吳濁流，《臺灣連翹》，頁 156、172、184，臺北：草根，1996.11。
〔註19〕彭瑞金，《臺灣新文學運動四十年》，頁 48，臺北：自立晚報，1991。
〔註20〕葉石濤，《臺灣文學史綱》，頁 88，高雄：春暉，1987.2。
〔註21〕呂正惠，〈現代主義在臺灣——從文藝社會學的角度來考察〉，《臺灣社會研究
季刊》1 卷 4 期，1988.12。

文學發展樹立了一個新的里程碑，就如林瑞明所說：「《臺灣文藝》作品以樸實的風格，肯定了對現實的關懷。……《笠》雙月刊，同樣是由關懷現實出發，既有鄉土性，也不失詩的前衛性。」〔註22〕在日治時期作家陸續凋零下，透過這兩個刊物凝聚、培養了許多臺灣本土的作家，繼承臺灣文學的香火，作為理論發表與作品實踐的園地。六〇年代值得注意的文學現象是，醫事作家與《臺灣文藝》、《笠》詩刊有密切的關係。

（一）戰後臺灣醫事作家與《臺灣文藝》

吳濁流於一九六四年創刊《臺灣文藝》後，不斷呼籲作家要把握臺灣的特殊性、現實性，將作品根植於臺灣的土地。《臺灣文藝》的性質成為綜合生態、文化、文學三方面的文化刊物，向著建構獨立、自主的臺灣文化邁進。一九八三年一月至一九八六年一月，陳永興以醫生的角色來接辦《臺灣文藝》，其最大的動機就是為了醫治臺灣人的心，他說：「臺灣文藝的根是在何處？不只是在這塊土地而已，在這塊土地上居住的人如果已經沒有心了，沒有用，臺灣文藝的根在臺灣人心內。」〔註23〕為了醫治臺灣人的心，陳永興實踐「以期文化之向上」的創刊宗旨〔註24〕；並把承辦《臺灣文藝》當作醫療服務工作默默耕耘，期待開花結果。

《臺灣文藝》自創刊以來，每個時期皆凝聚了一群愛好本土文學的醫事作家，如在吳濁流時期（1～53 期），詹冰發表五首新詩，吳新榮擔任評審委員。鍾肇政時期（54～79 期），詹冰發表三首新詩，鄭炯明發表五首新詩。陳永興時期（80～100 期），曾貴海發表五首新詩，田雅各受小說文學獎的肯定，王昶雄、江自得、曾貴海、鄭炯明為參與同仁。筆會時期（101～120 期），江自得發表三首新詩，陳永興、曾貴海、鄭炯明為社務委員。前衛時期（121～140 期），鄭炯明為編輯委員。李喬時期（141～146 期），陳永興為社務委員〔註25〕。

一九八三年十二月二十五日陳永興發起成立「臺灣文化事業股分有限公

〔註22〕林瑞明，《臺灣文學的本土觀察》〈鄉土的聲音——「臺灣文藝」與「笠」〉，頁73，臺北：允晨文化，1996。

〔註23〕陳永興，〈臺灣文藝的根〉，收錄於陳永興編《臺灣文學的過去與未來》，頁221，臺北：臺灣文藝，1985.3。

〔註24〕《臺灣文藝》5 期，頁1，1964.10。

〔註25〕參張金墻《斷裂與再生——「臺灣文藝」研究（1964～1994）》，頁100，成功大學歷史研究所碩士論文，1997.6。

司」，號召了一百多位股東，這些股東也都是《臺灣文藝》的同仁〔註26〕。許多日治時代的作家，如王昶雄、吳坤煌、楊逵、龍瑛宗等也加入同仁組織。可見此時《臺灣文藝》集合了日治時代與戰後關心臺灣文學與文化的有志之士。在陳永興時期，《臺灣文藝》確立了具有臺灣意識的臺灣文學，李喬一改過去將臺灣文學與中國文學牽扯在一起的看法，在83期的〈臺灣文學正解〉中說：「所謂臺灣文學，就是站在臺灣人的立場，寫臺灣經驗的文學」。宋冬陽在86期發表〈現階段臺灣文學本土化的問題〉，主張臺灣文學的創作應落實於臺灣這個時空座標上。至此，《臺灣文藝》對於「臺灣文學」的定義及內涵，已經確立了共識。

（二）戰後臺灣醫事作家與《笠》詩刊

一九六四年六月十五日《笠》詩刊創刊，是「臺灣本土詩人」的文學結社，創刊動機乃基於要創辦「一本臺灣人自己的詩刊」，以寄寓彼此的時局共識。發起的同仁除詹冰外，尚有吳瀛濤、陳千武、林亨泰、錦連、薛柏谷、白萩、黃荷生、趙天儀、王憲陽、杜國清、吉具等〔註27〕，無論老中青三代詩人，都有醫事人員的加入，茲列舉三個世代的成員如下：

所謂跨語一代，如王昶雄、詹冰，還有吳瀛濤、桓夫、林亨泰、錦連、巫永福、陳秀喜、張彥勳、陳千武、周伯陽、李篤恭、葉笛、莊世和、杜潘芳格、蕭翔文等，這些詩人在光復前原以日文創作。由於「語言轉換」的緣故，於光復後停滯了二十年的空白，逐漸改以中文創作及發表。

戰後第一代，除牙醫沙白之外，另有林宗源、趙天儀、靜修、非馬、白萩、李魁賢、黃荷生、岩上、龔顯榮、許達然、杜國清、吳鉤、喬林、旅人等。這一代詩人，由於所接受的主要是中文教育，在語言表現上免於第一代詩人的缺點，而在詩觀與詩精神上卻承繼第一代詩人，根植於生活經驗。

戰後第二代，除醫生曾貴海、江自得、鄭炯明外，另有龔師顯宗、拾虹、耿白、張子伯、黃勁連、陳芳明、黃樹根、吳夏暉、李敏勇、陳明臺、莫渝、莊金國、洪中周、林豐明、海螢、陳鴻森、郭成義、羊子喬、利玉芳、陳坤崙、謝碧修、吳俊賢、王麗華、李昌憲、阿仁等，創作皆站在臺灣人的立場，

〔註26〕參陳永興〈誰來接辦臺灣文藝——站在臺灣文化事業的突破點上〉，《臺灣文藝》86期，頁4～6，1984.1。

〔註27〕參戴寶珠《「笠詩社」詩作集團性之研究》，頁20～21，政治大學中國文學研究所碩士論文，1996.2。

寫出臺灣的心聲〔註28〕。

　　《笠》詩社堅持走向現實主義的創作精神，落根於鄉土是一貫作風，李魁賢曾說：「論戰期間（按指七〇年代鄉土文學論戰），笠詩刊旗下的大多數詩人風格上並無顯著變化，原因是：笠本來就走現實主義路線，關心生活，凝視現實。鄉土文學論戰以前，笠就是走著這種路。」〔註29〕又說：「認識存在的條件，眞誠凝視社會現實，勇於以形象思維的詩想，批判不公不義的壓制，表達被統治人民的心情。」〔註30〕至於《笠》詩社的寫作意識不只與生活息息相關，同時貫徹其以詩創作介入社會批判的角色，值得注意的是，由於解嚴後本土意識的逐漸覺醒，加上臺灣社會政治風氣日漸開放，無論就政治、文化、經濟、教育各方面本土運動方興未艾，更提供給《笠》一個有利的創作大環境。

　　以醫生詩人鄭炯明爲例，他在《笠》詩友的切磋激勵之下，一開始即站穩於植根於生活的現實主義的詩觀，一九七一年出版第一本詩集《歸途》「後記」曾言：

> 用時代隔閡的語言寫詩，那是逃避的文學，寫現實中沒有的東西，那是欺騙的文學。五年來，我嘗試用平易的語言，挖掘現實生活裡那些外表平凡的，不被重視的，被遺忘的事物本身所含蘊的存在精神，使它們在詩中重新獲得估價，喚起注意，以增進人類對悲慘根源的瞭解。

鄭炯明在這段話中，充分表述他的詩的特性：以平易的語言，寫出根植於現實生活的詩，挖掘人類悲慘的根源，表現濃厚的人道主義精神。《笠》下詩人對現實關懷與土地取向，顛覆了五〇年代反共文學的蒼白，也迥異於六〇年代現代主義文學對現實的逃避與超越。到了七〇年代的寫實主義文學特別關切現實，以現實生活爲主體，對落實本土所衍生的本土意識特別關切，他們以身處的社會環境爲關懷的第一義，這也正是王昶雄、詹冰、沙白、曾貴海、江自得、鄭炯明，這些《笠》家族的醫事作家一貫的寫作主軸。

（三）戰後臺灣醫事作家與《文學界》

　　一九八二年元月，鄭炯明鑑於高雄地區一直缺乏能夠容納廣泛題材的刊

〔註28〕參杜國清〈「笠」與臺灣詩人〉，頁55，《笠》128期，1985.8。

〔註29〕見鄭炯明編《臺灣精神的崛起——「笠」詩論選集》，頁208～209，高雄：春暉，1989.12。

〔註30〕李魁賢，《詩的反抗》〈臺灣詩人的反抗精神〉，頁144，臺北：新地，1992。

物，為了使文友們增加一個發表作品的園地，便與跨越時期的小說家葉石濤，以及好友陳坤崙、曾貴海、彭瑞金等人，創辦八○年代頗受文壇重視的純文學雜誌《文學界》，和《笠》詩刊、《臺灣文藝》，並列為代表臺灣本土文學的三本刊物。

　　在《文學界》出刊的七年當中，臺灣社會正處於劇變的時代。一九八六年九月二十八日，黨外人士組成「民主進步黨」；一九八七年七月十五日解除戒嚴；一九八八年一月報禁解除，一月十三日蔣經國去世，蔣家政權結束，由李登輝繼任總統等。八○年代可稱是一個威權逐漸解體的時代，政治自由了，社會開放了，經濟繁榮了，臺灣文學也可以公開談論、研究，但是社會問題卻隨著威權的價值體系崩潰，越顯嚴重。《文學界》基於「文學是文化重建的一環」〔註31〕，穿越了混亂、不安的八○年代，致力於促進臺灣社會邁向更健全、更完美的道路，此乃《文學界》創刊最大的意義。

　　在文學活動方面，戰後醫事作家參與《臺灣文藝》、《笠》、《文學界》等文學刊物，完成臺灣文學的階段使命，呈現日治時期醫事作家從事新文學運動的精神再生。

第二節　主題表現的傳承

　　置身戰後不斷變動發展的臺灣社會，醫事作家繼承前輩現實關懷的寫作主題，以下內容即就其作品的「政治面向」、「社會面向」、「醫事面向」的現實關懷一一探析。

一、「政治面向」的現實關懷

（一）見證二二八事件

　　「二二八事件」是臺灣現代史最不幸的悲劇，許多傑出的知識分子遭遇殺害逮捕，如一九五一年葉石濤被捕入獄，一九五四年才出獄（從此封筆達十四年之久）；同年，吳新榮再度受囚四個月，勇於碰觸現實的臺灣作家，終究無法違逆時代的巨浪，而成為政治、文化壓迫下的無辜者；另外，倖免於難的則封筆「自動沈默」。如今「二二八」被比喻成歷史的傷痕，這個名詞已「成為象徵臺灣集體命運的一個悲劇符號，它造成臺灣知識分子亡命天涯，

〔註31〕鄭炯明，〈為「臺灣文學史綱」的出版說幾句話〉，《文學界》20 期，1986.11。

遠走異鄉；文藝工作者不敢關懷現實，仗義直言，文學喪失了自尊、自信；也促長了日後的臺獨意識和反對運動。」〔註32〕換言之，「二二八事件」扼殺臺灣人民的生命力和創造力。

　　臺灣文壇有關「二二八」議題，直至八〇年代中期以後才陸續出爐，如吳濁流的《無花果》，在一九七五年時寫下等十年或二十年之後再發表的聲明。從醫事作家筆下，不乏其例讓我們讀到一幕幕政治迫害下的悲慘子民，特別是事件發生後不久，一九五二年吳新榮的血淚作品〈誰能料想三月會做洪水〉重新被挖掘，這首詩的寫作時間比吳濁流完成於六〇年代末期的《無花果》，早了十年以上；再者九〇年代有江自得〈從那天起〉、〈骨折〉、〈總有某些記憶與血壓息息相關〉，鄭炯明〈永遠的二二八〉，透過詩作緊扣此一敏感事件，直接表示他們對該事件的觀察與省思。至於呂幸治的〈這一代〉、王湘琦的〈黃石公廟〉，則以小說形式重新爲我們勾勒出那個驚心動魄的時代。

1. 吳新榮——〈誰能料想三月會做洪水〉

　　「二二八」事件發生時，吳新榮年當四十一，曾參與了「臺南縣二二八事件處理委員會」和「臺南縣自治青年同盟」，因而「受難百日」、「坐獄五處」，僥倖未死之後，於一九五二年完成以吳家三代家族史爲主的回憶錄《此時此地》。在回憶錄中吳新榮提及：「他讀一部二十年前五卅慘案後發生的『洪水』集，不勝感慨。當時中國的社會狀態也許和現在的臺灣近似，尤其五卅慘案中發生的種種事態，和這次二二八事變中發生的事態有大同小異。」（1997.三：200）因之寫了〈誰能料想三月會做洪水〉，將「二二八」那慘絕人寰的殘酷暴行，歷歷如繪展現在我們面前。詩如此寫道：

　　　　誰能料想三月會做洪水！
　　　　那突然的巨浪，
　　　　竟沖破這樣堅固的防堤；
　　　　那無情的巨浪，
　　　　竟流毀這樣美麗的田園；
　　　　那激怒的巨浪，
　　　　竟淹沒這樣平和的城鎮。

〔註32〕許俊雅，〈從困境、求索到新生——談臺灣新詩中的二二八〉，收錄於李敏勇編《傷口的花——二二八詩集》，頁108，臺北：玉山社，1997.2。

誰能料想三月會做洪水！

有一個勇敢的青年，

他曾有過海洋的經驗，

但未到防堤被狂浪捲去了。

有一個理想的青年，

他懷抱新進的理論，

但未到田園就被泥海埋去了。

有一個熱血的青年，

他將發無限的純情，

但未到城鎮就被崩山壓去了。

誰能料想三月會做洪水！

洪水一過滿地平坡！

啊！這樣國土何時能夠再建？

洪水一過家散人亡！

啊！這樣民族何時能夠復興？

洪水一過人心如灰！

啊！這樣社會何時能夠新生？（1997.三：201-202）

這首詩的寫作特色有四：第一，吳新榮運用「三月洪水」的意象具體刻畫了「二二八」之後的大肆屠殺，洪水的氾濫沖毀淹沒土地、親情、人心，以及青年的理想與熱情。第二，每段句首不斷重複了「誰能料想三月會做洪水」一句，更說明了該事件所帶給臺灣人的意外與摧折。第三，全詩句式整齊，以反覆申訴和排比形式凸顯臺灣無數青年的犧牲，誠如許俊雅所說：「這首詩呈現了勇敢、理智和熱血的青年，以其過洋的經驗、新進的理論、無限的純情、欲維護美麗的田園與平和的城鎮。……然而誰能料想三月會做洪水，那突然、無情又激怒的巨浪，使得堅固的防堤被狂浪捲去，美麗的田園被泥海埋去，平和的城鎮被崩山壓去，使得戰後的臺灣家散人亡，人心如灰。」〔註33〕。第四，最後一段充滿了驚嘆號與問號，顯示吳新榮對「二二八」充滿了驚懼，對未來的重建與新生則是茫然疑惑，這是多麼悲哀與無奈的心

〔註33〕同前註，頁 119。

境。根據池田敏雄的〈張文環兄及其周邊的事〉一文〔註34〕，當年吳新榮、呂赫若、張文環皆曾度過一段山裡避難的生活，在生死邊緣背負著陰慘的影子存活下來。對於在日治時代即以文化抗日的知識分子來說，戰後再遭受「祖國」如此的對待，那「陰慘的日子」何其沈重。吳新榮這首詩的意義在於塡補臺灣歷史與文學上的空白。

2. 江自得——〈從那天起〉、〈骨折〉、〈總有某些記憶與血壓息息相關〉

直到一九八七年，也就是在事件發生後四十年，陳永興和幾位同志發起平反「二二八事件」運動，呼籲平反「二二八」受難者的冤屈，主張政府公開道歉，並給予受難家屬賠償，制定「二二八」爲和平紀念日，興建「二二八」紀念碑或紀念館等。陳永興說：「醫界沉默、畏縮的原點在二二八事件，而醫界拒絕在歷史上缺席，勇於出面對抗不義政權也始於二二八事件的平反。」〔註35〕醫界終於再至原點奮起，接著江自得在一九八九年寫下〈從那天起〉一詩，呈現「二二八」的苦難以及四十年來臺灣人重創的心靈：

> 從那天起
> 溪流失去了森林
> 不再擁有什麼，擁有的只是
> 兩岸的退卻
> 河床的緘默
>
> 從那天起
> 森林失去了天空
> 不再擁有什麼，擁有的只是
> 樹的無語
> 鳥的死寂
>
> 從那天起
> 天空失去了世界
> 不再擁有什麼，擁有的只是
> 無所謂的風

〔註34〕池田敏雄，〈張文環兄及其周邊的事〉，《臺灣文藝》73 期，頁 295，1981.7。
〔註35〕陳永興，《臺灣醫療發展史》，頁 113～114，臺北：月旦，1998.1。

　　無所謂的雲

　　從那天起
　　世界失去了我們
　　不再擁有什麼，擁有的只是
　　歲月的喧鬧
　　灰燼的繁華

　　從那天起
　　我們失去了語言
　　不再擁有什麼，擁有的只是
　　空白的歷史
　　遙遠的淚痕

　　從那天起
　　我們失去了自己
　　不再擁有什麼，擁有的只是
　　淡漠的生
　　淡漠的死（1992：74）

這首詩的表現形式同吳新榮的〈誰能料想三月會做洪水〉，句式整齊，並運用反覆申訴、排比手法，許俊雅說這首詩：「以排比方式吟哦出低沈陰鬱的語調，雖無吶喊激動的態勢，但卻呈顯出對專橫凶殘的惡質有毫不留情的批判。詩人以其獨具的敏銳、多感的心靈及深刻的觀察力，對統治當局加諸人民的侮辱、戕害發出怨悱之聲。」〔註 36〕「二二八事件」也曾出現在江自得的另一首詩〈骨折〉：「祖先的一根長骨如拱橋／跨過海峽從對岸延伸過來／世世代代，我們在橋的這端／憑弔海峽的夕照／一九四七年二月二十八日／長骨突然斷裂／在海峽的上空／從汩汩出血的傷口／我們看到島上一場又一場車禍／看到人們心靈永恆的骨折／從無法復原的零亂斷肢／我們看到一場即將上演的車禍／看到我們這一生劫數難逃的骨折」（1996：82）「二

―――――――――――――――――――

〔註 36〕許俊雅，〈從困境、求索到新生──談臺灣新詩中的二二八〉，收錄於李敏勇編《傷口的花──二二八詩集》，頁 131，臺北・玉山社，1997.2。

二八事件」是臺灣人「心靈永恆的骨折」，也是「這一生劫數難逃的骨折」。
又透過〈總有某些記憶與血壓息息相關〉詩：「總有某些記憶與血壓息息相
關／譬如一九四七年的血腥事件／從那天起／憤怒／（已沉澱了的　先輩們
的　憤怒）／急急沖刷我賁張的血管／使我的血壓，在水銀柱的頂端／沸騰
不已／從那天起／憂傷／（已凝固了的　先輩們的　憂傷）／重重地跌入我
的生活／使我的汗，我的淚／摻入一些土味」（1996：117）表達個人對此歷
史事件的悲憤之情。

3. 鄭炯明——〈永遠的二二八〉

〈永遠的二二八〉〔註37〕，鄭炯明以樸實無華的筆調，對這場傷痛、憾
恨，加以歷歷指證：

> 揭開歷史的假面
> 昔日多少怯弱的心
> 終於走出殘暴恐怖的陰影
> 向無數含冤的亡靈
> 坦然吐露誠摯的思念與哀悼
>
> 揭開歷史的假面
> 誰都有拒絕承認死亡的權利（註）
> 沒有人會遺忘
> 那失去人性的殺戮
> 所烙下的巨大創痛
>
> 揭開歷史的假面
> 每一個錯誤都是一條無盡的血河
> 樸實的子民已然認清
> 唯有透過愛和犧牲
> 才能完成最後的願望
>
> 揭開歷史的假面
> 今天，讓所有認識和不認識的你我

〔註37〕趙天儀等編，《混聲合唱——笠詩選》，頁662～663，高雄：春暉，1992。

　　互相牽手在一起

　　用力向天空喊一聲：永遠的二二八

　　因爲公義與和平即將到來

　　註：有二二八受難家屬，如阮朝日先生之女阮美姝所言，仍認定父親生死不明，拒
　　絕承認死亡，故41年來未爲其父造墳，也未塗銷戶籍。

詩的形式同〈從那天起〉，每一小節五句，每段的第一句反覆出現。本詩一再
重覆「揭開歷史的假面」，主要目的是要讀者記取歷史的教訓，避免重蹈覆轍，
呂興昌解讀此詩說：「永遠的二二八並非要永遠停留在錐心的悲情裡，而是要
在反省與認清中把它當作永遠的提醒，提醒『每一個錯誤都是一條無盡的血
河』，當權者豈可重蹈覆轍？而受難者也能從冤憤中寬恕勇於認錯的加害者，
因爲『唯有透過愛和犧牲，才能完成最後的願望。』〔註38〕〈永遠的二二八〉
詩旨，誠如〈從那天起〉末尾的後註所說：「紀念可以寬恕但不能忘懷的二二
八而作」，寬恕與大愛是接受苦痛最美麗的句點，唯有如此，才能走出悲情，
迎向公義與和平。

4. 呂幸治──〈這一代〉

　　呂幸治的小說〈這一代〉，以第一人稱爲敘述觀點，是戰後第一代的代言
人；主角東山、振山則是跨越光復前後的青年，情節主要反映了戰後「二二
八事件」的實況、跨越語言的教育、以及民不聊生的經濟，堪稱是臺灣歷史
小說的代表作。

　　小說將「二二八事件」前後的過程描述詳盡，自臺灣同胞歡欣鼓舞迎接
國軍來到的情景，至全島首先在臺北發生暴亂，進而全臺灣人要把陳儀這班
外省人趕出臺灣，重現一幕幕歷史畫面。尤其一位中年男子振臂高呼：「父老
兄弟啊，團結起來，爲鄉土努力奮鬥，大家站起來，不自救等死嗎？──希
望年輕力壯的兄弟勇敢的站出來，爲咱們的故鄉爭取正義。」（1991：106）
這來自社會主義的呼聲，神聖地振動著臺灣人的耳膜。作者將全島暴動的憤
慨，以及人氣沸騰的氣氛，極力渲染刻劃，以文字見證血淚斑斑的時代傷痕。

　　〈這一代〉中因「二二八」無辜被波及的青年東山，他絲毫不懂政治，
只因替別人打鑼，即被以參與臺灣全島造反的罪名，送到荒僻的外島去服刑，

〔註38〕呂興昌，《臺灣詩人研究論文集》〈再生與重建──談臺灣新詩中的二二八〉，
　　　　頁394，臺南：臺南市立文化中心，1995.4。

至親去世亦無法回家奔喪，傷痛至極的他唯有無奈感嘆著：「社會本來就犧牲某些弱者，讓這些弱者永遠浮沈在社會的低層，今天的我不幸淪爲弱者，只有把血淚往肚裡吞的分，其他沒有什麼好說的，也沒有什麼好爭取的……。」（1991：134）「我從何處來，將往何處去，我一直想著。生命爲什麼這般的苦。」（1991：137）大時代的不公不義使得每個人生命的窗口緊閉窒塞。

　　戰後的臺灣不只在政治層面遭受嚴厲的壓迫，連同語言環境，也因時代的劇變而有所差異。日治時期雷厲風行的推動「國語」（日本語），不會日本語的人成爲時代的文盲。戰後則是祖國時代，每個人必須學習國語，不會國語的人，成爲時代的文盲。小說中的東山則透露出他口不能說，手不會寫，難以適應新中國社會的信心不足；而振山則由於在大阪完成中學學業，之後接受諜報課程的訓練，學習半年的北京話，雙語言的溝通使他在這個時代如魚得水。

　　臺灣社會在戰後初期的四年中，其變化之激烈，遠超過了幾百年的歷史，即使在近代社會中亦是罕見的。生活不穩定，商人囤積居奇，經濟破產，伴隨高壓的統治，使人民無法掌握自己的命運，失去安寧的心境，臺灣刹時變成現實的煉獄。小說中這樣敘述：「戰後的臺灣，年青人找不到工作。除了擺地攤之外，大概就去演野臺戲，幾乎每天都在演野臺戲慶祝全省光復，回歸祖國。……在這物質缺乏的時候，一切因陋就簡，社會上混亂脫序，人投機取巧。」（1991：56）以東山爲例，戰後從菲律賓呂宋島回到臺灣，白天在車站前賣私菸，後來和振山非法經營私菸廠。至於振山則把臺灣的米和糖運到橫濱外海，在黑市獲取幾倍的暴利，投機冒險。

　　除此，〈這一代〉又以曾在日本人的株式會社當工友的振山爲例，揭露日本人對臺灣人的歧視：「明顯的階級觀念，始終壓得他抬不起頭，那時候，正是興改姓名，把單字中國姓改寫雙字的日本姓，一旦變成皇民，自然有許多好處。……可惜他還沒有付諸行動之前，日本主人卻笑得彎了腰：『小小給事，改什麼姓名，牛就是牛，換個名字還是牛。』大概這個大刺激給了內心的痛傷。」（1991：70）由以上反映的幾個主題，可見呂幸治的〈這一代〉批判了臺灣戰前、戰後迥然不同的政治體制，深具時代感與社會性。

　　5. 王湘琦——〈黃石公廟〉

　　王湘琦的小說〈黃石公廟〉，以全知觀點敘述，其時代背景如同呂幸治的〈這一代〉，跨越戰前到戰後，內容主要圍繞著這一段時期家族和民族的滄桑

歷史。作者透過李家上一代定波和下一代虎進，揭露日治時期的暴政，以及控訴戰後國民政府的殘暴。

李家上一代的定波，曾懷抱滿腔熱血回到祖國，一心想把滿腹經綸貢獻給國家，然而祖國的混亂與積弱終於使他心灰意冷，於是在百般無奈之餘悄悄地返回日治的臺灣。在異族的統治下，作為與不作為的矛盾在他內心衝突著。最後決定在非政治的範疇內，來與日本一爭長短。定波變賣了部分田產，出資組織了臺灣人的登山隊「臺光隊」，被日本登山隊戲稱為「支那病夫隊」，卻節節獲勝。日本人褊狹的心裡終於激起了輸不起的恨意，就在一九一五年定波的登山隊完成了百岳登頂的創舉，這時適值中國內地爆發空前反日的浪潮，於是定波被日本官廳以「臺光隊有煽惑山胞之嫌」定罪，從此屍落溝谷。李家在悲痛之餘，便成了抗日家族，下一代虎進加入了抗日的秘密組織，成了日本警察追緝的對象。

一九四五年八月中旬抗戰結束，志得意滿的虎進對未來的民主共和國充滿憧憬，期待著回歸一個自由、平等、博愛而又強大的祖國。在熱切期待中第二年祖國的勝利之師終於在基隆港登陸了，然而現實的境況無疑是令他們失望了，因為眼前見到的：「是一群襤褸而疲敝的兵夫。……搖搖晃晃走過身前的兵隊——打著一腿高一腿低的綁腿、肩著盛著破鍋的扁擔。兵夫們那令人作嘔的體臭，以及百般無奈的現世表情，不知不覺間竟使得原本握著小旗子揮舞的手無力地低垂下去，許多紅藍白色的紙糊旗子甚至如落葉般無聲地飄落到地面來。」「這難道就是要打敗日本皇軍的勝利部隊嗎？」（1990：104）這一段敘述祖國軍的破敗，預示了內地的的腐化與動亂已逐漸延伸入臺灣。

戰後臺灣的經濟凋敝、通貨膨脹、顢頇的軍事管制，加深了原本即微妙存在的省籍裂痕。一九四七年二月二十八號，近乎瘋狂的暴亂行動在福爾摩莎全境如野火燎原般地蔓延開來。「打阿山！打阿山！」的呼喊聲四處飄聞，昔日的抗日英雄虎進，如今成了義勇軍的領袖，為了「爭取福爾摩莎的民主和自決」與祖國軍戰鬥到底。荒謬的是，這支義勇軍竟當著虎進的面高聲唱著日本軍歌，用日語大聲呼喊著——『萬歲——萬歲——』。不禁悲從中來的臺灣民眾甚至如此埋怨著：「有些接收官員的操守實在比日本人差得太多！」（1990：120）而在祖國殘暴無比的精銳部隊鎮壓下，虎進下半輩子被迫流亡日本，放遠不得再踏上他曾用血與淚深愛的福爾摩莎！王湘琦的〈黃石公廟〉運用諷刺的筆法，充分描繪臺灣人的悲哀與無奈，與呂幸治的〈這一代〉對

時代環境作批判性透視。

（二）紀念鄭南榕的輓歌

臺灣從七○年代末期以來，反對勢力的抗爭運動風起雲湧，如一九七七年十一月十四日中壢萬人起義事件、一九七九年十二月十日美麗島事件、一九八○年二月二十八日林義雄全家遭殺人滅口事件、一九八一年七月三日陳文成事件、一九八九年四月七日臺灣獨立運動烈士鄭南榕自焚而死、一九九○年三月二十一日大專學生抗議國民黨非法選舉總統。一黨專政的舊勢力始終未能跟著民主開放的腳步，每一次街頭的抗爭，意想不到的總是吸引更多的知識分子投入，前輩醫事作家王昶雄、中生代鄭炯明、新生代王湘琦、陳豐偉等在其作品中皆曾有過深切的關懷，不只記錄了臺灣人民爭取民主自由的悲慘歲月，同時也抗議遭受中國政權蹂躪的歷史事實。

王昶雄〈在地球上的一角落裏〉說：「在地球上的一角落裏／看見生民被在『革命尚未成功』的口號下彈壓／卻也在其抗暴的血泊中摸索著黎明的方向／在地球上愛心是充實寶貴的生命／有如花叢裡的翩翩小鳥／愛心就在無邊無礙的園地裡／四時開遍了眞理正義的花朵／眞理、正義的花朵未曾枯萎／挺著健而美的體魄一直吐露芬芳」〔註39〕，在這首詩裡，作者不只描述臺灣政治的暴力，同時也可以看出王昶雄對臺灣民主運動的關切與肯定，它有如眞理正義的花朵，健康美麗的四時開放著。這種精神立場，在其他詩中也有明確的宣示，例如〈你與我〉的末段：「爲了抗暴，我自有悲歡／爲了抗暴，我更有離合／半個世紀的歲月／使我飽受了／鄉土命運的淒苦／如今火炬已經燃燒起來了／邁向康莊大道的／燦爛的火光」〔註40〕，詩人表白了期待臺灣政治曙光的願景。

當鄭南榕烈士以他年輕的生命向我們昭告臺灣人的尊嚴，當全臺灣有志之士哀聲痛哭而又鬥志昂揚的時刻，王昶雄挺身而出，寫下了〈烈士碑前〉，痛惜鄭南榕的自焚：

> 這是象徵著慘烈而崇高的紀念碑
>
> 碑上刻著你不朽的英名
>
> 你不自由毋寧死的一身傲骨
>
> 足以跟日月爭光輝呀

〔註39〕王昶雄，〈在地球上的一角落裏〉，《笠》170 期，1992.8.15。
〔註40〕王昶雄，〈你與我〉，《笠》171 期，1992.10.15。

……

　　自焚是頑磁性的抗議

　　自焚是光與熱的開始

　　自焚是火　點燃爭取自由的火把

　　自焚是水　掀起洶湧民主的浪潮

　　自焚是風　颱跑邁向自由的阻力

　　自焚是雷　轟走欺壓民主的陰影

　　在這鄉人望穿雲霓的季節

　　如果淌過的淚水可以灌溉乾涸之地

　　如果流過的熱血可以換來民主自由

……〔註41〕

龔師顯宗評析此詩說：「鄭南榕為爭取言論自由，人身自由而自焚抗議的事件像水火風雷，發光發熱，掀起民主的浪潮，喚起民眾自主抗暴的意識，影響深遠，雖死猶生。」〔註42〕〈烈士碑前〉，正是王昶雄以春秋筆法詠頌鄭南榕爭取民主自由的代表作，這分足與日月爭光的不屈精神，詩人獻上最崇高的敬意。

（三）哀悼林家滅門血案、陳文成事件

　　身處動蕩、不安、悲慘的世界，鄭炯明是一個為人類社會的尋病者；他用凝練的語言，表達最深刻的思想。〈寄語〉詩說：「啊，福爾摩斯／美麗之島，我的愛人／請讓我為妳犧牲／無條件地犧牲／只要妳永遠美麗、自由、民主」（1986：23）從這裡，我們可以感受鄭炯明和王昶雄的熱切期待，那即是自由民主的曙光，早日綻現在這片至親至愛的土地上。詩人對這片土地和子民的至愛表露在〈最後的戀歌〉（1986：9-46），一共有十六首，內容皆趨向於民族前途的關懷。另外〈蕃薯〉（1981：71-73）與〈給獨裁者──為魏京生和他的伙伴而作〉（1981：90-91）兩首力作，前者詩人秉持公義道出臺灣民眾的存在困境；後者則是支援與呼應魏京生大無畏的反極權壯舉。除此，〈一個男人的觀察〉（1981：121～123）和〈一個女人的告白〉（1981：124～126）兩首作品，透過男女戀人的對話，意味著一九四五年以來，國民黨統治權力

〔註41〕王昶雄，〈烈士碑前〉，《笠》157期，1990.6.15。

〔註42〕龔師顯宗，〈小論跨越語言的第一世代詩人〉，收錄於《笠詩社學術研討會論文集》，頁301。

對臺灣人所造成的反應〔註 43〕。可見鄭炯明一向堅持現實性、社會性兼顧的
寫作原則。

　　一九八五年鄭炯明把林義雄家屬受害事件的所見所思，透過〈童話——
紀念一對孿生女孩的死〉一詩發抒感懷：

　　　是一則黑色的童話
　　　不幸妳們成了故事中的主角
　　　多少人嘆息，多少人哭泣
　　　也無法縫合流血的傷口
　　　帶著驚惶，帶著蒼白的純眞
　　　妳們提早離開了這醜陋的世界
　　　變成兩隻無依的天鵝
　　　飛翔一望無垠的穹空
　　　我說小女孩妳感到孤單嗎？
　　　如果我的詩句不能與妳作伴
　　　請繼續飛吧，不要回首
　　　一直飛到黑暗的盡頭
　　　啊，那時——
　　　妳們會恢復原來可愛的模樣
　　　不，是一對婷婷玉立
　　　散發著愛與希望的女神（1986：66-67）

字裡行間充分流露詩人對林家姊妹純眞生命的不捨與哀悼。悲慟之餘作者更
想挖掘事實的眞相，於是在聞知情報局官員涉及江南命案（一九八四年十月）
後，鄭炯明又寫下〈健忘症患者〉，揭露強權政府扼制住人民咽喉的眞相：

　　　謎底終於揭曉了
　　　蟄藏在
　　　死亡與恐懼裏的謎底
　　　終於揭曉了
　　　一如曝光的底片
　　　可是

〔註43〕參陳千武〈鄭炯明的「一個男人的觀察」〉，收錄於李敏勇編《綻放語言的玫
　　　　瑰——20位臺灣詩人的政治情境》，頁 105，臺北：玉山社，1997.1。

　　沒有人願意公開

　　只讓謎底僞裝、變形

　　在太平洋的兩岸

　　人們的口與耳之間

　　竊竊流傳

　　幸好有一卷錄音帶

　　記錄著眞實？

　　它讓我們想起一對學生女孩的死

　　它讓我們想起一個年輕教授的死

面臨正義眞理無法伸張的情勢，詩人顯然有話要說，詩的第三、四段說：

　　所有的敵人必需殲滅

　　沒有敵人必需製造敵人

　　利用矛盾生存、控制、驅使

　　是封閉與頑固世界的

　　最高哲學

　　可憐的

　　我們偉大的將軍

　　一位健忘症患者

　　不知道在執行任務後

　　自己已變成一個

　　必需殲滅的敵人（1986：74-76）

詩人以冷靜的筆觸，特別對臺灣的悲劇性歷史命運提出檢討，以「一位健忘症患者」諷諭了當權者，並控訴其爲製造黑暗的敵人。

（四）打倒萬年國會

　　臺灣自一九八○年初臺大學生李文忠、劉一德、賴勁麟等少數進步分子開始活動以來，學生運動持續至九○年代仍如火如荼的發展。王湘琦〈政治白痴〉（1990：57）即以參加學運的Ｋ大醫科五年級學生爲主角，他爲了道德良知以及國家的國格，參加「中央民意代表全面改選」、「打倒萬年國會」的遊行，訴求宗旨是中央民意機關全面改選，建立健全的民意機構，避免中央民意代表成爲空領養老金、慰問金的尸位素餐者。結尾醫學生因涉嫌脅迫蒐證人員，以致觸犯了法律，想到自己即將身陷囹圄，並且喪失當醫生的機

會，他有一種被愚弄感覺。救人濟世的醫生，關心民主、自由、與福利的事，反而被定罪爲匪諜，最後「政治白痴」成爲醫學生的自我寫照。這篇小說的特色是以嘲諷的筆法揭露了民主國的荒謬。

（五）解析學運、社運者的悲愴靈魂

新生代醫事作家陳豐偉，曾參與一九九○年三月學運，一九九三年起加入「南方綠色革命」環保運動。其小說最大的特色便是記錄社運、學運的歷程，解析「改革者悲愴的靈魂」（1998：自序），收錄於《不做愛的男人》中的六篇社運小說，大多從改革者精神層面上的磨難，詮釋臺灣學運、社運衰弱的原因。如〈思鄉〉這篇小說處女作，描寫一位白色恐怖的受害者被出賣和叛逃的經驗。〈不做愛的男人〉，寫戒嚴末期社運青年的浪漫愛情故事。〈食慾〉，則是戒嚴之後，改革者因理想幻滅，逃避沈溺感官知覺的心路歷程。〈南方〉，書寫南部社會運動的邊緣分子、弱勢大學生與受迫害的無業工運分子的結合。〈好男好女〉，反映舊時代政治受難者的蒼涼，對這些昔日充滿理想、純因信仰入獄十數年、僥倖沒有槍斃的老左派，寄予無盡的同情和紀念。〈在那遙遠的地方〉，乃作者根據在醫院實習的見聞，描述醫學生參與工運團體的體會。陳豐偉從〈思鄉〉寫到〈在那遙遠的地方〉，運用其精神分析的專業，敏銳刻劃學運社運人士的情慾世界與生命處境。另外，其報導文學〈落日原鄉〉，以返鄉實現理想的三位左翼年輕人爲切入點，報導美濃反水庫運動的故事，正好捕捉到美濃社區運動的起點，是篇頗能引起社區民眾共鳴的報導文章。

與前輩相較，戰後醫事作家的思想意識，繼續勇於爭取生存尊嚴與自由民主的特質。不可否認臺灣這百年來是一部哀歌史，前五十年的日本殖民統治和光復後半世紀的國民黨類殖民統治，使得臺灣的近代歷史充滿悲憤。這些臺灣醫事作家認清屬於這塊島嶼的歷史，落實土地、擁抱大眾，追求人類的存在尊嚴與民主自由，成爲他們共同的精神歸趨。

二、「社會面向」的現實關懷

（一）生態環保的隱憂

科技文明的發展、經濟的增產，隨之帶來的是生態破壞、環境污染、垃圾堆積。王昶雄在太平洋戰爭的陰影中執筆寫〈奔流〉時，筆下的故鄉淡水

雖然已失去貿易港的經濟價值，形同廢港，但風景依然清幽明媚，在青年時期的王昶雄心目中，淡水充滿美麗的回憶與無盡的魅力，可是戰後環境改變了，〈嘶啞的淡水河〉一詩，以今昔對照的方式，呈現四十年後滿目瘡痍的淡水河面貌，其中三節提到：

　　這裡有出奇的夕照
　　斜陽到了港西的一邊時
　　絢麗的雲霞在天際舒展
　　那霞彩吻著水面
　　隨著水波蕩成無數的細鱗
　　在悠悠蠕動得好美啊！
　　極盛期的河港夜景又像夢一般
　　遊船畫舫都穿梭其間
　　……
　　四十年前水勢滔滔，水色藍澄澄
　　四十年後變成一條死寂的河流
　　滿目瘡痍而臭味沖鼻
　　也許是藉口「科技化」的後遺症
　　河面上形形式式的漂流物
　　讓人看了膽顫心驚，掩鼻而過

　　看河的遊客走了
　　垃圾卻亂七八糟地留下來
　　污染了詩情畫意的海岸線
　　隨著潮起潮落
　　紅樹林的垃圾也漂來漂去
　　河岸的國寶級水筆仔
　　承擔了淡水河流域的所有污垢
　　螃蟹懶得出頭
　　水鳥也不斷減少〔註44〕

淡水河在四十年間的變化中，從昔日有如金絲雀發揮嘹亮歌喉，到現今流淌

〔註44〕王昶雄，〈嘶啞的淡水河〉，《笠》164 期，1991.8.15。

嗚咽、嗓子嘶啞，再也不能說話；怵目驚心的河流污染，使得作者唯有將「昔日蒼翠的青山和銀帶般的河流／都隱進那奧秘的深處」〔註45〕。王昶雄又在體驗澳洲之旅後，以〈大自然的化身〉一詩發抒對「寶島」污染的感嘆，詩中寫道：

> 我們來到澳洲時正值春天
> 斜陽把花紅葉綠的大地染成一片金黃
> 自然景觀尚能避免現代化的公害
> 到處保持著歸眞返璞的原始基調
> ……
> 一回到浪得虛名的「寶島」
> 天空煙霧茫茫，地上噪音囂囂
> 令人有昏天黑地之感！〔註46〕

詩人極言澳洲大自然鮮活的生命之美，與臺灣的烏煙瘴氣形成強烈對比，正顯示王昶雄對鄉土環境污染的極大失望。另外〈在地球上的一角落裡〉詩一開始就強力抨擊了山林被濫伐濫墾的現象：

> 在地球上的一角落裡
> 看見對綠油油的山林資源搜刮殘害
> 就等於是斬斷了鄉土依存的根本命脈〔註47〕

本詩表達了鄉土命脈將被斷喪的隱憂。

「南臺灣綠色教父」曾貴海，〈愛河〉一詩明顯披露了他個人對生態環境的憂慮，以高雄「愛河」爲例，直指土地和人們爲工業污染所付出的代價，他說：

> 從清白
> 變成不清白
> 從散步的情侶
> 變成路攤女郎
> 從幽香
> 變成體臭

〔註45〕王昶雄，〈思鄉情懷〉，《笠》171 期，1992.10.15。
〔註46〕王昶雄，〈大自然的化身〉，《笠》194 期，1996.8.15。
〔註47〕王昶雄，〈在地球上的一角落裡〉，《笠》170 期，1992.8.15。

把不愛的都流給妳

　我們感激地改稱妳為／仁愛河（1986：68）

這首充滿嘲諷意味的生態詩，浮現「愛河」猙獰的面貌。曾貴海又有〈水流悠悠〉詩說：「河流淤積腐爛的溝水／我們航行於其上，乾渴而猛飲／於是，整個世界大病院的病歷／列入絕症的抽屜／死亡似乎只是／注射於已麻醉的病人身上／詩人後悔何不早誕生於盤古之前／哭泣河流何時清／麻醉何時醒」，昔日悠悠清澈的水流，如今已成為淤積腐爛的水溝，人類勢必自食惡果，字裡行間透露生態環保的刻不容緩。

　　另外，王浩威在〈孩子，為了進步〉一詩中，亦嚴厲批判大自然生態慘遭工廠黑煙、核能廢料的污染後，人類面臨的生存危機，詩人更是滿懷痛心地向下一代子孫，表達無力挽回美麗天地的歉意，全詩內容如下：

美麗的蝴蝶釘在最後的彩色圖鑑

森林的鳥啼拷貝成大量的錄音帶

野生動物趕進動物園，魚在水缸

親愛的孩子，相信我

關於生態我已經盡了全力

工廠濃嗆的黑煙混淆了蔚藍晴天

大地的綠色生機已被人群擠落海

連海，海洋的魚群也漸漸消失了

親愛的孩子，相信我

這都是為了更進步的明天

為了充裕的能源

請你忍受核能廢料的幅射

為了外銷競爭力

請你諒解不能改善的污染

為了高物質享受

請你賭賭罹患癌症的可能

為了工業更進步

請你忘記種族滅絕的危機

孩子啊我親愛的孩子

> 請你抹去幼稚的眼淚
> 請你快快加入進步的行列
> 只要閉上雙眼
> 世界，世界還是美麗令人愉悦（1993：54）

田雅各《蘭嶼行醫記》中有極力拯救蘭嶼自然生態的言論。蘭嶼本是太平洋上遺世的珍珠，然自從臺灣經濟起飛的六○年代，政府撤銷蘭嶼的管制，全面對外開放，使得這一片自給自足，安寧純樸的人間樂園，面臨嚴峻而冷酷的挑戰；《蘭嶼行醫記》中的〈重現惡魔〉、〈一場無法開講的衛教討論會〉、〈不該買他的甘蔗〉、〈有些淡薄瞭解〉等篇，反省和批判國民政府罄竹難書的損害與污辱，諸如核廢料的儲放、國家公園的開闢、農場的拓墾、集中管訓營的成立、觀光客的湧入等等，臺灣的開發拓殖與資本主義文明，好像惡靈不斷地剝奪侵蝕蘭嶼，造成島民諸多的不便，田雅各傳達了島民面臨經濟發展與文化保存兩難的困境，以及民族尊嚴受損的憤慨。海洋生態方面，在〈藍色大冰箱〉、〈我不吃偷來的魚〉、〈不吃醜怪的魚〉、〈飛魚怕怕〉等篇，對於貪慾的臺灣人破壞海洋生態，使得蘭嶼近海漁量漸減，表達了憂思與抗議。又透過〈飛魚怕怕〉這則寓言故事，安排魚神邀請各類飛魚頭目，舉行每年迴游蘭嶼人之島的行前會議。藉飛魚之口控訴臺灣破壞獵場的禁忌，大魚小魚全被網上來賣，諷刺臺灣人真的無所不能，貪得無厭。全篇發揮特有的想像力，頗具耐人尋味的寓意；以及運用擬人手法設計飛魚之間的對話，亦十分生動傳神；尤其表現海洋自然無限的生機，以及美麗的風采，是保存海洋文化的原住民文學代表作。

（二）城市的病象

高樓大廈組成密不透風的都市叢林，垃圾成災、水源污染、空氣毒煙瀰漫、土地累積化學毒物，而生活其中的人，傳統人倫價值崩解，社會犯罪與瘋狂不斷增高，曾幾何時，我們身陷在一個充滿危機、不完滿的人文社會。侯文詠透過《點滴城市》一書，為這個早被科學蹂躪得殘喘苟息的「城市」，診斷種種存在的乖謬病象。〈文學的沈淪〉說：「科學帶著文明呼風喚雨，帶來工業社會、資本主義社會……，科學與實證成了我們心目中最高的道德。」（1991：194）然而這些科技文明的美景背後，卻「是污染造成的癌症死亡率高居第一位，營養過度帶來的腦血管、心臟疾病，生活壓力帶來的精神疾病，自殺……。」（〈錢，不是問題〉1991：31）在科技的宰制下，污染、營養過

度以及生活壓力，爲社會負擔更多的醫療費用。其次，在科技的操縱下，原子核戰爭成爲人類的隱憂，〈大師的夢Ⅰ〉中說：「一旦戰爭開打，……爲了自私、好勝、面子問題，人類卻掉入自己不得不開打的陷阱裡。準備好的三、四萬個屍袋。爲阿拉眞主而戰。爲反侵略而戰。爲政治利益而戰。爲油田而戰。爲正義與眞理而戰。這成千成萬冠冕堂皇的理由，……成千上萬的人即將死去。作一個醫生我感到十分的無力。……爲什麼救活一個人是這麼困難，而殺害卻是如此的輕易呢？」（1991：151）在核子戰爭的陰影下，醫生所標舉的人類生存的根本原理「尊重生命」，早已灰飛煙滅。侯文詠歸結科技的隱憂，主要導因於人類道德的淪喪，他說：「任何不以人類相互尊重、關懷與救助的道德基礎爲出發點的科技進步，其結果不過是導致更嚴重的痛苦，和變本加厲的迫害。」（〈假如窮人可以替富人死〉1991：121）作者尤其擔心「金錢利益擺中間，道德倫理擺兩邊」的社會價值觀，終將引發唯利是圖的器官買賣，或更多罔顧一切互相殘害的流血悲劇。

　　善於城市書寫的陳克華，揭露的便是都市叢林的各種面相與生存法則。正如《我在生命轉彎的地方》中的〈無題〉（四）所述：「我們都束手／像兩隻金魚　養在相鄰的／兩只缸裡對望，互相埋怨對方／爲何不爲自己更換新水」的確，城市人的假面具，造成了人際關係的疏離，以及各種嚴重的社會問題。在這座肉食叢林的都市裡，強者、弱者，精緻、鄙陋，文明、墮落，總是矛盾與同時並置，使人無法掌控。在《與孤獨的無盡遊戲》中的〈迷路的魚〉，陳克華以爲人類追逐文明與慾望，如同池裡追逐食餌的魚，都面臨了憧憬的破裂的恐懼，這是文明進化的賭注與代價；然而我們卻很少醒悟，一次又一次的背離、遺忘了海洋，辜負了生命的愛與美善〔註48〕。

（三）自然與文明的衝突

　　王浩威在《海岸浮現》中的〈顧姆的故事〉一文，敘述太魯閣族一位女性的成長故事，同時記錄太魯閣村落隨著外在環境而變遷，尤其表達對原住民獵人文化的無限緬懷，他說：「太魯閣族的血緣隨著歷代政府的德恩而流落在這塊完全沒有野獸足跡的土地，連獵人的氣質早已經消磨風乾浸泡下酒了」（1995：168）。又在《獻給雨季的歌》另一首新詩〈魯凱好茶村遷村記事〉，

〔註48〕　參陳素貞〈騎鯨出海──論陳克華詩中海洋（原鄉）／都市、人／魚的意象
　　　　　關係〉，第七屆全國中國文學研究所研究生論文研討會：「密往迎來──從千
　　　　　禧到千禧的多面向思考」，中央大學主辦，2000.12.2。

憑弔那個兩百年歷史的魯凱舊村落，因搬遷至靠近文明（有公路）的山腳下，
而今已成廢墟，這首詩飽含著文明的進步對族群文化產生的衝擊，詩其中三
節說：

　　　　荒廢的部落沿著山階趺坐
　　　　石板屋一排排
　　　　安詳地朝向大山
　　　　一只土甕在屋角絕望地張口
　　　　誰來釀酒增添芳醇
　　　　誰來擦拭？
　　　　兩百年的傳說即將風化
　　　　兩個逗留的老山胞坐著
　　　　做爲最後的見證
　　　　風乾的刺青
　　　　炯炯敵視
　　　　登山人手上忙碌的鏡頭

　　　　新部落在山腳的河岸
　　　　一堆水泥屋駭駭站立
　　　　門牆磁嵌百步蛇的模樣
　　　　小米一束束沿窗緊繫
　　　　婦人沿牆坐著
　　　　傾聽電視裏陌生的交談
　　　　偶而也會厭煩夏夜悶熱
　　　　將地板鋪上舊日的片麻岩
　　　　安詳入睡

　　　　當年山林矯捷的魯凱兄弟
　　　　獵刀猶掛牆上
　　　　而今厭棄小米的無味
　　　　游泳在未測的激流中
　　　　順河而下

　　到城鎮謀生和遊蕩

　　學習文明的壞習慣

　　像山草歸來的戰利品

　　扛在肩頭

　　走過懼黙的部落（1993：115）

詩中透過「石板屋」／「水泥屋」的對比，老山胞臉上「風乾的刺青」「炯炯敵視／登山人手上忙碌的鏡頭」的形象，刻劃出傳統原住民文化與科技文明之間的矛盾與對立。詩人面對這古老文明的廢墟，四周俯拾皆是自然與文明的衝擊與省思。

　　來自花蓮的陳克華在《騎鯨少年》卷五〈北迴線上〉系列（1986：159～175），面對已被現代文明侵蝕得傷痕累累的故鄉，提出種種的批判，在〈太魯閣之死〉詩中，陳克華發出不平之鳴：

　　多像隻痙攣的獸呵，他的死

　　那個泰雅族的孩子

　　介於乾斃的玳瑁和折頸的沙侷鷸之間

　　代表勇氣的山刀被遺落

　　在加里灣，蒙灰的荒涼海灘

　　……

　　他膝抵住胸口，那起伏在臂彎

　　肌肉切割的崚線

　　再也合抱不住立霧溪掙脫入海的纖腰

　　他混濁的口涎雜著濃臭的黃汁

　　沿鼠蹊一路暴長的淋巴而下，呵

　　他的死，在太魯閣

　　重巒交疊的胸脯上

　　一對對怪手如蛆爭食著大理石的碎肉（1986：162～164）

邁入開發中國家的代價是剝蝕了花蓮的原始本色。從〈太魯閣之死〉到〈往天祥路上〉的〈長春祠〉、〈燕子口〉、〈慈母橋〉、〈夜宿天祥〉，都有文明入侵的痕跡，太魯閣再也不是臺灣本島最遠離都市文明的一處風景區。陳克華又在《美麗深邃的亞細亞》中的〈風塵花蓮——記臺泥在花蓮並支援「反臺泥行動聯盟」〉一詩，批判臺泥蹂躪花蓮的行動說：「企業家一般說：／『我要

去打拼賺錢／挖個金山銀山，揚名立萬，』／帶著我眞心贈予的梅毒與菜花
／他們終於成爲輝煌耀眼的政客與老闆們……。」（1997：153）文明的入侵，
使得花蓮成爲徹徹底底的「異化的他者」。另外，在《在城市中迷失的地圖》
中〈遠離花蓮〉（1998：180）一文，陳克華有感於民風純樸的家鄉的另一種
改變，那就是興起卡拉 OK、KTV、酒廊、妓戶、三溫暖等，彷彿臺北林森北
路鄉土版再現。在〈張愛玲與花蓮〉一文，又提及花蓮豐年祭逐漸染上商業
氣息，盛況一年不如一年，豐年祭完全失去了它的本來面目與文化意義。〈花
蓮吾愛〉（1998：200）也見證花東一帶俗麗而拜金的轉變。面對今日陌生的
花蓮，作者不禁發出這樣的感嘆：「『悵望卅秋一灑淚，蕭條異代不同時』，張
愛玲回首前塵的蒼涼嘆息裡，是否也包含著一絲絲對昔日花蓮的感懷與想念
呢？」（〈張愛玲與花蓮〉1998：190）作者隱約流露對過去花蓮的緬懷。

　　田雅各在《情人與妓女》中的〈救世主來了〉、〈卑賤與憤怒〉二篇自傳
性小說，皆以志願至蘭嶼行醫的「我」爲敘述觀點，二文皆清晰可見達悟族
的傳統文化與現代文明的衝突，並顯現漢族本位主義者對弱勢族群的傲慢與
專制。〈救世主來了〉中，醫生原對兩位臺北來的採訪記者抱持極大的盼望，
希冀透過記者的鏡頭拉近達悟族社會與臺灣的距離，寄予救世主的厚望以解
決蘭嶼的困境；然而未曾閱讀蘭嶼文獻資料的記者，僅憑一天的採訪，便以
極度鄙視的口吻歸結蘭嶼落後的原因在於一個「懶」字，「發現他們活得沒有
思想」（1992：149），「那些不上不下的地穴屋不太乾淨，整齊的國宅反而沒
人住。」（1992：148）從拯救到鄙視，反映出兩位記者唯我獨尊，強以現代
文明甚至漢人社會的觀點認識雅美社會，他們不瞭解達悟族認爲工作之目的
僅在於滿足生活所需，也不明白涼臺的設計是有族群文化的建築美感與實際
用途（如觀海、夏季主要活動場地）。兩種文化的扞格不入使得謙虛的醫生不
得不建議記者們：「思想就在他們生活裡，想了解他們，住進部落一段長時間，
是唯一辦法。……走了一圈，可能發覺有些改變太快且太大，原有生存環境
被破壞得不三不四，妨礙了雅美族群正常的成長。這是迅速改造的後遺症。」
（1992：149～151）這一段話提供我們接觸異族文化的互相尊重的態度。〈卑
賤與憤怒〉敘述島上首次發生死亡車禍事件，家屬遵照族人的鐵律已速將死
者安葬，唯祈求不幸的靈魂能安寧地前往白島（達悟族人稱靈魂的天堂）；然
而檢察官挾帶著法律的威權，執意要開棺驗屍的蠻橫行爲，激怒了蘭嶼的醫
生，他斥責這種不尊重達悟族死亡文化的專制作爲比邪魔更惡毒，「他們不自

覺，法是『了了』（雅美語，指外來人）的詮釋，在此不完全適用。」（1992：162）田雅各透過這二篇小說，一方面探索達悟族群文化的源頭，一方面反映達悟族群被壓抑的文化意識，與《蘭嶼行醫記》同是原住民文學的代表作。

（四）文化素養的提昇

當利益的追逐取代了大部分信仰，以工商業社會為重的文化模式，不只污染環境，精神污染也到了極嚴重的地步。沙白在〈黑煙嗆死文化〉（1988：368）一文，提醒現代人應慎重預防避免科技文明的危機，如物質主義的高揚、污水染病等，這些病源阻礙社會進化，文化的期許註定要落空。因此極力呼籲大眾要追求更高層次的精神文化生活，方能徹悟人生的實質意義，重新建構自我的價值體系，而免於被科技文明的表象所吞噬。

侯文詠則透過《點滴城市》一書，為病象叢生的「城市」開下文化點滴劑的處方，他積極主張要解決科技文明所造成的問題，就應從文化尋找救贖之道，人類的發展才有前途，〈文化買賣〉一文中一再強調文化建設，絕對是未來一、二十年內臺灣最值得的買賣，他說：「經由文建的落實，文化的陶冶，我們可以減少自私的企圖，進而減少這些自私引起的支出。」（1991：176）易言之，落實文化建設，提昇民眾文化素養，臺灣的明天才會更幸福、更美好。

民眾的社會生活環境與品質，一直是臺灣醫事作家關注的焦點。從日治時期起，揭露臺灣社會迷信神明、喪禮婚禮鋪張、嫖妓豪賭、吸食鴉片等醜陋的風俗；同時蔣渭水特別發起創立「臺灣文化協會」，扮演社會文化啓蒙的角色，希望藉以移風易俗。而戰後在邁向高科技導向的臺灣社會裡，醫事作家特別注意科技文明所產生的後遺症，如生態環境的惡化、城市的病象、自然與文明的衝突等，並且揭示提昇民眾文化素養的拯救之道，這與蔣渭水開出的文化啓蒙處方，關注臺灣文化發展的精神是不謀而合的。

三、「醫事面向」的現實關懷

（一）診斷臺灣病症

日治時期蔣渭水的〈臨床講義〉以及詹冰在戰後的〈人類病了〉，各為社會診斷病情，並開出治療的處方。戰後醫生以江自得、陳克華最善長以疾病、病理或器官名稱寄託文學意涵。以江自得為例，他在《從聽診器的那端》這本詩集中，透過病理分析的方式，寫出了各類疾病、症狀所投射出來的象徵

意義，例如〈解剖〉、〈咳嗽〉二詩挖掘臺灣病症，〈喘息〉、〈試管嬰兒〉、〈活著〉三詩則探視科技文明的後遺症。藉由這些象徵意義來深入診斷九〇年代臺灣的社會問題，找出病因，以求對症下藥。

　　江自得一九九四年發表〈解剖〉一詩，通過解剖臺灣屍體，進而精確探究病體的死因，全詩如下：

　　　　為了探究你的死因
　　　　只得進行屍體解剖

　　　　剖開大腦
　　　　遍尋不著你記憶中美麗的島嶼
　　　　只見十億個腦細胞排列成一隻母雞的圖像
　　　　（老是想調頭過來啄食島嶼的老母雞）

　　　　剖開胸腔
　　　　只見花綠的鈔票塞滿心臟
　　　　（那已被萬民的眼淚沾濕的鈔票）
　　　　而黑色的煙塵層層沈積肺臟
　　　　（那令人厭惡恐懼的黑色陰影）

　　　　剖開腹腔
　　　　只見肝腎腫脹如火球
　　　　（由四面八方匯聚的污染毒物在悶燒）

　　　　夜半，我在解剖日誌上寫下結論
　　　　死亡原因是：
　　　　‧大中國意識導致中樞神經衰竭
　　　　‧金權黑道橫行導致心肺衰竭
　　　　‧生態環境潰決導致肝腎衰竭（1996：78）

解剖下的臺灣成為暴露病變的屍體，讓我們看到臺灣「病入膏肓」的怵目驚心的病況；而更令讀者擲筆常嘆的是，詩人開列的死亡原因竟是：「大中國意識導致中樞神經衰竭；／金權黑道橫行導致心肺衰竭；／生態環境潰決導致

肝腎衰竭。」詩人不只對臺灣屍體開具死亡診斷書，反映了深沉痛切的批評；同時也為這個社會病源提出了解救之道，那就是：放棄「大中國意識」、遏止「金權黑道橫行」、防止「生態環境潰決」。

〈咳嗽〉一詩則以咳嗽為意象，力斥生態污染、核爆威脅、物慾橫流，以及政治權勢的高張，詩的末二段說：

喔！日夜漂流的你
在死滅的土地
在污濁的街道
在核爆的陰影
在權勢的網絡
在物慾的洪流中
日夜漂流的你，終於
對著不可測的命運
拋出一串串
憤怒的咳嗽

第一聲是
　　牙刷主義
第二聲是
　　黨國資本主義
第三聲是
　　他媽的爛主義
……（1996：34）

面對惡質統治權力，以及敗壞的社會，詩人透過一連串憤怒的咳嗽聲，把壓抑已久的不滿與抗議宣洩而出。

另外，〈喘息〉一詩直指科技文明的後遺症，詩的末二段說：

有時，它從慘烈的戰爭不斷地響起
像劇變的氣壓，在混亂的天空中
來去無蹤
有時，它從美麗的大地不安地響起
像一尾無助的秘雕魚，在蒼茫的宇宙裡

進退失據

半夜裡
一個聽覺細胞頻頻哀叫——
因收聽過量的喘息聲而急速膨漲
而窒息（1996：51-52）

內容透過綿綿不絕的喘息聲，譴責戰爭的慘烈以及對美麗大地的污染。江自得又以〈試管嬰兒〉爲意象，諷刺科技文明的發展下，造成人際關係的疏離，詩一開始說：「讓我們把愛種入試管／時常取出來用顯微鏡觀察／愛／是否仍在繼續成長」（1996：76），冰冷的試管成爲孕育愛情結晶的溫床，表達了至深的感慨。

　　醫事作家受過精密的醫學專業訓練，在常年醫學的生理、藥理、病理與解剖的經驗累積下，對身體疾病以及各個器官瞭若指掌；然而蔣渭水、詹冰、江自得透過文學的眼，轉化身體的疾病症狀或各個器官的具體實象，成爲抽象聯想、象徵的對象，進而影射社會病症的意涵。

（二）反映迷信醫療觀

　　日治時期賴和小說的〈蛇先生〉、〈未來的希望〉，以及吳新榮的隨筆〈良醫良相〉，揭露了民眾迷信秘方、密醫的醫療觀；戰後侯文詠的散文〈子不語〉，王湘琦的小說〈沒卵頭家〉、〈玄天上帝〉則描述了民眾迷信怪力亂神的醫療觀，同有嘲諷民眾愚昧、落伍的意味。

　　醫師、神明，到底誰才是眞正的救世主？侯文詠在《大醫院小醫師》中的〈子不語〉中的病人，三年前初發腹腔動脈瘤，導致嚴重腹痛，未曾就醫，全家吃素供佛，捐錢建廟，向神明求得三年壽命；三年後舊疾復發，神明這次斷定只剩三天的壽命，家屬只好求救於醫師，於是在開刀房裡，醫師與神明展開一場勢均力敵的拔河賽，作者寫實地描述說：「我彷彿可以感到死神正在另一端和我拔河，每次我輸進一點血把病人的生命拉過來，死神便流出更多的血，把他的生命往另一端拉過去一點點。」（1992：172）最後當「醫學之神」希波克拉提斯戰勝了「怪力亂神」的時候，醫者犧牲奉獻、熱忱體恤的救世主群象，是何等聖潔偉大。

　　王湘琦的〈沒卵頭家〉，內容由一九五二年，澎湖離島之一的黑狗港爆發了神秘的怪病揭開序幕，村民從馬公重金禮聘來的巫師、乩童們，要大家把

畫了符的黃紙貼在身上，黃天師斷定說：「你們一定太縱慾了……卵葩大是神的懲罰和警示！」情節中作者巧妙安排後來黃天師也罹患了「大卵葩」，於是村民競相以一種幸災樂禍和略帶嘲謔的心情爭相走告。其實這種「大卵葩」的症狀，經臺灣來的醫生診斷結果是：「血絲蟲 Wuchereria bancrofti 引起的象皮腫。它的病理……我是說 Pathological basis 是血絲蟲阻塞了淋巴管……關於血絲蟲的 Life Cycle 和病媒，也已研究出來。蚊蟲──蚊仔是引起傳染的媒介。所以……撲滅蚊仔是治本的良策……」（1990：15）二十七歲的吳金水患者在醫生鼓勵下簽了「去勢」同意書。然而身體髮膚受之父母、不可毀損的全屍觀念，三十年後促使吳金水委託律師向醫學院爭取藥罐裡的獻體標本，進而引發一場「卵葩爭奪戰」。吳金水在小說中是最信奉科學新知者，他不只率先接受醫生的治療，同時也不迷信，他認為：「討海人常翻船溺水，主要不是拜神誠不誠、起醮鬧不鬧熱的問題；氣象預報、海上聯絡不發達是主要原因！」（1990：12）這正是吳金水的論調，因此他的船隊極少出意外，也造就他成為澎湖首富。他甚至勸村人莫再拜神，莫再參加起醮的鬧熱；但是村人對這種轉變視若毒蛇猛獸，「反者金水」的渾號不脛而走。王湘琦的〈沒卵頭家〉，題材新穎荒誕，筆調滑稽幽默，呈現澎湖五十年前的風土人情；而其宣揚科學新知的寫作意旨，與賴和的〈蛇先生〉頗有異曲同工之妙。

王湘琦的另一篇小說〈玄天上帝〉，則描述金輝堂開辦藥籤門診大發利市的盛況，充分反映在西醫發達的臺灣社會，仍籠罩著怪力亂神的陰影。金輝堂依民眾需求，甚至還細分成小兒科、婦科、老人科、一般內科、收驚祛邪科、耳鼻喉科……等等，看病者是黑白來法師，患者其中有許多是來自大學以上的高級知識分子。小說又提及促使金輝堂生意越來越興隆的原因，是收留了許多發瘋病人，因為公辦的精神醫療院所未能等量擴充，而且一般人認為病症歷表被蓋上「精神科門診」的章是恥辱的標誌，加上因藥物的副作用，造成患者不樂意長期服藥治療，家屬也乏力照顧。因此，金輝堂有如另一個收容精神病者的「龍發堂」，日進斗金，黑白來法師成為就挽救精神病患的救世主。王湘琦的〈玄天上帝〉，同時暴露了八○年代臺灣醫療缺乏對精神患者的完善關照。

臺灣許多不法商人常常利用傳媒散佈不正確的知識，例如減肥藥、草藥、神明的神奇療效等等，而臺灣民眾又往往對這種不實廣告趨之若鶩，使得大眾的健康備受威脅。賴和、吳新榮、王湘琦身為醫事作家，透過文學提供大

眾正確的醫學教育，也是另一種社會責任的完成。

（三）改善醫療體系

日治時期吳新榮的日記以及隨筆中，對當時身處的醫療環境有諸多的建言與呼籲，諸如「做名醫寧做良醫」、「注重醫學倫理」、「充實醫療資源」等，戰後王溢嘉、侯文詠也各對醫德與醫療制度提出反省。

王溢嘉在《實習醫師手記》的〈醫者的許諾〉一文以「宗教家的情操」自勵，他感嘆今日臺灣醫生的人心不古，世風日下，文中說：「醫師誓言裏明白揭櫫：『病人的痛苦應為我的首要顧念』，以此求諸臺灣醫界，在大醫院裏，我們看到的是，『上級醫師的意旨應為我的首要顧念』，曲意承歡，無微不至；在開業醫師處，我們聽到的是，『醫門雖大，不醫無錢之人』。傾軋欺脅，使醫門含垢，醫者蒙羞的事端時有所聞。」（1978：196）可見這座白色聖塔已經嚴重扭曲變形了。作者在文中則以探索生命奧秘為出發點，期盼醫者能重新記取他們的許諾，並以「宗教家的情操」自勵，他說：「醫生是一種特殊的行業，它和神職人員一樣，具有很濃厚的獻身意味，神職人員盜取了『天國的奧秘』，醫生則盜取了『生命的奧秘』，他們享有一般人享受不到的『特權』，他們均是逾越了人生的某種範圍，而必須為此付出他們的許諾及誓言的人。」（1978：195）唯有謹記這個許諾和誓言之下，本著宗教家的情操，醫者才有資格去盜取生命的奧秘。

侯文詠在《點滴城市》則極力主張建立人性化的醫療制度。從〈錢，不是問題〉、〈別射我，我並不同意……〉二文，作者反映臺灣的醫療體系漸漸走向更企業化、效率化的作業，使病人面對的是一個冷冰冰毫無人性的系統。再者，名醫與紅包的問題，也在〈紅包事〉、〈看病與忠孝仁愛信義和平〉浮出臺面討論。隨著醫療體系的權利高漲，醫師的角色地位逐漸從救世主一改而成為統治者；加上社會迷信名醫的結果，使得所有醫療資源盡為名醫包辦；惡性循環的結果，醫療品質草率，服務態度不佳，醫病關係緊張。侯文詠深切期待體制外的醫療改革，並呼籲大眾為了身心健康，文化內涵的提昇是我們共同努力的方向，應當要有「制度比名醫還要重要的觀念，尊嚴、人權比服從還要重要的想法」（1991：136）。還有紅包文化，則有賴醫病雙方「更少的猜忌、緊張、對立與更多的關懷與包容，才有完全釐清的一天。」（1991：51）換言之，建立人性化的醫療制度刻不容緩。

　　另外，侯文詠在長篇小說《白色巨塔》中，大膽而尖銳地揭露醫院爭權奪利的生態，作者說：「一直希望整個醫療和身體能夠參與文明的建構，於是在《白色巨塔》中，我寫的是當代，並企圖寫實地將權力、利益與生命之間的拉扯作一探討。」〔註49〕小說採用社會寫實的手法，以全知觀點敘述，原本象徵生存以及希望，聖潔以及純淨的白色巨塔，如今已扭曲變形，唯我獨尊，封閉而官僚，如何掃清這些灰塵，刷滅這些污點，讓醫者重新記取身著白袍的許諾，這是作者的理想，也是創作的目的。如此淋漓盡致地揭露醫院的種種內幕與弊端的題材，堪稱是臺灣文壇的先例，也是醫事寫作的創舉。

　　當「醫者的畫像」已蒙滿了塵灰，濺滿了污點，吳新榮、王溢嘉、侯文詠等醫生作家，透過文字掃清這些灰塵，刷滅這些污點，讓象徵「人神」的「醫者畫像」永留人間，永渡眾生。

（四）省思疾病與死亡

　　日治時期賴和小說的死亡悲劇，乃肇因於大時代背景；戰後醫事作家的死亡悲劇，則是來自生命的有限性——不可抗拒的生老病死，尤其對患者疾病與死亡的衝擊與省思，更是書寫的重點。就記錄個人的行醫經驗而言，賴和、吳新榮、王昶雄較侷限於個人實習或開業甘苦談，戰後則將觸角伸展向醫病之間的互動，尤其是對生老病死的哲思。

1. 死亡的衝擊

　　同樣是醫學生手記，賴和〈阿四〉敘及年在嘉義醫院實習的遭遇，重點在反映臺日醫生不平等的待遇，戰後王尚義〈解剖臺邊〉、王溢嘉《實習醫師手記》，他們的寫作核心則針對醫學生的訓練，從解剖屍體、生理實驗到醫院實習，這段體驗生命從死到生的心路歷程。

　　就讀臺大醫學系的王尚義，是一位才華洋溢卻早逝的文藝青年，常將生命的哲思化為文字。在《野鴿子的黃昏》中散文〈解剖檯邊〉，作者敘述第一次踏進解剖室，面對不到三十歲獻體所產生的衝擊。這位身體強壯的獻體，服毒自殺於旅社，作者一邊動刀，一邊思索著刀下這個壯年人自殺的原因，當同學猜測大概因失戀而自殺時，引發作者「心裡忽然升起一股悲哀。那悲哀是從未感覺過的，像是混雜著死亡與生命間所有的悲哀。」（1966：153），充滿悲憫情懷的他進而歎息說：「既求解脫，反不得解脫；既求安息，復不得安息。這樣的死，死後還遭劫難，可憐的人啊！」（1966：153）這具已無生

―――――――――――

〔註49〕侯文詠，〈巨塔外的傳承與堅持〉，《文訊》171 期，頁 55，2000.1。

命跡象的屍體，不只讓王尚義了解全人類的身體結構，同時觸發他看破生、死，了悟生命一場原是空的眞相。解剖屍體的題材常出現於許多醫生筆下，然王尚義的生命哲思最撼動人心。

王溢嘉的《實習醫師手記》，記錄了他在就讀臺大醫學系的過程中所面臨種種的折磨和劫難。例如他在〈白衣・誓言・我的路〉一文述及醫生的折磨，他說：「先看死人，再看活人，這就是醫學教育所給我的錘鍊，它讓我在無心間盜取了生命的奧秘，給我開啓生命幸福之鑰，然後再將無數痛苦、哀號的生命展露在我的眼前，這是多麼無情的折磨！」（1978：15）又提及醫生的劫難，他說：「在醫生面前，病人順從地赤裸著。誰有權能如此坦然地檢視另一個同類的痛苦呢？我毋寧覺得我是缺乏這種權利的，但我卻被賦予這種權利，這就是我的劫難。」（1978：15）字裡行間不只流露作者從醫的矛盾與掙扎，同時對生命的不幸和痛苦感到悲憫與憤懣。另外，在〈生死難以抉擇〉一文中，敘述大四接觸臨床醫學的反思，他說：「凡眞正關係到生命的抉擇，必是相當痛苦且無法逃避的。在四年級剛踏進臨床醫學的門檻時，我已能感知這種痛苦性，有時候痛苦也不失爲撫慰人生的一帖苦藥，在經歷過這種痛苦後，它能讓你更實在的把握人生。」（1978：132）病人的不幸和痛苦，均使作者沉思且哀痛，也更體認把握人生的重要。

「醫生」並非神人，當他在盡其所能卻仍不能挽回病患的生命時，面對家人悲痛的淚水、病人日漸形銷骨毀的殘軀時，醫生也只有無奈。王溢嘉在《實習醫師手記》的〈死前的希望〉一文，敘述他第一次面對病患去世的心境與體悟，他說：「嚴格說來，死亡並非一種『經驗』，而是一種預期的感受及失落的悲愴，當我第一次目睹一個同類的死亡時，內心相當驚惶，心想有一天，當我像他這樣兩腳一攤時，是否會產生莫名的追悔，覺得以前所信持的理念荒謬可笑！而我卻已不再有任何機會！這種感受和悲愴時時來襲，『死而無憾』的要求一直在鞭撻著我年輕的生命。要認識人生，必得先認識死亡；對死亡的看法，往往會反過來影響個人的人生價值觀，我想，這也許是很多醫生會譜出浮士德變奏曲的原因之一。」（1978：198）實習的過程中，王溢嘉密切注意著每個臨死病人的眼神，仔細傾聽他們的話語，希望從中獲得他們對人生的最後看法，以做爲個人人生意義的參考，而「死而無憾」正是病患死亡帶給他寶貴的啓示。

江自得的〈點滴液的哲學〉一詩，則表達醫生面對癌症患者的無力感，

詩的其中四段說：

　　那個患癌症而瀕死的少女
　　仍吊著一瓶瓶點滴液
　　行醫二十年的我仍參不透
　　非如此治療不可的道理

　　或許是為了不讓
　　稀釋在點滴液裡的親人的眼淚
　　從這世界中迅速乾涸吧
　　……

　　或者僅僅是為了不讓
　　醫者單薄的道德架構
　　在她最後漂移的眼光中迅速崩潰吧

　　那個滿載臨終關懷的少女
　　仍吊著一瓶瓶點滴液
　　行醫二十年的我仍苦苦思量
　　點滴液的哲學（1996：111）

依靠點滴液維生的少女，生命已如沙漏，所有的歡樂往沉默的歲月下墜，所有的苦痛往深邃的命運沉落，而在親情的不捨以及醫生的道德感堅持之下，唯有孤單的與生命做一場沒有勝算的拔河賽。已行醫二十年的詩人，望著點滴液一滴滴的往西天流盡，漫長的瀕死過程和只能等待的無助，內心百感交集。

　　王浩威的〈把你的名字劃掉〉一詩，透過月臺憶往，追悼醫學院同學死亡的感傷，詩中說：

　　而我就要離去了
　　離開這個一度擁有你的都市
　　……

　　當加護病房的醫生放棄任何努力
　　我望著昏迷的你，胸膛隨機械輔助
　　昇高

　　　　降低
　　一時也無法將死亡的印象
　　加諸你無知覺的軀幹上
　　……
　　偌大的病房僅剩我守著你
　　守著學醫卻救不了自己的你
　　並且想像汽車撞擊的刹那
　　所有的雄心壯志竟都擋不住了，而你
　　可心甘情願？
　　……（1993：126）

醫生也是人子，也有面臨逝去的不甘心，也有學醫卻救不了自己的侷限。王浩威另外在《憂鬱的醫生，想飛……》中的〈無邊失落〉、〈預知死亡的旅程〉、〈離開自己的逃亡〉等文，以精神科醫師的專業，分析人類面臨死亡的心情起伏，以及正視死亡的教育意義，其中〈無邊失落〉即言死亡是「成長的最後階段」，是「生命將要更成熟圓融的必然過程」（1998：123～126）。

　　陳克華對死亡的議題，也有諸多的探討與徹悟，《無醫村手記》中的〈一蟲知秋〉，細緻刻劃死亡的樣貌與掙扎，他說：「身爲醫生，不得不見過許多人類臨終的場面。那雙顫抖抓攫的手是已枯槁如骨的，流滿生之慾念的瞳眼是激迸著黑色的淚水的，不平而忿然怒張的喉嚨發出乾涸的暗響，塌癟的胸腔肋骨吃力地張合著：『我不想死。我不想死。』我總是恍然聽見。」（1993：21）「垂死的掙扎」，對一般人而言，或許只是一句文學用語，但在醫事寫作所展現的則是一幕幕活生生的慘劇，甚至圖構死亡的群像，讀者透過閱讀，或許也盜取了生命的奧秘，引發更多生命觸角的思惟。除此，陳克華在詩集《因爲死亡而經營的繁複詩篇》中，對生的無奈與沉淪，死的無情與了解，藉著詭麗的詩篇揭示一種殘酷的輪迴象貌。如〈無〉詩闡述死亡的虛無，末四段說：

　　是的
　　你不能只以生的知識待我
　　因爲你對無　一無所知

　　是的，無比影子更輕

比概念更硬　比光更離奇
比死　生　更簡易樸素

但我在行列裡感受你的炯炯虛無
你不在的遺憾化成莫名召喚
終於使我再次

與無　錯身而過
懊惱中又化身情慾的嬰兒（1998：15）

顏艾琳解讀這首詩說：「在人性之後欲望之後死亡之後的無，確實排隊在生命的盡頭，將我們精采或悲慘的一生，完全消化吸收。但在肉體銷毀、而靈識仍在時空游走之際，死亡的胃囊其實正在蠕動，虛空的無裡胞藏萬有的可能；欲望的召喚回頭組織生命的細胞，物質不滅的靈魂尋覓肉體誕生的契機……輪迴的花朵在死亡的沃土上伺機綻放。」〔註50〕醫生詩人貼近死亡的原委，對生命的真相有更清晰的圖繪。

小說方面，田雅各在《情人與妓女》中的〈小力要活下來〉，內容敘述滿腔熱忱而且敬愛生命的實習醫師「我」，面對複雜型食道閉鎖的嬰兒「小力」，無辜地遭父母與社會大眾的遺棄，感到殘酷不忍；同時敏銳感知獨自躺臥加護病房的保溫箱與死神搏鬥的求救訊息；也為眼睜睜看著嬰兒毫無尊嚴的趨向死亡，無奈地痛心自責。作者將嬰兒無以言語卻用力求生的痛苦、渴望撫愛的眼神，以及醫師的憐惜與不捨，刻劃入微，感人肺腑。真正醫者的典範，是無分貴富貧賤，無分族群、年齡，皆以救人為第一要務。

侯文詠散文集《大醫院小醫師》，是他個人駐院實習的記錄，每一篇章的場景幾乎離不開急診室、加護病房和開刀房，血肉邊緣及生死交關的病例，娓娓細述生命的脆弱與無常。而在《侯文詠短篇小說集》中的〈死亡之歌〉、〈聶醫師的憂鬱〉，則透過醫師面對病人死亡以及自己死亡所引發的衝擊，有一番細膩的觀察與反思。〈鐵釘人〉曾有這麼一段透過第一人稱「我」的醫師，敘述人類面對死亡的微妙心情說：「凡人種種，無不背負生老病死的負擔。尤其死亡，至高權威，替所有的一切打上句號。句號之後，無法捉摸，不可言語，而句號之前，莫不膽顫心驚、悽風愁慘。圍著團團轉的人，更是心力交瘁，

〔註50〕陳克華，《因為死亡而經營的繁複詩篇》代序，臺北：探索，1998.8。

肝腸寸斷。」（1996：134）醫師對於死亡以及瀕臨死亡的狀態，無疑比一般人有更密切而深刻的觀察；更瞭解死亡的不可避免，無從抵擋。一個殊具悲憫胸襟的醫師，目睹病人一步一步向死亡靠近，而自己竟無能爲力，此番心境殊具張力。反觀〈死亡之歌〉的腎臟科權威醫師，卻選擇自殺贖罪。這位醫師由於承受外界沉重的人事壓力與內在良心的自責，內疚的無力感導致精神分裂，他說：「多少雙虛弱的手伸出來對我呼喚：『醫師，我不要死。』……那些我眷顧不到的病患，都交給了死神。……其實我早明白，是我殺了他們。他們的臉孔、眼神，都清清楚楚地回來了，我只要一轉身，就可以看到他們。」（1996：93）學醫者被賦予檢視同類疾苦的權利，也就難不了有命定的磨難，這位醫者的形象十分鮮明，那股熱愛以及孤寂，在我們心中造成震撼。

　　〈聶醫師的憂鬱〉，以全知觀點敘述，採時空交錯的手法，凸顯聶醫師與時間、死亡抗衡的憂鬱，當他四十歲回顧一路走來的從醫生涯時，赫然發現「大多數的青春歲月，他都爲成爲一個醫生而犧牲、努力。等到醫生的夢想實現，他卻又淪爲死亡的祭品。總是在死亡、呻吟、病痛中窮忙。更多的手術、門診，成就他的財富，財富又帶來更多的建築、設備，更多的病人。天天有那麼多人要死去。他永遠都在這個美麗的陷阱裏，動彈不得，直到死亡吞噬了他自己爲止。」（1996：274）作者透過聶醫師的這一段沉思，陳述了醫者們對自我存在與死亡的衝擊。又巧意安排聶醫師遍尋一條逃脫時間監獄的道路，象徵人類企圖掙脫有限生命的反抗。雖然王溢嘉在〈面對死神，不必卑屈〉說：「醫師也許較能冷靜地面對自己的死亡，俄國小說家兼劇作家契訶夫醫師，本身患有肺結核，臨死時喝了一杯很久沒有喝的香檳酒，然後說：『我死了。』翻過身去，便與世長辭。在死神面前，他既不哀號求生，也不掙扎，也不畏縮，而是自主地、坦然地接受必然的它。」（1978：179）同樣是醫生面對自己死亡，契訶夫的坦然冷靜與聶醫師的掙扎逃避，則成爲不同的對比。

　　醫院的工作，使醫生熱切而深刻地對生命現象進行終極探索，更清楚地看見死亡的真相，誠如侯文詠說：「當醫生我就跟死亡、疾病這兩個人類最基本的東西打交道，不管人類社會怎麼進化，人永遠要面對這最基本的東西。它可以讓我回到那個最深刻的部分。我很喜歡這樣子，我在這兩邊（生命和人文）得到互動，在生活裡會得到更大的體會與感觸。」〔註51〕所以戰後醫

〔註51〕《侯文詠短篇小說集》〈陳從耀訪問侯文詠〉，頁305，臺北：皇冠，1996.10。

生的行醫手記，其實也就是進行文學與疾病、死亡的對話。

2. 病人的啟示

王溢嘉的〈肉瘤上的玉蘭花〉一文，敘述他從長有肉瘤的女病人身上得到人生啟示，他說：「人間之至香（玉蘭花）與人間之至臭（肉瘤）血水交融在一起，這實在是一種奇怪的組合，我默默地看著它們，然後看看病人，她也正用一種我能即刻了解的眼光看著我。她身上長著人間至醜的肉瘤，但她試圖以人間至美的方式去化解它。剎那間，我彷彿了解到我為什麼會有喜歡為她換藥的莫名衝動，我必須正視人間之『至醜』，然後才懂得去接納和珍惜那人間的至美！」（1978：140）從這一段文字，我們似乎嗅覺到莊子齊美醜的生命智慧。

侯文詠在《大醫院小醫師》中的〈大國手〉，透顯病患生命底層的悲涼。內容敘述一位為了償還債務，自己砍斷雙腳的病人，想要以全殘的理由，領取五百萬元的保險金；急診室的醫師基於救人的本職，妙手回春幫他接好右腳，病人非但沒有喜上眉梢，反而愁雲慘霧，「歹活」竟變成折磨全家人的劫難；透過這位病人的遭遇與心聲，使得侯文詠不得不感嘆：「生命有許多時候即使是舒伯特也無言以對。在生死界限模糊不清的時候，什麼是真理呢？自己的道德判斷？病人的意願？還是上帝的旨意呢？往前再踩一步就是生死契闊。到底往左呢？還是往右？」（1992：92）小說家亨利‧詹姆斯的名喻，生命也有連舒伯特都難以面對的一刻，以舒伯特那般勤懇與達觀，也有蒼天無奈的時候。本著醫學倫理的精神，醫生要愛惜病人的生命如同自己的生命，不能輕言放棄，見死不救，文中我們看到醫者善待生命傷口的仁心仁術。

曾貴海《高雄詩抄》中的〈某病人〉，描述四十出頭即罹患肺癌的患者，雖只剩下六個月的生命，卻無比積極樂觀，全詩如下：

> 只有四十出頭
> 小細胞型肺癌已氾濫到肋膜
> 輕愁掩不住
> 仍挺著身子，有說有笑的
> 跟鄰座的老病婦聊了起來
> 她的抱怨如出一轍
> 已經七十多
> 壞得差不多

> 不吃藥就怕接不上去
>
> 他眞心安慰她
>
> 不要太悲觀
>
> 「我希望也能活到七十歲」
>
> 輪到他時
>
> 我注視著
>
> 走向我
>
> 那副肉身
>
> 現在，我的手觸摸著
>
> 六個月後
>
> 必須離開這個世界
>
> 不管他願意不願意（1986：28）

希望活到七十歲是患者的希望，然而無論如何強壯的生命，如何樂觀的意志，終究無法戰勝病魔的摧殘。曾貴海另有〈詩人的眼〉，是在個人診療室中觀察病患的臉孔，進而感嘆親情一代不如一代，詩的第二段說：「變幻不定的臉孔與標記／是迷惑世人陷入愁慾的陷阱啊／不停地燃燒的火焰／從人間世燃燒到地獄的火焰／化千萬張臉孔爲灰燼／使性體的原質清晰明見／而詩人，啊，詩人的眼睛／永遠虔誠地追尋／被臉孔掩蓋的／善的微光」（1986：30）

　　江自得在〈死、細菌、抗生素〉一詩，則呈現病況垂危的肺癌患者的痛苦，全詩如下：

> 這是一齣演不下去的老戲
>
> 野蕩的風在肺內隨意流竄
> 無情的細菌在生命的盡頭四處追擊
>
> 抗生素從血管緩緩注入
> 微弱的心音時斷時續
>
> 哀傷的夕陽在白晝的底邊燃燒
> 黑漆漆的鄉愁在遙遠的天際流浪
> 深夜靜寂的街道

　　幌蕩著

　　閃亮的白骨（1996：44）

在細菌的肆虐下，生命何其脆弱，醫生的力量何其渺小，重覆的診療過程，有如「一齣演不下去的老戲」，最終唯見閃亮的白骨在招手。另如〈年輪〉、〈老年癡呆症〉、〈休克〉、〈癌症病房〉、〈你安睡在加護病房裡〉等，皆描繪病魔折磨下生命的掙扎與卑微。

　　王浩威〈病案三記〉一詩，其中第二記「蝴蝶與狼」，描述罹患全身性紅斑狼瘡的女性，必須一輩子對抗病魔的悲憫之情，詩分二段：

　　一隻蝴蝶駐落妳的雙頰

　　就註定了

　　紅顏的命運

　　妳總是埋怨無知的醫生

　　殘酷地稱這病為狼瘡

　　其實，此去經年

　　還有一番轟轟烈烈的病歷

　　待妳振作

　　如一匹獨來獨往的狼

　　勇敢地

　　走向盡頭（1993：78）

詩人與患者產生生命的共鳴，雖然對人體醫學的瞭解已這般豐富了，然而可貴的是詩人兼顧患者的情緒和心理，懷抱宗教家的情懷，親切熱忱地去關懷每一位生死交關的病患，建立溫馨的醫病關係。

　　日治時期醫事作家筆下的醫生群像，有「醫人醫國型」、「愛好文藝型」、「身體醫兼心理醫」等類型；而戰後醫事作家筆下的醫生群像，則較多是「哲學家」類型，描繪醫者思索生命死亡的無奈，以及面對病魔的無力感。這些病人在其筆下不再是一堆症狀、數字、或醫療儀器影像的組合，雖然他們已昏迷，或將不治，但仍和所有健康的人一樣，有喜怒哀樂、悲歡離合；作家本著悲天憫人的醫者胸懷，視病如親，寫下他們堪憐的悽涼，無言的感傷。

小　結

　　誠如鄭炯明所說：「政治病灶的改善，只是促進臺灣社會邁向一個健全的道路的一站而已，要使臺灣建立一個更完美的社會，尚需其他方面的配合……，而文學是文化重建的一環。」〔註52〕就是基於「文學是文化重建的一環」的信念，醫事作家除了參與政治、社會、文化運動，也致力於文學的延續，藉著《臺灣文藝》、《笠》、《文學界》等刊物，期待臺灣文化更向上的目標。

　　由本章第二節可見，戰後醫事作家強烈認同這塊土地，傳承前輩「政治面向」、「社會面向」、「醫事面向」的現實關懷，在困厄時代留下文學的證言，那樣的聲音會在我們追憶歷史時，成爲文學的光榮。比起許多附庸統治權力，或墮落在商業主義傾斜狀態的文學，戰後臺灣醫事作家兼揉冷銳洞視與溫柔體恤，默默地寫下了這些爭取民主自由、探診社會隱疾以及由醫學返觀生命的力作，倍加可貴。他們憑著寫作的熱情和豐沛的情感，爲臺灣這一片土地留下富饒的文學作品，也爲戰後至今的社會留下記錄，更爲臺灣新文學的傳承與持續提供最有力的證明。

〔註52〕鄭炯明，〈爲「臺灣文學史綱」的出版説幾句話〉，《文學界》20 期，1986.11。

第八章　結　論

　　臺灣醫療從一八六五年，首位英國基督教長老會醫療傳教士馬雅各（James L. Maxwell M. D.），將現代化醫學帶入臺灣，經日治時期乃至於戰後，隨著時代的交替、社會的變遷，不斷的進步與發展；尤其日治時期致力於醫學教育的創辦，培育了不少術德兼備的醫事人員，醫療衛生大有改善，在臺灣醫療史上具有劃時代的意義。另一方面，這些出身自臺灣、日本醫學院校的精英分子，一則以臺灣同胞命運爲己任，如蔣渭水、賴和、吳新榮，在臺灣抗日史上寫下了永垂不朽的一頁，成爲臺灣醫生從事政治、社會、文化運動的先驅。一則以臺灣新文學的拓荒者自居，如「監獄文學的驍將──蔣渭水」、「臺灣新文學之父──賴和」、「鹽分地帶文學的領導人──吳新榮」、「打開戰爭期的心窗──王昶雄」、「圖象詩人──詹冰」，他們各有散文、小說、新詩的成就與特色，在臺灣文學史上佔有舉足輕重的地位，成爲臺灣醫事人員寫作的開路先鋒。

　　戰後在動盪變化的歷史背景下，我們仍時見醫事作家們肩負政治、社會、文化的責任，不斷地與時代進行對話，如曾貴海、江自得、陳永興、王浩威、田雅各等，他們關懷生態環保、全民人文素養、民主人權運動、臺灣醫療史、社會文化、原住民醫療等議題。來自醫學院的作家傳承前輩耕耘臺灣文學的精神，持續不輟；誠如侯文詠所說，他們「在文學領域中耕耘，用時而柔性、時而剛強的利筆堅定地傳承著醫生作爲知識分子對國家社會、人文、自然應有的反省和思考。他們都在自己的『崗位』上持續不斷地各自堅持著，隨著歲月的長河，流盪出璀璨的浪花。儘管醫療體系在轉變，醫生與病人的關係也不同以往，大環境的丕變都無礙醫生作家們這股強悍的創作力。在大環境

劇烈的變動中，重視傳承、堅持創作，我想是臺灣文壇的醫生作家們可貴之處。」〔註1〕

　　日治時期以來，出身自醫學專業背景的社群，確確實實爲臺灣社會及文學場域，鋪下了一塊理想的基石。他們隨時掌握臺灣社會的脈動，實踐知識分子的社會關懷；同時也加入臺灣文學發展的主流，傳承現實主義的臺灣文學精神，開創結合醫學專業的作品風格。這正是日治時期以來臺灣醫事作家的社會意義，以及在臺灣文學史上的定位與價值。茲就以下二節歸納作結。

第一節　作家的社會意義——實踐知識分子的社會關懷

　　日治時期以來醫事作家除了以醫病爲本職，更深入挖掘、解決社會角落的各種問題，到底因何動機促使他們在忙碌的醫病之餘，進而投入社會關懷工作？這應當可以歸諸於他們對人類的「健康」認定，所謂健康並不是沒有疾病，而是社會及身心的整體適應，這才是眞正的「健康」定義。謝博生在《醫學教育理論與實務》一書曾提及：「在即將步入二十一世紀的今日，科技導向醫學的困境日趨明顯，成爲現代醫學發展的瓶頸。爲了克服此一困境，醫學逐漸朝向由生物——心理——社會面向來全方位看待健康與疾病，注重病人的心理調適及疾病對病人情緒、社會活動等方面的影響，並強調必須將健康和疾病放在個人與社會的背景下進行綜合性的探討。」〔註2〕如果一個醫療工作者僅是盲目地聽從病者口述一點現象，或者根據自己過去的一點經驗，就盲目處方，頭痛醫頭，腳痛醫腳，這種醫病的公式化、非人性化，無非輕忽了病人的生命尊嚴。隨著社會環境的瞬息萬變，當今醫事人員的基本職責，更必需兼顧病人情緒的變化、心理的調適或社會的適應，結合生理、心理、社會三層面的探診模式。其實這樣的健康理念，早自日治時期這些「醫人醫國」的臺灣醫生已經確立與認定，他們意識到社會的變化攸關人類生理的、心理的健康，唯有優質的社會生活環境，而且身心及社會的整體適應，人類才有幸福進步的未來。

〔註1〕　侯文詠，〈巨塔外的傳承與堅持〉，《文訊》171期，頁54，2000.1。
〔註2〕　謝博生編著，《醫學教育理論與實務》總序，臺北：國立臺灣大學醫學院，1997.11。

　　所謂「關懷」，即是一種社會實踐，根據崇托（J. C. Tronto）就社會政治學的領域詮釋「關懷」的定義為：

> 在最一般的層次，我們建議視關懷是種活動，其包含我們所做的每件事，以保持、繼續、和補充我們的世界，如此我們可以盡量過好日子，這世界包括我們的身體、自我和環境，我們在一個複雜的維生網路中尋求去交織這全部。

> 新的道德秩序，我們必須承認人不只是自主和平等的，人是需要關懷的。二十世紀已使關懷的需求更公開化，更可看見。而道德理想不會自己實踐，一定要將理想轉變為實踐，如此，道德和政治定要交織成有效果的轉變。〔註3〕

崇托（J. C. Tronto）強調「關懷」必付諸行動的實踐歷程，不僅僅只是理想層次而已。臺灣醫事作家從事社會關懷的第一個特色，即是能化理想為行動。日治時期的知識分子，吸收來自世界各地的政治思潮，如正義人道、自由平等、民族自決、民主主義、社會主義等，促使他們以實際的行動，維護臺灣民族存在的尊嚴，與打造臺灣文化的前景。從而在二〇年代以來的臺灣政治、社會、文化運動中，扮演主導者的角色。如蔣渭水、賴和自「臺灣同化會」、「臺灣文化協會」至「臺灣民眾黨」，以啓迪文化為號召，目的乃在促進臺灣人的民族覺醒、指導政治自覺，企圖推進臺灣民族解放運動的發展。吳新榮東京醫專時期加入左傾組織「臺灣青年會」和「臺灣學術研究會」，強化堅定社會主義的信念。戰後醫生則深受前輩的精神感召，如曾貴海為了改革政治、環保、教育的弊端，參加「臺灣人權促進會」、「臺灣環保聯盟」、「衛武營公園促進會」、「高雄縣教育改革委員會」等組織。江自得為了提昇醫學生人文素養，重振醫學界人文精神為宗旨，特別成立「臺杏文教基金會」。陳永興、田雅各為了伸張人權，各參加了「臺灣人權促進會」、「二二八公義和平運動」，以及「臺灣原住民權利促進會」。這些都是醫事作家以具體行動實踐知識分子對社會關懷的典範。

　　臺灣醫事作家從事社會關懷的第二個特色，是以人道主義為精神本質。人道主義的目的無非為了促進人類的幸福和進步，凡是有助於這個目的的實現，就是人道主義。面對臺灣特殊歷史情境與統治者差別的待遇，他們深思

〔註3〕 Tronto, J. C. Moral boundaries: apolitical argument for an ethic of care. N. Y. & London: Routledge. 1993:152。見方志華《關懷倫理學相關理論開展在社會正義及教育上的意涵》，《教育研究集刊》46 輯，2001.1。

「人之爲人」所應展現的生命特質，除了追求合理的生命權利、義務之外，也追求自由解放，解除肉體、精神上的束縛，回復心身的自由，以營合理的生活，亦即強調個人主體生命不許他人無理的驅策或役使，此乃成就「人」的資格的基本要件。因此，醫事作家寫作幾乎都是圍繞著「人」的重新發現這個軸心而展開的。這些文學作品的感人之處，就在於它是以熱忱呼喚著人道主義，呼喚著人的尊嚴和價值。從日治時期開始，醫事作家們就經常細心地挖掘和闡釋新文學中所蘊含的人道主義精神，他們不斷地向讀者揭露和控訴日治強權如何對臺灣同胞進行迫害和摧殘，如何壓抑並扭曲人性。追求存在尊嚴與自由解放，進而促進人類的幸福和進步的人道精神，可說是臺灣醫事作家作爲推動社會文化啓蒙運動的理論基礎，也是意圖改變社會秩序的精神原則。

臺灣醫事作家從事社會關懷的第三個特色，是具有代表「社會的良知」。檢討「知識分子」在社會的角色與使命，西方人曾下了個特殊意義說：「知識分子代表社會的良知」。知識分子之所以能夠代表「社會的良知」，其最重要的根據在那裡？美國已故的著名史學家霍夫斯塔德（Richard Hofstadter）認爲現代的知識分子（intellectual）若只是執行他們的專業任務，他只能算是一個「腦力工作者」（中國古代稱之爲「勞心者」，而西方稱之爲 mental worker）。余英時認爲具有特殊意義的「知識分子」的稱號，他便必須在職業本分以外，能有求眞的精神以及道德的情操去關懷文化的基本價值，這個更高層次的表現，就是代表「社會的良知」的最重要根據：

> 他對自己的專業知識和思想有一種莊嚴的敬意。他的目的不復限於用專業知識來謀生，而是要在他所選擇的專業範圍內嚴肅地追求眞理。……一個敬業的知識分子必須謹守自己的求眞精神和節操。他一定要「造次必於是，顚沛必於是」，尤其要「富貴不能淫，貧賤不能移，威武不能屈」。這是一種近乎宗教奉持的精神。……對知識和思想持這樣莊嚴的態度的人也必然是具有崇高的道德情操的人。這一類型的知識分子決不會是僅僅關懷一己利害的「自了漢」。相反地，從求眞的精神上所發展出來的道德情操自然會引導他們去關懷文化的基本價值，如理性和公平。知識分子之所以能夠代表「社會的良知」，其最重要的根據便在這裏。〔註4〕

〔註4〕 余英時，《文化評論與中國情懷》，頁91，臺北：允晨文化，1993.5。

再依中國歷史背景來看知識分子的特性，余英時的歸納有三項最值得注意：

> 第一是他比較具有全面的眼光，因此能夠敏銳地察覺到整個社會在
> 一定歷史階段中的動向和需要。第二是作爲基本精神價值的維護
> 者，他比較富於使命感和正義感，因此具有批判和抗議的精神。第
> 三是他比較能夠超越一己的階級利害，因此而發展出一種犧牲小我
> 的精神。〔註5〕

顯然臺灣醫事作家對社會關懷的特徵，與霍夫斯塔德（Richard Hofstadter）
和余英時的看法有深相契合之處。他們在職業本分以外，特別對於政治、社
會、文化、生態各方面公眾利益的問題，都抱有深切的關懷；並深具使命感
要解決上述各種問題。同時秉持正義感堅持改革不合理的社會現狀。在在說
明這些知識分子「以天下爲己任」的大愛，具有代表「社會的良知」的特殊
意義。

　　就世俗醫生而論，有人喜愛高懸「仙手佛心」、「醫德可風」、「妙術濟世」、
「名傳醫術」、「起死回生」等題詞，卻徒流於空言，每天營營利利地過著「賺
錢機器」的生活。透過本文，我們深刻的體認到社會上有這麼一群不同於世
俗生命價值觀的醫生，將整個臺灣社會當作是他們的病人，全心全意地盡著
醫生的天職。值得一書的是，他們的生命價值並非享受貴族般的富裕生活，
而是貫徹理想主義與人道主義的精神，終生犧牲奉獻。因此，他們雖然身爲
醫生，卻受困於經濟的迫窘，如蔣松輝憶及父親蔣渭水時的印象竟是家無恆
產、負債累累：

> 環顧今日臺灣，很多家父同學或其後代，老早都已家財萬貫；而起
> 初與家父同時奮鬥後來成爲『穩健分子』的『先覺者』以及當時的
> 迎合階級，有些更是名成利就，澤及子孫了。但當家父逝世時，不
> 僅身無恆產，更負債累累，甚至我們幾個年幼兄弟的正常教育也因
> 而被迫中斷。〔註6〕

又據賴和的〈獄中日記〉，也呈現了經濟的壓力。在入獄的第十二日記載，由
於住所及醫院剛改建完成，向銀行貸款負債總計二萬圓，於是盤算出售住屋
及股票還債。第十七日則記載了入不敷出的家境，深感愁苦：

> 我一個月經常支出約須三百圓，若併及薪水公課（稅金），平均要五

〔註5〕　同前註，頁106。
〔註6〕　黃煌雄著，《蔣渭水傳──臺灣的先知先覺者》，〈蔣松輝序──家父之一生：
　　　　四十年六個月〉，臺北：前衛，1995.7。

> 百圓。若及教育費算在內，將要六百圓。若併此次建築所負的債，勸銀（勸業銀行）每月須要還者總算在內，將近千圓。我一日不能勞動，即一日無收入，所有現金皆填於這兩次的建築，可謂現金全無，若檢束（拘留）繼續一個月，就要生出一千圓債務，若繼續到明年三月，則家將破滅，那能不愁苦？（2000.三：23）。

另外，吳南星在〈父親的生平軼事〉敘及吳新榮是位窮醫生：

> 父親一生所賺的錢，大部分花在文化事業上，把全副精神放在『臺南縣誌』及『南瀛文獻』的編輯上。如果沒有強烈的民族意識、濃厚的鄉土愛以及對歷史文化的重視，誰願幹這種『傻事』？父親本來就對賺錢不太感興趣，把本行的醫業當成副業，而把文化事業當正業。……父親經濟困難時，常為籌措我們的學費而煞費苦心。我們當子女的甚能體諒父親的處境，絲毫不趕多要錢。我們在困苦的生活中體驗出勤儉的重要。……殊不知醫師也有窮醫師，正如大官也有窮官一樣。[註7]

蔣渭水、賴和、吳新榮如同其他醫人醫國的類型，個人利益不足惜，「家事、國事、天下事，事事關心」，才是他們最真切的生命寫照。由日治時期以來這些醫事作家對社會的貢獻，印證了知識分子在社會上居於樞紐的地位。

第二節　作品在臺灣文學史上的定位與價值

一、傳承現實主義的臺灣文學精神

來自於這一股社會關懷的精神力量，正是引導著臺灣醫事人員寫作的航向。王曉明〈嚴酷時代裏的證詞〉說：「一個人的寫作會具有怎樣的意義，除了來自他自己的願望，恐怕更多的還是取決於時代環境的作用。」[註8]文學的產生永遠處於複雜的時代環境裡，文學成為一種時代再現的形式；就臺灣醫事作家的寫作主題特徵而言，戰前以控訴警察制度的威權、譴責資產階級的剝削、揭櫫正義真理的史詩（二林蔗農事件、霧社起義、勞工運動）、抗議皇民政策的心聲等抗日主題為焦點；戰後則有見證二二八事件、紀念鄭南榕

[註7]　《震瀛追思錄》，頁 288、292，臺南：琅琊山房，1977.3。

[註8]　王曉明，《中國的唐吉訶德》〈嚴酷時代裏的證詞〉，香港：城市資信有限公司，1995。

的輓歌、哀悼林家滅門血案、陳文成事件、打倒萬年國會、解析學運社運者的悲愴靈魂等政治主題爲趨向。這些內容無不以伸張人權與維護民族尊嚴爲出發點，充分展現堅持正義與眞理的精神特質。其次，基於社會改革的使命感，於戰前特別關注臺灣全體同胞的智識水準與醫療品質；戰後則偏向生態環保的隱憂、城市病象的揭露、自然與文明的衝突、民眾文化素養的提昇等。總體而言，日治時期以來臺灣醫事作家的寫作，始終是深入地描寫時代與社會，奉「現實主義」爲圭臬。

　　呂正惠在〈盧卡奇的文學批評〉一文中，曾歸納盧卡奇現實主義批評理論的兩大骨幹。其一是「整體性」。文學要反映社會的「整體性」，重要的是要描寫社會的本質，即「社會關係」；敘述故事時，必須把人物的「社會關係」具體而生動地呈現出來，如此，就能顯現「整體性」：

> 綜合起來說，從社會面來看，「整體性」指的是社會關係，尤其是階級關係，因爲那是社會的「本質」，是社會之所以成爲社會的根本要素。從個人面來說，「整體性」指的是，個人是「社會的人」，是社會諸關係必然在其身上起作用，因而影響了他的理智與感情的人。〔註9〕

　　其二是「典型性」。文學要如何反映社會的「整體性」呢？盧卡奇認爲要創造頗能切中社會的典型人物或典型環境，淋漓盡致地呈現眞實的現實社會：

> 爲什麼要有「典型」人物呢？因爲所謂「社會關係」並不是一個抽象概念，社會關係是透過人與人的交往，人群與人群的牽涉而表現出來的。一個人的行爲，一個人的行動，使他和其他個人或人群起了互動。從這些互動裡，社會關係就呈現出來。……所謂「典型」人物就是，能夠在文學作品裡，最淋漓盡致地呈現出其基本的社會關係，尤其是階級關係的人。如果沒有這種人物，社會關係就不能全盤顯現，甚至完全隱而不彰。所以必須要有「典型」人物；有「典型」人物，才有社會關係；有社會關係，才有社會的「整體性」。〔註10〕

　　文學家不可以違背社會的眞實去創造莫須有的東西，那樣的作品是不可

〔註9〕　呂正惠，《小說與社會》〈盧卡奇的文學批評〉，頁270，臺北：聯經，1992.4。
〔註10〕　同前註，頁271～272。

能感人的；成功的作品，應當眞實的反映了那個社會。臺灣醫事作家往往根據他們的生活經驗來提煉眞誠的文學品質，除了在醫療過程中診斷肉體的病痛，也在現實社會中體察心靈的悲苦，這樣落實社會、正視現實的寫作態度，誠如契訶夫所說：「如果我是醫生，我就需要病人和醫院，如果我是文學家，我就需要生活在人民中間，我需要一點社會生活和政治生活，即使一點點也好。」〔註11〕「既要描寫赤裸的生活，同時還要讓人感受到應有的生活。」〔註12〕醫事作家們勇敢的破除政治的禁忌，毫不逃避的融入現實社會，從日本殖民統治寫到國民黨執政，雕塑臺灣人悲苦、掙扎與衝突的形象，具體顯現政治迫害下各種社會因素的互動關係，呈示歷史的眞相。布萊克的名句：「一粒沙裡看世界」，我們可以肯定的說，臺灣的醫事作家擁有這種本事。誠如名醫把脈，能適確探出病源，才能投藥根治疾病；透過作品，探求政治、社會產生的事象，以及時代動態奧妙的本質，表現社會的整體性，希望帶給大家心靈上的慰藉。

日治時期以來臺灣醫事作家如同其他作家，作品都受到臺灣土地、經濟、歷史、社會所形成的文化環境影響而寫出來的；他們的寫作都是以「現實」為主要視點，也是一貫的路向。換言之，體現「現實主義」是臺灣文學的主潮。中國大陸劉登翰一九八三年撰寫的〈論臺灣的「現代詩」運動——一個粗略的史的考察〉〔註13〕，其中陳述臺灣現代詩發展史，曾說：

> 從日據時期開始的臺灣詩歌，在五四新詩革命的影響推動下，現實
> 主義是它的主潮。雖然它在三、四○年代，也曾受到日本現代詩的
> 影響，但和整個新詩一樣都未曾佔據主導地位。只是到了五○年代，
> 由於政治方面的原因，臺灣省籍詩人中的現實主義創作消竭了；而
> 受日本現代詩影響的詩人，與大陸去臺的詩人匯合一起，形成了佔
> 據臺灣詩壇主導地位的現代詩潮，並一直持續到七○年代以後。鄉
> 土文學論爭進一步喚醒了臺灣文學的民族意識，詩歌中的現實主義
> 也重新崛起，並且形成了堪與現代詩抗衡的現實主義詩潮。特別是
> 七、八○年代以後走上詩壇的青年詩人，在吸取現代詩某些藝術積
> 累的同時，都具有比較強烈和鮮明的現實意識。

〔註11〕 契訶夫著、康國維譯，《契訶夫短篇小說選》，頁18，臺北：志文，1987.1。
〔註12〕 契訶夫著、鄭清文譯，《可愛的女人》，頁17，臺北：志文，1976.4。
〔註13〕 劉登翰，《臺灣文學隔海觀——文學香火的傳承與變異》〈論臺灣的「現代詩」運動——一個粗略的史的考察〉，頁220，臺北：風雲時代，1995.3。

臺灣近百年來現實主義的寫實技法，一直是主流地位，只不過在現代主義紅極一時的五、六○年代，現實主義稍予退位，直到七○年代以後重新崛起。其次，陳芳明〈撐起九○年代的旗幟—「文學臺灣」發刊詞〉一文，強調臺灣文學與時代密不可分的歷史性格：

> 文學反應時代，領導時代，創造時代，這是臺灣新文學運動發軔以來的一貫傳統。唯其是反映的，臺灣文學始終忠實記錄了社會內部的矛盾、衝突、和諧和奮鬥。唯其是領導的，臺灣文學在抵抗政治壓迫與物慾誘惑的文化運動裡，一直就是站在最前線。唯其是創造的，臺灣文學自來就是不斷在開拓並提昇島上人民的精神境界。橫跨日據時期與戰後時期的臺灣文學，在綿延迤邐的發展過程中，從未偏離過這樣的歷史性格。〔註14〕

另外，彭瑞金在〈臺灣文學應本土化為首要課題〉〔註15〕凸顯其主張：「只要在作品裡真誠地反映在臺灣這個地域上人民生活的歷史與現實，是根植於這塊土地的作品，我們便可以稱之為臺灣文學。」陳萬益在〈臺灣文學是什麼〉〔註16〕明確指出：「臺灣文學就是記錄臺灣這塊土地上臺灣的人民的生活經驗、思想情感、歡笑苦楚的作品。」王拓在〈是「現實主義」文學，不是「鄉土文學」〉則強烈提示：「這種『現實主義』的文學是根植於我們所生所長的土地上，描寫人們在現實生活中的種種奮鬥和掙扎、反映我們這個社會中的人的生活辛酸和願望，並且帶著進步的歷史眼光來看待所有的人和事，為我們整個民族更幸福更美滿的未來而奉獻最大的心力的。」〔註17〕總括以上各家對「臺灣文學」的省思與檢視，明顯可見都包含有現實主義的文學內質。

　　日治時期以來醫事作家寫作，就是植根於臺灣這片土地上，來反映社會現實、反映人們生活的和心理的願望，是名副其實臺灣文學的重要關鍵要素。醫事作家的成員都是入世者，他們認定知識分子必須投身廣大的社會，成為其中有用的一員；文學作品不應是不食人間煙火、藏身於白袍象牙塔而與社會生活的脈動脫節的產物。從濟世的醫學生活到廣大的社會活動腹地，一向

〔註14〕陳芳明，《典範的追求》〈撐起九○年代的旗幟——「文學臺灣」發刊詞〉，頁235，臺北：聯合文學，1998.3。
〔註15〕彭瑞金，〈臺灣文學應本土化為首要課題〉，《文學界》2期，1982.4.15。
〔註16〕陳萬益《于無聲處聽驚雷》〈臺灣文學是什麼〉，頁267，臺南：臺南市立文化中心，1996.5。
〔註17〕王拓，〈是「現實主義」文學，不是「鄉土文學」〉，《仙人掌》2期，1977.4。

豎立現實主義的旗幟,「時代性、社會性、生活性」建構了臺灣醫事作家作品的主要內涵。

　　「現實主義」做爲臺灣醫事作家藝術風格的一大流向,其重要意義:一者是對臺灣文學精神的承繼,二者是代表社會的良心、時代的證人。尤其他們的現實主義精神具有深沉的、內在的震撼力,這種震撼力包含著對社會、時代醜惡現象的揭露和批判,包含著對人道主義的嚮往和呼喚。正如同鄭炯明說道:「沒有比語言更厲害的武器」(1981:40),這正是現實主義批判精神的表徵。在政治、社會運動之外,文學提供了反抗現實的另一途徑;也是維持人性尊嚴、救贖人類靈魂的手段。以實踐文學深入臺灣社會深層,這種與人和土地以及歷史命運結合的文學,是臺灣文學的體質,也是日治時期以來臺灣醫事作家作品最明顯的特色。

二、另闢臺灣文壇醫事寫作的新方向

　　黃得時曾在〈臺灣新文學運動概觀〉一文,就臺灣文學發展成長期(一九二七~一九三二)作品所描寫的主題,大致分爲五大類:一、日本警察的凶暴和壓迫民眾的情形。二、地主和資本家剝削佃人和工人的情形。三、農民、工人和小市民生活困窮的情形。四、舊禮教束縛下的家庭痛苦情形。五、大都市黑暗面的情形〔註 18〕。其實這些都是戰前臺灣文學常見的題材,然而醫事作家基於醫學的專業背景,使他們在主題的呈現上,確實有突破黃得時所歸納的五類主題,另外形成與醫學專業結合的特色。如蔣渭水〈臨床講義〉、詹冰〈人類病了〉,將「臺灣」比擬爲病人,瞭解病人的病因(過去),然後診斷病況(現在),最後開示處方(未來);賴和〈蛇先生〉、〈未來的希望〉、〈一桿「稱仔」〉,反映民眾迷信秘方;吳新榮〈良醫良相〉、〈三十年來〉、〈模範醫師〉、〈後來居上〉、〈紀念　國父百壽〉等篇隨筆,強調國家醫療環境的改善、典範醫生的樹立;王昶雄的〈奔流〉則致力於導正醫學萬能、療疾致富的社會價值觀;又賴和、王昶雄小說中醫生形象的塑造。綜合觀之,大多是針對臺灣島民的落伍、封建、愚昧提出改革的呼籲,基本上仍扣緊現實關懷爲出發點,可見其社會觀察的「廣度」。至於在藝術表現手法上,如蔣渭水以臨床診斷書作爲散文形式;詹冰以醫學專名作爲新詩意象,基本上皆與其醫學專業背景息息相關。又賴和、王昶雄、詹冰在死亡的悲劇敘事,以及心

〔註 18〕黃得時,〈臺灣新文學運動概觀〉,《臺北文物》3 卷 3 期,頁 28,1954.12。

理活動的描述各有代表作品，皆可窺見日治時期醫生作家與佛洛依德精神醫學互動的蛛絲馬跡。

戰後醫事作家取材自醫學專業或行醫體驗的描述，更加顯著與昌盛。除了與戰前相同的主題：診斷臺灣病症、反映迷信醫療觀、塑造醫生形象、改善醫療體系；王昶雄〈奔流〉所反映的醫學萬能、療疾致富的社會價值觀，戰後則已少見。此乃由於戰後撤廢了日治時期的差別待遇，教育機會均等，醫學院的逐漸增設，社會潮向專業化與多元化的發展，日治時期「醫生」獨佔鰲頭的時代已經結束。戰後醫事主題書寫的重點，趨向醫病關係的描繪，以及疾病與死亡的省思。至於形式的表現上，最引人注意的是詩人江自得、陳克華，最善長以疾病、病理或器官名稱寄託文學意涵。日治時期以來醫事作家寫作雖不以技巧取勝，然而這些醫學語言的運用，卻造就了不同凡響的藝術效果。二次大戰後，盧卡奇門生——法人戈德曼（L.Goldmann，一九一三～一九七〇），在其發生結構主義（Structuralisme g'ene'tique）的理論，曾述及：「作品世界的結構乃是與特定社會群體的心理原素結構相通，或至少有明顯的關聯，文學創作的集體特徵也就源自於此。」〔註 19〕醫事作家的作品世界具有臺灣文學創作的集體特徵，然而也開拓在醫院、診所所思所感的書寫版圖，這是醫職社群所形成的特徵，不只凸顯作品的獨特風格，也爲臺灣文學提供了一個特殊的視野。

彭瑞金在〈臺灣文學定位的過去和未來〉說：「一九二〇年以後，臺灣以新文學爲標的主流文學活動，一直以多樣、多變的形式和規模在運動向前，這固然造就臺灣文學內容的多彩多姿，實質上卻反映了臺灣文學是在重重的壓力阻撓下，以極端崎嶇的道路前行。」〔註 20〕過去走在臺灣文學這一條遍佈荊棘的路上，醫界寫作人才輩出，點出文人在歷史洪流中所發出的不滅幽光。面對臺灣文學的未來，我們期待醫事作家持續播撒文字的種子，在人文的土壤裡，呈現更寬闊的主題、更豐富的創作手法。

人文教育是醫學教育的根本。醫學教育以培養具備悲天憫人的胸懷爲目標，以濟世救人爲天職；然而隨著臨床醫學的科學化，醫學教育偏重於科學知識傳授及專業技術訓練，人文教育的理想隨之式微。諸如商業介入醫療、

〔註 19〕Robert Escarpit 著、葉淑燕譯，《文學社會學》，頁 10，臺北：遠流，1990.12。
〔註 20〕彭瑞金，《臺灣文學探索》〈臺灣文學定位的過去和未來〉，頁 70，臺北：前衛，1995.1。

醫療資源浪費、醫生的尊嚴及地位被貶低、醫病關係惡化、醫療糾紛等問題，層出不窮，使得醫療逐漸遠離人性化，整個醫療專業產生危機。希望本文的撰寫，除了能夠提醒臺灣文學界重視醫事作家寫作的成績，同時可以激盪醫界人士思索與醫學相關的人文問題，樹立「尊重生命」的價值取向。

附錄一 日治時期臺灣醫事作家 生平年表與作品繫年

時間：1891～1945

人物：蔣渭水、賴和、吳新榮、王昶雄、詹冰

西　曆	生平事蹟	作　　品	文壇大事	時事、醫療記要
1891 年 蔣 1 歲	蔣渭水： ◎2.8 生於宜蘭。			
1894 年 蔣 4 歲 賴 1 歲	賴和： ◎5.28 生於彰化。 本名賴河，又名 葵河。 ◎杜聰明 2 歲。			◎6.中日因朝鮮東學黨問題， 繼而爆發中日甲午戰爭。
1895 年 蔣 5 歲 賴 2 歲				◎4.17 中日簽署「馬關條約」， 清廷承認朝鮮獨立，付二萬 兩賠款，割臺、澎給日本。 ◎5.10日本派海軍上將樺山資 紀為首任臺灣總督，接收 臺、澎。 ◎5.27日軍近衛師團於臺灣北 海岸澳底登陸，進犯甫於 5.25 宣告成立的「臺灣民主 國」領土；隨行軍醫有臺灣 總督府陸軍部軍醫部長森 鷗外和近衛師團所屬三等 軍醫堀內次雄等人。 ◎6.17日軍於臺北舉行「始政」 儀式。 ◎6.20「大日本臺灣病院」創 設於臺北大稻埕千秋街，由 濱野昇出任院長，設有醫師 十人、藥劑師九人、護士二 十人，此即今日「國立臺灣 大學醫學院附設醫院」之前 身。

				◎8.彰化八卦山之役，抗日軍與日軍會戰，因兵力懸殊而潰敗，導致臺南抗日政府難以存續。
				◎9.7 發布「軍人及軍屬軍夫鴉片禁食公告」。
				◎12.14 日本內務省衛生局長後藤新平提出「臺灣島鴉片制度意見書」；其第一提案爲嚴禁方策，第二提案強調漸禁方策。
1896年 蔣6歲 賴3歲			◎5.10 陳虛谷生於彰化和美（1896～1965）。	◎3.31日本政府以第六十三號法律公布：臺灣總督於其管轄區域內得發布具有法律效力之命令（即六三法）。
				◎3.31公布臺灣總督府直屬各學校官制。
				◎5.28 制定「臺灣醫業規則」，規定執業醫師皆須領取開業執照，對山地及偏遠地區則限地開業。
				◎5.「臺灣醫業規則」公布，是日本管理臺灣醫業的開始。
				◎6.2 第二任總督桂太郎到任。
				◎6.10「藥劑師、藥材局、製藥者取締規則」公布。
				◎6.10「公醫規則」公布，以「公醫代替傳教師」之口號，從事診療與懷柔政策，由日本本土高薪聘請醫師配置各地，同月底共配置九十三人，是日治臺灣實施公醫制度的濫觴。
				◎6.臺灣總督府製藥（鴉片）廠完成。
				◎7.10「臺灣醫業規則」正式施行。
				◎7.21 制定「傳染病預防病毒心得」。繼而於十月十五日公布「臺灣傳染病預防規則」，其第一條規定：本則所稱傳染病爲虎列剌（霍亂）、百斯篤（鼠疫）、赤痢、痘瘡（天花）、發疹窒扶斯（斑疹傷寒）、腸窒扶斯（傷寒）、實扶垤利亞（包括格魯布（白喉）及猩紅熱共八種）。
				◎7.日臺自由渡航開放後，日本娼妓相繼來臺操生，據

				6.17《臺灣新報》記載：人數已有二千之譜。臺北縣令第一號公布「妓女戶取締規則」。
				◎10.14 第三任總督乃木希典就任。
				◎10.15「傳染病預防規則」公布。
				◎11.29 梅監霧牧師與蘭大衛醫師以彰化教會禮拜堂爲診療所，開始醫療與傳道，是日爲彰化基督醫院創設紀念日。
1897年 蔣7歲 賴4歲				◎3.17「臺灣中央衛生會規則」公布，作爲總督有關公共衛生、保健醫療問題的最高諮詢機關，會長由民政長官兼任。
				◎4.12 臺北病院開辦「臺灣土人醫師養成所」，主持人山口秀高。
				◎安彼得醫師著手興建新醫院即今臺南新樓醫院之前身，於一九〇〇年落成，有診療室、診療所、開刀房、藥局等施設。
				◎「臺灣鴉片令」公布，實行鴉片公賣制，經醫師判定有鴉片癮，乃准許其吸食。
1898年 蔣8歲 賴5歲			◎周定山生於彰化鹿港（1898～1975）。	◎2.26第四任總督兒玉源太郎就任。
				◎7.「公醫候補生規則」公布，臺北病院開始公醫候補生之實習。
				◎10.本年艋舺設置妓女戶，爲臺灣女子充當公娼之嚆矢。
1899年 蔣9歲 賴6歲	蔣渭水： ◎受業於宜蘭宿儒張鏡光茂才。			◎2.25《臺灣醫事》雜誌創刊。
				◎3.31「臺灣總督府醫學校官制」公布。
				◎4.1「臺灣土人醫師養成所」改制爲「臺灣總督府醫學校」，山口秀高爲第一任校長。修業年數：第一年預科，第二到五年本科。
				◎5.1「臺灣總督府醫學校」正式開始上課。
				◎5.3臺北縣仁濟院奉准設立。
				◎7.7「臺灣總督府醫學校規則」公布。

1900年 蔣10歲 賴7歲			◎4.18 蔡秋桐生於雲林元長。 ◎6.2 吳濁流生於新竹新埔（1900～1976）。 ◎7.23 葉榮鐘生於彰化鹿港。 ◎楊華生於臺北（1900～1936）	◎3.9 公布「治安警察法」。 ◎8.15「臺灣污物掃除規則」公布。 ◎9.1「臺灣藥品取締規則」公布。 ◎12.10 臺灣製糖株式會社成立。
1901年 蔣11歲 賴8歲			◎10.17 謝雪紅生於彰化。	◎2.24 馬雅各二世醫生夫婦來臺，秉承父親志業，在新建醫館服務。 ◎7.23「臺灣醫生免許規則（許可規則）」公布，加強漢方醫生管理。
1902年 蔣12歲 賴9歲			◎3.林痴仙、林幼春等人創詩社「櫟社」。 ◎10.7 張我軍生於臺北板橋（1902～1955）。 ◎王白淵生於臺北（1902～1965）。	◎3.31高木友枝任臺灣總督府臺北醫院院長，兼醫學校教授、校長，時人稱爲衛生總督。 ◎3.31醫學校實施全部學生住宿制度。 ◎5.11臺灣總督府醫學校舉行第一屆畢業典禮。畢業生僅三人：黃瑤琨、蔡章勝、蔡章德，民政長官後藤新平親臨致辭。 ◎6.臺北艋舺設置娼妓驅黴院（梅毒防治所），滬尾設置驅黴分院。 ◎6.14 頒布糖業獎勵規則。 ◎8.2「臺灣醫學會」舉行成立大會；推舉高木友枝擔任會長。 ◎9.《臺灣醫學會雜誌》創刊。
1903年 蔣13歲 賴10歲	賴和： ◎10.26 進彰化第一公學校就讀。		◎朱點人生於臺北萬華（1903～1947）。 ◎黃呈聰畢業於彰化第一公學校本科第一回。	◎4.臺灣總督府醫學校第二屆畢業生僅有陳恩培一人，其後赴中國廈門開業。 ◎4.28臺灣總督府發布命令禁止使用舊有的度量衡。 ◎8.1 財團法人臺北仁濟團成立，其工作以服務臺北醫院患者爲主要業務，突破以前僅限於住院患者之伙食及其它必需品的供應，舉凡患者住院費用的救助、安撫、提供照顧傭工等等，皆列入擴大服務範圍。 ◎8.1 臺灣地方病傳染病調查委員宮島幹之助，藉來臺機

				會，召開瘧疾研討會。臺灣因瘧疾死亡者今年高達13544人。 ◎10.總督府訓令於警察本署內設立臨時防疫課，掌理鼠疫檢疫與預防，並進行驅除鼠類。 ◎11.總督府發令「鼠族驅除規則」，指示各地方廳籌措共同衛生費，收購鼠類或依保甲規約義務，驅除鼠類，以防治鼠疫。
1904 年 蔣14歲 賴11歲			◎契訶夫逝世。 ◎2.18 郭秋生生於臺北新莊（1904〜1980）。 ◎8.18 張深切生於南投草屯（1904〜1965）。	◎12.31 本年度鼠疫患者有4430人，其中死亡3330人。
1905 年 蔣15歲 賴12歲			◎楊守愚生於彰化 1905〜1959。	◎2.20赤十字社臺灣支部病院設立；做爲醫學校的實習醫院。 ◎7.15日本赤十字社臺灣支部病院舉行啓用典禮，時人稱「日赤醫院」，爲醫學校第一所教學醫院。 ◎10.1 臺灣舉行臨時人口調查，總人口數爲3123302人，其中臺灣人2979018人、原住民76443人、日本人59618人、外國人8223人。 ◎11.「大清潔法施行規則」公布，分春秋兩次獎勵實施，除一般掃除外，並注意下水溝的清理、住宅的蟻害、鼠洞的填塞和整修廚房、修理住宅破漏等。
1906 年 蔣16歲 賴13歲	蔣渭水： ◎入宜蘭公學校。9歲到16歲之間，當過乩童，並奉職於宜蘭街役場。		◎10.17 楊雲萍生於臺北士林。逯生於臺南新化（1906〜1985）。	◎1.16「臺灣種痘規則」公布。 ◎3.17 嘉義地方發生大震災，醫學校畢業生及四年級學生約23人參與救災醫療工作，頗受各界讚賞。 ◎4.30 公布「臺灣度量衡規則」。
1907 年 蔣17歲 賴14歲 吳1歲	賴和： ◎春，入彰化市南壇（今南山寺）側的小逸堂，師黃倬其先生習漢文。同學		◎林茂生21歲。 ◎郭水潭生於臺南佳里。	◎7.30 公布「公共埤圳水利聯合會規則」。 ◎11.「臺灣公醫規則」公布。

	中有黃文陶、石錫烈、陳吳傳、楊以專……等人，筆硯相親。 **吳新榮：** ◎10.12生於今臺南縣將軍鄉，戶籍登記為陽曆11.12日出生。			
1908年 蔣18歲 賴15歲 吳2歲		**賴和：** ◎夏，先生尚未正式學詩前，寫作第一首漢詩〈題畫扇〉。	◎2.26 王詩琅生於臺北萬華（1908～1984）。 ◎翁鬧生於彰化社頭（1908～1939或1940）。 ◎陳火泉生於彰化鹿港。	◎10.1 公布「臺灣違警令」。 ◎本年留日學生60餘人。
1909年 蔣19歲 賴16歲 吳3歲	**蔣渭水：** ◎宜蘭公學校畢業。 ◎任宜蘭醫院傭員。 **賴和：** ◎3.畢業於彰化第一公學校本科第七回。 ◎4.20 考進臺灣總督府醫學校第13期。同學中有杜聰明、翁俊明、吳定江……等人，全體住宿，採取自治制度。 ◎5.20 醫學校同級生往滬尾水源地修學旅行。		◎臺北瀛社成立，與櫟社、南社鼎足而立。 ◎吳天賞生於臺中（1909～1947）。 ◎張文環生於嘉義梅山（1909～1978）。 ◎黃得時生於臺北樹林。 ◎吳希聖生於臺北淡水。 ◎林越峰生於臺中豐原。 ◎賴明弘生於臺中豐原。	
1910年 蔣20歲 賴17歲 吳4歲	**蔣渭水：** ◎4.考進臺灣總督府醫學校第14期。 **賴和：** ◎4.19預科一年畢，升入本科。		◎賴賢穎生於彰化。 ◎西川滿3歲，隨家人來臺，住於基隆。	◎4.19「臺灣小學校兒童身體檢查規則」公布，為本島小學生正規身體檢查之濫觴。 ◎9.1 臺北醫院原屬外科部之齒科獨立設科，任富澤正美為齒科部長。此為齒科之濫觴。
1911年 蔣21歲 賴18歲 吳5歲	**賴和：** ◎醫學校學生成立「復元會」。 ◎醫學校同級生往金瓜石修學旅行。		◎4.梁啓超來遊臺灣。 ◎10.15 吳慶堂生於彰化。 ◎8.25 龍瑛宗生於新竹北埔。	◎8.「臺灣賣藥營業取締規則」公布。 ◎10.10 辛亥革命。 ◎10.26 開始採用本島人為巡警。 ◎12.29 孫中山先生就任臨時大總統。

1912 年 蔣21歲 賴19歲 吳 6 歲	**蔣渭水**： ◎辛亥革命成功，蔣氏深受影響。 **賴和**： ◎醫學校同級生往南部修學旅行。		◎4.1 廖漢臣生於臺北（1912～1981）。	◎1.1 中華民國成立。 ◎8.「臺灣賣藥營業取締規則」頒訂，對成藥製造業，或經營輸入、移出及販賣成藥者加以規範。 ◎12.26 馬偕醫院落成。
1913 年 蔣22歲 賴20歲 吳 7 歲	**蔣渭水**： ◎在校內鼓吹民族運動，曾主持暗殺袁世凱計劃。 ◎在臺北城內經營冰店、東瀛商會。 **賴和**： ◎醫學校同級生往宜蘭修學旅行。 ◎是年漢詩作品甚多，且註記年月。	**賴和**： ◎漢詩〈重典周甲窗兄之墳即賦所感〉，以弔念醫學校同級生。	◎3.11 巫永福生於南投埔里。	◎1.20 廢止官廳公文之漢譯文。 ◎4.公布「瘧疾防遏規則」，同時發令「瘧疾防遏施行規則」，五月一日起實施。 ◎11.20 苗栗羅福星組織「中國革命黨臺灣支部」，事發後，被檢舉者 921 人，被起訴者 220 餘人，被處死刑者 20 人。
1914 年 蔣23歲 賴21歲 吳 8 歲	**蔣渭水**： ◎在校內發動國民捐，支持中國革命。 **賴和**： ◎清理昔日漢詩作品。畢業前漢詩作品，亦多記註日月。 ◎4.15 醫學校畢業，於同期 31 位畢業生中名列 15，留在臺北實習一段期間。同期畢業者尚有杜聰明、翁俊明等。 ◎12.至嘉義醫院就職。 ◎與詹阿川加入臺大醫專成立僅第二年的「礦溪會」為會員。	**賴和**： ◎漢詩〈記小逸堂諸窗友〉。	◎4.1 林芳年生於臺南佳里。 ◎8.25 呂赫若生於臺中潭子（1914～1950）。	◎2.16 為 1913 年 11 月苗栗羅福星抗日事件設臨時法院，羅福星被判死刑，其他百餘人被判徒刑。此案稱為「苗栗抗日革命事件」。 ◎3.9 臺北廳組織風俗改良會，改革辮髮、纏足、鴉片等惡習。 ◎5.2「臺灣傳染病預防令」公布施行。 ◎7.28 第一次世界大戰爆發。 ◎12.20 板垣退助伯爵來臺倡「同化會」。
1915 年 蔣24歲 賴22歲 吳 9 歲	**蔣渭水**： ◎醫學校畢業，總平均第二名。 ◎就職於宜蘭醫院內科。 **賴和**： ◎11.13 與西勢仔庄王浦先生四女王氏草結婚。		◎陳遜仁生於臺中（1915～1940）。 ◎甘文芳、石錫勳於彰化第一公學校二年制第二回畢業。 ◎12.15 鍾理和生於屏東。	◎2.26 總督府命令解散「臺灣同化會」。 ◎3.26 結核療養所「錫口養生院」落成，設於臺北七星區內湖庄內，為臺灣第一所結核專門醫院。 ◎3.高木友枝自臺北醫學校退職，堀內次雄繼任為第三任校長。

	◎在嘉義醫院仍擔任筆生（抄寫員）和通譯（翻譯）工作。 **吳新榮：** ◎4.1 入學臺南州將軍庄漚汪公學校。		◎8.3 余清芳、江定與羅俊謀起事於西來庵，事洩，余、江逃入山，戰死民眾無數，是爲「噍吧哖事件」或「西來庵事件」。
1916 年 蔣 25 歲 賴 23 歲 吳 10 歲 王 1 歲	**蔣渭水：** ◎在臺北大稻埕開設大安醫院。 **賴和：** ◎受到不合理待遇，與嘉義醫院院長、主任意見衝突。 **王昶雄：** ◎出生於臺北縣淡水鎮九坎街四十二番地（今重建街二十號）。本名王榮生。		◎陳瑞榮生於臺中。	◎1.公布「臺灣醫師令」及「臺灣齒科醫師令」。 ◎7.3「噍吧哖事件」江定等 37 人被判死刑。 ◎蔣渭水在臺北太平町（今延平北路）開設「大安醫院」，其醫院後來成了「非武裝抗日民族運動」的大本營。
1917 年 蔣 26 歲 賴 24 歲 吳 11 歲 王 2 歲	**蔣渭水：** ◎經營春風得意樓，並兼營甘泉老紅酒。 **賴和：** ◎6.返回彰化開設賴和醫院。 ◎是年開始發表漢詩作品，最早是發表漢詩鐘；目前可見資料最早發表的漢詩是〈項羽〉（《臺灣日日新報》6127 號）。	**賴和：** ◎漢詩〈中秋環翠樓小集〉、〈環翠環送別〉等。		
1918 年 蔣 27 歲 賴 25 歲 吳 12 歲 王 3 歲	**賴和：** ◎賴和捐金玖圓予彰化「崇文社」作爲事務費。 ◎1.1 長男志宏出生，1.22 去世。 ◎2.25 渡海前往廈門鼓浪嶼。2.月起以醫員身分在博愛醫院任職。 ◎7.14 據《臺灣日日新報》6487 號「彰化特訊」云：「後起之秀，	**賴和：** ◎漢詩〈去國吟〉、〈元夜渡黑水洋〉、〈端午寄肖白先生〉、〈中秋寄在臺譜舊識〉、〈同七律八首〉……等。	◎王白淵，謝春木入學臺北國語師範學校。 ◎朱點人公學校畢業，進入臺北醫學專門學校當僱員。	◎2.26 舉行鼠疫平息慶祝會。全臺鼠疫施虐長達 22 年，其間發生患者 3 萬餘人，死亡 2 萬 4 千餘人，其中臺北患者 6602 人，死亡 5762 人。嘉義廳撲仔腳支廳地區蔓延最嚴重，受害最深。 ◎4.2 公布「臺灣總督府醫學專門學校醫學專門部規程」，於醫學校內增設醫學專門部，規定以養成日籍男醫師爲目的，修業年限爲四年。 ◎5.六三法撤廢，期成同盟會於東京成立。

	彰化騷雅場中，諸青年輩，堪旗鼓相當者頗有其人。……若王敏川錫舟，王麗水蘭生、吳上花仲簪、及轉廈門之賴和等，則頗爲老前輩所期待云。」		◎6.11「臺灣總督府醫學校規則」公布，主旨是在醫學校內設置熱帶醫學專攻科。 ◎6.24「臺灣總督府醫學校官制改造」公布，設置醫學專門部，專收日本人。 ◎7.「臺灣齒科醫師令施行規則」公布。 ◎10.臺灣蔡惠如等與大陸馬伯援等人在東京組「聲應會」，欲加強中、韓、臺關係，推翻異族統治。 ◎美國總統威爾遜發表十四條和平宣言。 ◎11.11 第一次大戰結束。
1919年 蔣28歲 賴26歲 吳13歲 王4歲	賴和： ◎7.退職返臺回彰化行醫。 吳新榮： ◎父吳萱草在臺南與丁瑤池、李順德等組永義芳糖店，又與吳乃占及日人清得等合設布商丸吳服店。二、三年後，永義芳及布商丸吳服店皆告歇業，吳萱草之資本化爲烏有。 ◎臺灣總督府商業專門學校於臺南市創立。	賴和： ◎漢詩〈別廈門〉、〈歸去來〉……等。		◎1.4「臺灣教育令」公布。 ◎3.1 朝鮮三一獨立運動。 ◎4.1「醫學專門學部規則」部分修正，惟規則中的醫學校爲配合「臺灣教育令」公布，改稱爲「醫學專門學校」。 ◎5.4 五四運動。 ◎10.29 男爵田健治郎任第八任臺灣總督，爲首任文官總督。 ◎12.霍亂大流行，蔓延臺北、臺南、澎湖諸島各地；據12月末調查患者 3836 人，死者 2693 人，死亡率 70.2%；尤以臺北廳最嚴重。
1920年 蔣29歲 賴27歲 吳14歲 王5歲	賴和： ◎4.16 次男志煜出生，8.28 去世。曾作〈死了的志煜兒〉與〈懶病〉等詩感慨此事。	賴和： ◎漢詩〈申酉歲晚書懷〉等。	◎7.陳炘發表〈文學與職務〉(《臺灣青年》創刊號)。 ◎11.連雅堂著《臺灣通史》上冊出版。 ◎周金波生於基隆。	◎1.11「聲應會」改組爲「啓發會」，旋組織「新民會」，會員百餘人，林獻堂、蔡惠如分任正副會長。成爲臺灣民族運動的指導團體。 ◎1.留日學生組「臺灣青年會」。籌備「臺灣青年雜誌」發刊、臺灣議會設置請願等臺灣民族解放運動的開展。 ◎7.16「新民會」發刊機關雜誌《臺灣青年》(1920.4.10改稱《臺灣》，1930.2.15 停刊，凡 19 期。) 即後來《臺灣民報》(週刊)《臺灣新民報》(日刊) 之前身，成爲臺灣民族運動重要的言論機關。

				◎9.臺灣總督府醫學專門學校設熱帶醫學專攻科（修業一年）。 ◎10.1 全島第一次國勢調查（戶口普查），發表統計的當時人口總數為 3655308 人，比 1905 年臨時戶口調查時增加 615000 人。
1921 年 蔣 30 歲 賴 28 歲 吳 15 歲 王 6 歲 詹 1 歲	蔣渭水： ◎重燃「政治熱」，參與「臺灣議會請願運動。」 ◎10.17 創立「臺灣文化協會」。 賴和： ◎捐款陸拾圓予彰化「崇文社」作為事務費。 ◎2.參與「臺灣議會設置請願運動」。 ◎南社十五週年，寫白話文祝賀詞。 ◎賴和小逸堂的塾師黃倬其逝世。 ◎10.17 加入「臺灣文化協會」，並當選理事。 吳新榮： ◎畢業於臺南州將軍庄漚汪公學校。 詹冰： ◎7.8 生於卓蘭鎮，本名詹益川。	蔣渭水： ◎〈臨床講義〉（《臺灣文化協會會報》1 期）。 賴和： ◎漢詩〈會飲於文苑世兄宅〉等。	◎甘文芳發表〈實社會與文學〉（《臺灣青年》3 卷 3 號）。 ◎楊千鶴生於臺北。	◎2.第一次議會設置請願書提出日本帝國議會。 ◎3.15 臺灣總督府委任立法權（即六三法），日本帝國議會通過。 ◎10.17「臺灣文化協會」於臺北大稻埕靜修女學校舉行創立大會，揭櫫「以助長臺灣文化之發達為目的」。參加會員有不少醫學校畢業生和在校生，「臺北醫學專門學校」校長堀內次雄也參加成立大會。 ◎10.21 杜聰明受任臺灣總督府醫學專門學校助教授兼臺灣總督府中央研究所技師，敍高等官七等，杜聰明是臺灣人任「高等官」第三人，前二人為臺南高等學校教授林茂生，臺灣總督府翻譯官蔡伯毅。 ◎11.28「臺灣文化協會」發行《會報》。
1922 年 蔣 31 歲 賴 29 歲 吳 16 歲 王 7 歲 詹 2 歲	蔣渭水： ◎12.發表〈動搖時代の臺灣〉。 ◎擬開設文化義塾，被禁。 ◎組織「新臺灣聯盟」，為臺灣最早的政治結社。 賴和： ◎1.18 三男燊出生。 ◎鼓勵五弟賢穎赴廈門入集美學校，後入北京大學英文系。 ◎「彰化同志青年	賴和： ◎2.漢詩〈阿粲彌月喜作〉。 ◎6.賴和應徵《臺灣》第一回徵詩，詩題〈劉銘傳〉兩首，分別獲得第二名及第十三名。 ◎漢詩〈壬戌元旦試筆〉等。 ◎10.漢詩〈秋日登高感懷四首〉、〈懷友〉（《臺灣》3 卷 8 號）。	◎1.陳端明發表〈日用文鼓吹論〉（《臺灣青年》4 卷 1 號）。 ◎4.《臺灣青年》改稱《臺灣》，中日文稿兼收。 ◎陳千武生於南投名間。 ◎7.10 追風（謝春木）發表第一篇臺灣新文學日文小說〈她要往何處去〉（《臺灣》3 卷 4 號-7 號）。	◎1.28 北京臺灣留學生范本梁等創立「北京臺灣青年會」，與文化協會遙相呼應。 ◎2.16 公布改正「臺灣教育令」，以與日本人共學為原則。 ◎4.1 杜聰明昇任臺灣總督府臺北醫學專門學校教授。 ◎7.15 日本共產黨非法結社。 ◎10.17 政治結社「新臺灣聯盟」成立，選石煥長為負責人。 ◎12.16 杜聰明獲得日本京都帝國大學醫學博士，此項殊榮是「臺灣第一位醫學博

	會」改爲幹事制，賴和擔任委員。 ◎10.17 加入蔣渭水發起的「新臺灣聯盟」。 **吳新榮：** ◎就讀臺灣總督府商業專門學校。 ◎初期的思想萌芽，受該校英語科教授林茂生影響最大。 ◎常與同學鐘濱往關帝廟聆聽「臺灣文化協會」舉辦之文化講座。 ◎臺灣受歐戰後經濟恐慌波及，家道暫告中落。吳萱草隻身前往屏東糖廠農場包辦採蔗。	◎12.漢詩〈秋日登高偶感〉（《臺灣》3 卷 9 號）。		士」、「臺灣第一位博士」，也是日本明治維新以來第955 號醫學博士，「授與外國人醫學博士」的第一人。
1923 年 蔣 32 歲 賴 30 歲 吳 17 歲 王 8 歲 詹 3 歲	**蔣渭水：** ◎1.16「臺灣議會期成同盟會」向臺灣總督府提出結社申請，蔣氏、賴氏均列名其中，遭禁後，2.16在東京重建。 ◎因歡迎日本太子所持旗子被日警檢束，成爲「我臺人爲公事受拘引」的第一人。 ◎2.發表〈廣義の衛生講話〉。 ◎爲《臺灣民報》取締役。 ◎7.23 蔣渭水、連溫卿等人以「新臺灣聯盟」爲基礎，創立「社會問題研究會」。發表旨趣書，被罰四十金。 ◎12.16「治警事件」，49 人被捕入獄，50 人受傳訊，全臺風聲鶴唳。	**賴和：** ◎1.漢詩〈文天祥〉（《臺灣》4 卷 1 號）、漢詩〈癸亥元旦試筆〉、〈元旦小集各賦書懷一手不拘體韻〉、〈賀年詩〉、〈大人五十一生日奉詩稱慶〉等。 ◎4.〈最新聲律啟蒙〉（《臺灣》4 卷 4 號）。 ◎5.漢詩〈三十生日〉。 ◎9.嘗試小說創作〈僧寮閒話〉，本篇爲目前可尋獲之賴和最早作品。 ◎11.古文〈小逸堂記〉，紀念已逝世的塾師黃倬其。 ◎12.漢詩〈囚繫臺中銀水殿〉、〈囚出聞吳小魯怡	◎1.1 黃呈聰發表〈論普及白話文的使命〉（《臺灣》4 卷 1 號）。黃朝琴發表〈漢文改革論〉（《臺灣》4 卷 1～2 號）主張採用白話文。 ◎4.15 爲普及白話文，另刊《臺灣民報》，黃呈聰爲發行人，林呈祿爲主編。 《臺灣》雜誌社爲普及白話文，在臺南設「白話文研究會」。 ◎11.11《臺灣民報》自 1930.3.29，306 號改爲《臺灣新民報》，1941.2.11 改稱「興南新聞」原月刊後改周刊、後日刊，1944.3.27 停刊。	◎臺北文協率先舉辦各種講習會。 ◎1.8 總督府施行「治安警察法」。 ◎8.13「臺北青年會」以治安警察法被禁止結社。 ◎9.1 關東大地震。 ◎10.12 留滬學生張我軍、陳虛谷、張梗、許乃昌等人創立「上海臺灣青年會」。 ◎12.「治警事件」發生。

	蔣氏第一次被拘留在臺北監獄 64 天。 **賴和：** ◎7.賴和所屬的「彰化青年同志會」舉辦第一次留學生文化講演團在臺首次講演。 ◎8.官方以「阿片取締細則」告發賴和，後裁決無罪。 ◎12.16 因「治警事件」入獄，剛開始被囚於臺中銀水殿，之後轉繫臺北監獄。於獄中申請看《噫！無情》、《紅淚影記》等小說。 **王昶雄：** ◎就讀於淡水公學校。	園籠鶴〉、〈繫臺北監獄〉、〈出獄作〉、〈出獄歸家〉等。		
1924 年 蔣 33 歲 賴 31 歲 吳 18 歲 王 9 歲 詹 4 歲	**蔣渭水：** ◎1.1〈希望島人教員的猛省〉。 ◎2.11〈促內地人教員的猛省〉、〈宜急賑救南部農民〉、〈生女爲娼妓生男爲嫖客〉。 ◎4.11〈臺灣議會之起訴事件〉。 ◎4.21〈臺灣之獅子狩〉。 ◎5.11〈獵師和獵犬的會話〉。 ◎6.11〈駐美公使之愚論〉。 ◎8.1〈大阪朝日之論調〉、〈新領土參政權調查機關的提議〉。 ◎8.11〈現內閣的對付思想方針〉。 ◎9.11〈社會惡化的原因〉。 ◎9.21〈反對建設臺灣大學〉、〈隨感	**蔣渭水：** ◎2.21〈快入來辭〉。 ◎3.21〈送王君入監獄序〉。 ◎5.11〈入獄感想〉。 ◎6.11〈獄中夢〉、〈獄歌行〉。 ◎4.11-7.21〈入獄日記〉。 ※以上皆刊登《臺灣民報》。 **賴和：** ◎漢詩〈留鬚〉、〈近日心思紛然向在獄中毫無思慮鎮日安泰猶覺可憐〉、〈自愧〉、〈書憤四首〉……等。 ◎漢詩〈論詩〉，將詩的本質以及創作過程中的各種不同的心境一一道來。	◎7.10 追風（謝春木）發表第一篇臺灣新文學日文新詩〈詩的模仿〉（《臺灣》5 卷 1 號）。 ◎4.21 北京留學生張我軍在《臺灣民報》相繼發表〈致臺灣青年的一封信〉、〈糟糕的臺灣文學界〉等，一連串文章介紹中國新文學運動及轟擊舊詩人，遂引起持續一年多的新舊文學論戰。 ◎9.11－11.11 張梗〈討論舊小說的改革問題〉（《臺灣民報》2卷，17-23 號）。	◎臺北文協不受「治警事件」影響，續辦 44 次通俗演講。 ◎7.3「臺灣文化協會」於臺北、臺中、臺南三地同時舉行「全島無力者大會」，對抗御用團體臺灣公益會所舉行之「全島有力者大會」。 ◎8.18 被日方以違犯治安警察法起訴之蔣渭水等 15 人，經地方法院判決無罪，然竟被檢察官控制蔣渭水、蔡培火禁錮 4 個月，陳逢源等 6 人處囚 2 個月，林篤勳等 7 人罰款百元。 ◎8.18「東京臺灣青年會」主持第二次文化講演團歸臺。

錄〉、〈臺灣的政治教育應該著一新了〉。	◎漢詩〈阿芙蓉〉（《臺灣民報》2 卷 23 號）。		
◎10.1〈日本總選舉的腐敗〉。			
◎10.11〈對新總督的希望〉。			
◎6.11～10.21〈婦女衛生〉。			
◎10.21〈臺灣官界發生低氣壓了〉、〈喪心落膽的官界〉。			
◎11.1〈這句話非同小可〉。			
◎11.21〈急宜撤廢取締學術講習會的惡法〉。			
◎12.1〈可惡之極的北署之態度〉。			
※以上皆刊登《臺灣民報》。			
◎蔣氏被視爲臺北師範事件幕後煽動者。			
◎當上《民報》「褓姆」。			
◎3.1 日本政府以違犯「治安警察法」起訴「臺灣議會期成同盟會」會員蔣渭水等十五人。			
賴和：			
◎1.7 以不起訴處分，賴和出獄。			
◎任「臺灣文化協會」理事。			
◎6.17「臺灣文化協會彰化支部」成立附設讀報社及施行實費診療，賴和與彰化十一位醫生擔任特約醫生。			
◎11.8 於「臺灣文化協會彰化支部」通俗學術演講〈對人的幾個疑問〉。			

	◎12.16成立治警事件「同獄會」，於臺北、彰化、臺南同時召開。 吳新榮： ◎修畢商業專門學校預科。 ◎叔父吳丙丁畢業於臺北醫學專門學校，後於佳里開設佳里醫院。 ◎父吳萱草與王大俊倡組全郡性的詩社：「白鷗吟社」。			
1925年 蔣34歲 賴32歲 吳19歲 王10歲 詹5歲	蔣渭水： ◎出獄後，致力於《民報》五週年的特刊號準備，一年中，《民報》銷路由三千五百冊，增為一萬冊。 賴和： ◎任「臺灣文化協會」理事。 ◎2.與陳虛谷等人成立「流連思索俱樂部」。 ◎4.作孫逸仙先生追悼會輓聯、輓詞。 ◎5.7 前往「臺灣文化協會斗六支部」演講〈長生術〉。 ◎9.23 至大甲出席第八回文化演講會，講題〈修己律〉。 ◎10.17 出席召開臺中林姓宗祠之文化協會總會，代表彰化支部報告會務。 ◎11.7 前往斗六農村講演會演講。 吳新榮： ◎因臺灣總督府商業專門學校將裁撤，升入本科不久，即負笈日本，以習醫為志。	蔣渭水： ◎1.1-2.1〈晨鐘暮鼓〉 ◎2.1〈入獄賦〉、〈春日集監獄署序〉、〈牢舍銘〉。 ◎7.1-7.26〈獄中隨筆〉。 ◎8.26〈五個年中的我〉。 ※以上皆刊登《臺灣民報》。 賴和： ◎8.發表第一篇隨筆〈無題〉及〈答覆臺灣民報特設五問〉(《臺灣民報》67號)。 ◎12.發表第一首新詩〈覺悟下的犧牲〉(《臺灣民報》84號)。 漢詩〈重過嘉義〉、〈嘉義公園〉……等漢詩。	◎3.11楊雲萍、江夢筆於臺北創刊第一本白話文文學雜誌《人人》，發行2期。 ◎葉石濤生於臺南。 ◎王詩琅、王萬得組成「臺灣黑色青年聯盟」。 ◎11.29 魯迅《阿Q正傳》(《臺灣民報》81-91號轉載)。 ◎12.張我軍自費出版臺灣第一本新詩集《亂都之戀》。	◎3.12孫中山先生逝世。 ◎4.「臺灣文化協會」於臺北舉行孫中山先生追悼會，兩千餘人參加，被日警禁止。 ◎3.「臺灣總督府結核療養所官制」公布；錫口養生院改稱松山療養所。 ◎10.23 發生臺灣第一件農民運動——彰化蔗農「二林事件」。

	◎於岡山市近郊之金川中學完成中學課程。 **詹冰：** ◎考入臺中州立臺中一中（五年制）。		
1926年 蔣35歲 賴33歲 吳20歲 王11歲 詹6歲	**蔣渭水：** ◎9.29 與文協人員籌商組織政治結社。 ◎開辦「文化書局」，努力從「中國名著」與「日本勞農諸書」爲臺灣政治社會運動尋找出路。 ◎發表〈今年要做什麼〉，呼籲同胞共同來掃除「偶像」。 ◎11.發表〈左右傾辯〉，指出「我們應取的態度」。 **賴和：** ◎1.16 新文學運動理論健將張我軍前來彰化拜訪賴和。 ◎4.13 閩江中學堂許紹瑞及其夫人於彰化戲園演講，賴和亦出席演講。 ◎5.15、16 和陳虛谷至霧峰萊園出席文化協會理事會。 ◎8.23 與吳石麟發起「政談演說會」。 ◎11.17「臺灣文化協會」改組委員會於霧峰召開。 ◎12.16 與林篤勳、許嘉種，以及文化協會支部會員舉行「治警事件紀念遠足會」，前往線西。 ◎是年以後，賴和主持《臺灣民報》文藝欄。	**賴和：** ◎1.1 發表第一篇白話小說〈鬥鬧熱〉（《臺灣民報》86號），及〈答臺灣民報設問〉（《臺灣民報》86號）。 ◎〈讀臺日紙的「新舊文學之比較」〉（《臺灣民報》89號）。 ◎2.小說〈一桿「稱仔」〉（《臺灣民報》92-93號）。 ◎3.〈謹復某老先生〉（《臺灣民報》97號）。	◎1.1 楊雲萍發表小說〈光臨〉（《臺灣民報》86號）、〈黃昏的蔗園〉（《臺灣民報》124號）。 ◎12.張深切在廣東組織「廣東臺灣革命青年團」。	◎1.20《臺灣漢醫藥新報》創刊，發行人顏木養，編輯人黃金水，雜誌發行所在高雄州鳳山郡鳳山街。 ◎6.「臺灣農民組合」成立於鳳山。 ◎12.23「臺灣無產青年會」於臺北成立。

1927 年 蔣36歲 賴34歲 吳21歲 王12歲 詹7歲	**蔣渭水：** ◎致力於新政治結社的成立：臺灣自治會——臺灣同盟會——解放協會——臺政革新會——臺灣民黨。 ◎提出民眾黨「綱領說明及對於階級問題的態度」兩個重要提案。 ◎發表〈今年之口號〉一文，提出「同胞須團結，團結真有力」的口號。 ◎5.發表〈以農工階級為基礎的民族運動〉，確定「我們應走的路線」。 ◎7.2 臺灣民眾黨於被禁。 ◎7.10「臺灣民眾黨」正式成立，蔣氏為中常委、財政部主任。 **賴和：** ◎1.3「臺灣文化協會」於臺中召開臨時總會，左右兩派分裂，賴和任新文協臨時中央委員。 ◎4.5「新生學會」成立，賴和為發起人之一（同為發起者：陳炘、吳蘅秋、陳虛谷、莊垂勝、陳紹馨、高天成、楊肇嘉、張煥珪、連震東、楊友濂等26人）。 ◎5.29 賴和任「臺灣民眾黨」臨時委員。 ◎7.任「臺灣民眾黨」幹事。 ◎8.31 賴和與林篤勳、許嘉種、楊家城等民眾黨員發起政壇演說會。	**賴和：** ◎1.〈忘不了的過年〉（《臺灣民報》130號）。 ◎7.〈對臺中一中罷學問題的批判〉（《臺灣民報》165號）。 ◎小說〈補大人〉（《新生》第一集）。 **吳新榮：** ◎日文散文：〈友よ爭鬥の奔流を睥睨あれ〉。 ◎漢詩：〈偶成〉（七言四句）、〈仲秋有感〉（七言四句）、〈初至關門〉（七言四句）、〈金川有感〉（七言四句）、〈金川雪夕〉（七言四句）。 ※以上皆刊登《秀芳》30期，4月。 ◎4.29 漢詩：〈題中山全集〉（六言四句）。	◎2.5 詩人楊華因違犯治安維持法入獄，寫成《黑潮集》53首小詩。	◎文協正式分裂，蔣氏被新文協視為欲打倒的對象。 ◎留日學生許乃昌、楊雲萍、楊貴等人在東京組織「社會科學研究部」。 ◎4.臺中一中罷課。 ◎5.臺灣總督府醫學專門學校改稱「臺北醫學專門學校」。 ◎6.23「臺灣民眾黨」呈請准許政治結社。 ◎7.10「臺灣民眾黨」於臺中正式成立。 ◎12.4 第一回合全島農民組合召開大會於臺中。

	◎10.17 新文協召開第一次全島代表大會。 **吳新榮：** ◎春，畢業於日本金川中學。 **詹冰：** ◎入卓蘭公學校。			
1928 年 蔣 37 歲 賴 35 歲 吳 22 歲 王 13 歲 詹 8 歲	**蔣渭水：** ◎發表〈我理想中的民眾黨〉、〈臺灣民眾黨的指導原理與工作〉、〈請大家合力來建設一個堅固有力的黨〉、〈臺灣民眾黨的特質〉、〈臺灣民眾黨行階級運動有矛盾嗎〉、〈民眾第一主義〉諸文，並草擬民眾黨二次大會宣言，確立民眾黨指導原理。 ◎「臺灣工友總聯盟」成立，組織係以「南京總工會」為藍本。蔣氏兼各工友會及農民協會顧問。 **賴和：** ◎3.9 民眾黨彰化支部舉辦自治制度改革政談演說會，賴和演講〈我們的政治要求〉。 ◎3.25「株式會社大眾時報社」成立，賴和任監查役（監事）。 ◎4.15 新文協臺中總工會成立，四弟賴通堯是主要役員之一。 ◎賴和為楊逵、葉陶於居家附近賃屋居住。 ◎9.王敏川因臺南墓地轉移事件被拘捕。	**賴和：** ◎1.小說〈不如意的過年〉（《臺灣民報》189號）。 ◎5.隨筆〈前進〉（《臺灣大眾時報》創刊號）。 ◎7、8.隨筆〈無聊的回憶〉（《臺灣民報》，218-222號）。	**賴和：** ◎4.陳虛谷〈他發財了〉（《臺灣民報》202-204號、4.）、〈無處申冤〉（《臺灣民報》213-216號、6.）。 ◎楊雲萍〈秋菊的半生〉（《臺灣民報》217號、7.）。	◎民眾黨成立全島巡迴演講隊。 ◎2.倡無政府主義的「臺灣黑色青年聯盟」成員被捕。 ◎2.11 臺灣農民組合成立臺中州聯合會。 ◎3.15 日本共產黨大檢舉（三一五事件）。 ◎12.臺灣總督府以律令第三號公布臺灣新鴉片令。即鴉片吸食新特許。翌年，臺灣民眾黨烈抗議，要求停止發給新牌照，申言鴉片之毒害。 ◎4.15 臺灣共產黨於上海租借成立。隸屬日共臺灣民族支部。 ◎7.7 總督府為取締思想犯，設高等警察。

	◎吳慶堂因「黑色青年聯盟」事件受牽連而入獄，遭拘約一年，患腳氣病垂死，因賴和的治療而好轉。 **吳新榮：** ◎考入東京醫學專門學校。倡組「拾仁會」，並參加東醫南瀛同鄉會及東京里門。籌辦《蒼海》、《南瀛會話》及《里門會誌》，編寫幾乎一手包辦。 ◎喬居東京期間，嘗與大陸留學生往來，亦常至神田中華會館看書、買書。曾購得孫中山先生遺像及一幅中華民國全國地圖；後又購得《孫中山全集》兩卷。 ◎擔任「臺灣青年會」最後一任幹事。 ◎與楊雲萍相識於東京。			
1929年 蔣38歲 賴36歲 吳23歲 王14歲 詹9歲	**蔣渭水：** ◎派代表參加孫中山先生的奉安大典。 ◎發表〈中國國民黨的歷史〉長文。 ◎開始領導反對阿片新特許運動。 **賴和：** ◎1.27 賴和任《臺灣新民報》相談役。 ◎4.28《大眾時報》重要幹部於林碧梧宅開會，並討論新文協改革事項。	**吳新榮：** ◎日文詩：〈嚮往〉、〈思慕〉、〈再見在室的你〉、〈給年輕的詩人〉、〈巨人〉。 ◎華語散文：〈敗北〉。 ※以上皆刊登《蒼海》創刊號，11月。	◎4.21 楊守愚〈凶年不免於死亡〉（《臺灣民報》251-259號）。	◎1.「鴉片令」改正，爲對癮者漸漸治療以達根本戒除，年底開始調查全臺原毒癮者，並對申請特准抽吸者25525人加以列管。 ◎1.9 當局在彰化、員林兩地設立業佃親睦機關「興農倡和會」以抗農組。 ◎1.10文協中委與農民組合合流並擴大活動，被日警檢舉。 ◎4.16日本第二次共產黨大檢舉（四一六事件）。 ◎5.20臺灣新文化運動領導人蔡惠如（鐵生）病逝，享年49。 ◎10.矢內原忠雄《帝國主義下の臺灣》由日本岩波出版。

	◎11.3 新文協於彰化街彰化座召開第三回全島代表大會，楊老居擔任議長，賴和擔任副議長，此次會議中，連溫卿遭除名。 **吳新榮：** ◎4.16 擔任臺灣青年會委員，受日共「四一六事件」牽累，被禁於淀橋警察署，至5.5出獄，凡29日。前此日記全部被沒收，誓不再寫日記。 **王昶雄：** ◎郁文館中學畢業，考入日本大學文學系。		
1930年 蔣39歲 賴37歲 吳24歲 王15歲 詹10歲	**蔣渭水：** ◎「自聯」成立，其成員為民眾黨除名。 ◎揭露霧社事件真相。 ◎發表〈臺灣民眾黨今後的重要工作〉，指出「利權運動家」為民眾黨的敵人。 ◎發表〈十年後的解放運動〉，指出「懦弱的饒舌家」與「墮落指導者」終將被「篩落」。 **賴和：** ◎8.《臺灣戰線》發行，賴和是創刊之一。 ◎8.賴和被聘為《臺灣新民報》客員（同為客員者：黃朝琴、陳逢源、陳虛谷、林佛樹）。 ◎9.參與《現代生活》的創刊。	**賴和：** ◎1.小說〈蛇先生〉（《臺灣新民報》294-296號）。 ◎5.小說〈彫古董〉（《臺灣民報》312-314號）。 ◎7.16 隨筆〈希望我們的喇叭手吹奏激勵民眾的進行曲〉（《臺灣新民報》322號）。 ◎9. 新詩〈流離曲〉（《臺灣新民報》329-331號）。 ◎10. 小說〈棋盤邊〉及隨筆〈開頭我們要明瞭地聲明〉（《現代生活》創刊號）。 ◎11.29 新詩〈生與死〉《臺灣新民報》341號）。	◎1.楊守愚〈醉〉（《臺灣民報》294號）。 ◎6.21 陳兩家、江森鈍等《伍人報》創刊，15期後改稱《工農先鋒》，後與合刊，改稱為《新臺灣戰線》。 ◎《臺灣戰線》由楊克培、郭德金、謝雪紅、賴和等創刊，發行4期，全部被禁止刊行。 ◎勞動互助社創刊《明日》，發行6期，被禁3期。 ◎8.謝春木、白成枝等創刊《洪水報》，發行10期。 ◎8.2《臺灣新民報》自324號起，增闢新詩專欄「曙光」，由賴和主編。	◎2.19「國際聯盟鴉片調查委員會」來臺，調查臺灣鴉片政策及禁煙執行情形；此行乃因「臺灣民眾黨」致電國際聯盟，控訴臺灣總督府禁煙不力有以致之。 ◎10.因經濟不景氣，老百姓生活困難，各地要求醫藥減價之聲浪甚高。 ◎10.27 南投霧社原住民抗日，日軍派機投炸彈、毒瓦斯，慘無人道。世稱「霧社事件」。 ◎11.1 嘉南大圳徵收水租及特別水租，農民不勝負荷。 ◎12.14 彰化臺灣人醫師會上總督〈禁阿片建議書〉。

	◎弟賢穎入北京大學西洋文學系英文組就讀。 ◎11.1 新文協彰化支部舉辦「打倒反動團體鬥爭委員會全島巡迴演講會」，賴和醫院遭日警搜查。 ◎12.14 彰化臺灣人醫師會上總督〈禁阿片建議書〉。	◎12.新詩〈新樂府〉《臺灣新民報》343 號）。 **吳新榮：** ◎日文散文：〈創刊辭〉、〈醫生碑便便咧！〉。 ◎華語詩：〈這是什麼情〉、〈兩腳獸〉。 ◎臺語詩：〈阿母啊〉。 ◎日文詩：〈懊惱〉、〈悲歌〉、〈怨詞〉、〈懺悔〉、〈更生〉等。 ◎日文小說：〈女性に告ぐ〉。 ◎〈WOHIN？〉。 ※以上皆刊登《南瀛會誌》創刊號，2.10。 ◎日文散文：〈郊外四景〉、〈憶亡妹〉、〈醫業國營論〉、〈醫藥分離論〉、〈產兒限制論〉。 ◎日文詩〈無題〉、〈疑〉、〈春－贈鳳嬌〉、〈新生之力〉、〈誰之罪〉、〈鬱金香－Tulip〉。 ◎漢詩：〈探妹墓〉（七言四句）。 ◎臺語詩：〈不但啦也要啦〉。 ※以上皆刊登《南瀛》2 號，8.26。 ◎日文詩：〈玉蘭花〉（《東醫校誌》，不詳）。 ◎臺語詩：〈霧社出草歌〉（唱山歌調）。	◎8.16 黃石輝〈怎樣不提倡鄉土文學〉發表於《伍人報》，主張用臺灣話寫作，掀起鄉土文學論爭。 ◎10.賴和、許乃昌、黃呈聰等人創刊《現代生活》。 ◎10.陳虛谷〈放炮〉《臺灣新民報》336-338 號）。	

| 1931 年
蔣 40 歲
賴 38 歲
吳 25 歲
王 16 歲
詹 11 歲 | 蔣渭水：
◎2.「臺灣民眾黨」被取締禁止結社解散。
◎民眾黨遭解放後，致力於三角聯盟的大眾運動，並續開大眾講座。參與理論辯論，被戴上「蔣家店」的帽子。
◎8.5 上午七時三十分病逝臺北醫院，享年四十歲又五個多月。
賴和：
◎1.任《臺灣新民報》相談役（顧問）客員兼學藝部編輯。
◎1.《新臺灣大眾時報》於東京創刊，賴和四弟賴通堯擔任發行人、編輯兼印刷人。
◎1.16 賴和出席臺灣民眾黨彰化支部黨員大會，擔任議長。
吳新榮：
◎經王烏硈之介紹，與元配毛雪芬初識於東京。 | 賴和：
◎小說〈辱 C〉、隨筆〈希望我們的喇叭手吹奏激勵民眾的進行曲〉、新詩〈農民謠〉（以上皆刊登《臺灣新民報》345 號）。
◎新詩〈滅亡〉（《臺灣新民報》347 號）。
◎3.小說〈浪漫外〉（《臺灣新民報》354-356 號）。
◎4、5.新詩〈南國哀歌〉（《臺灣新民報》361-362 號）。
◎5、6.小說〈可憐她死了〉（《臺灣新民報》363-366 號）。
◎6.新詩〈思兒〉（《臺灣新民報》370 號）。
◎10.新詩〈低氣壓的山頂〉（《臺灣新民報》388 號）。
◎10.24 新詩〈藝者〉（《臺灣新民報》87 號）。
◎11.新詩〈是時候了〉（《臺灣新民報》390 號）。
◎12.〈祝曉鐘的發刊〉（《曉鐘》創刊號）。
吳新榮：
◎華語詩：〈聖愛嗎！清愛嗎！〉。
◎日文詩：〈花園漫步〉。
◎日文散文：〈送畢業生諸兄〉、〈最後的話〉。 | ◎1.1 醒民〈整理歌謠的一個提議〉（《臺灣新民報》345 號）。
◎1.1～1.10 楊守愚〈過年〉（《臺灣新民報》345-346 號）。
◎1、2 朱點人〈島都〉（《臺灣新民報》400-403 號）。
◎2.28 蔡秋桐〈保正伯〉（《臺灣新民報》353 號）。
◎4.18-5.2 楊守愚〈一群失業的人〉（《臺灣新民報》360-362 號）。
◎6.20-7.18 張深切於《臺灣新民報》發表〈鐵窗隨想錄〉。
◎6.31 王詩琅、張維賢、別所孝二等臺日作家，於臺北組「臺灣文藝作家協會」。
◎8.發行中日文刊物：《臺灣文學》，凡 6 期。
◎7.郭秋生等人掀起臺灣白話文論戰。
◎留日臺灣醫學生（多為臺南州人）在東京組「南瀛同鄉會」，發刊文藝雜誌：《南瀛》。
◎10.蔡秋桐〈新興的悲哀〉（《臺灣新民報》387-389 號）。
◎11.7-21Y（楊守愚〈啊，稿費？〉（《臺灣新民報》389-391 號）。 | ◎杜聰明發表第一篇鴉片癮者調查統計報告於《臺灣醫學會雜誌》。
◎1.4 新文協於彰化召開第四屆代表大會，王敏川等 13 人當選中央委員。
◎3.24 總督府發動臺灣共產黨第二次大檢舉。 |

		※以上刊登《南瀛會誌》3期，6.27。	
		◎臺語詩：〈躍動〉、〈美人〉、〈故鄉的輓歌〉。	
		◎日文散文：〈東京時代〉。	
		◎日文評論：〈醫界二三題〉；漢詩〈天籟妙妙〉（七言四句）。	
		※以上刊登《里門會誌》創刊號，11.22。	
		◎日文詩：〈徬徨的亡靈〉（《東醫校誌》，不詳）。	
		◎日文散文：〈我的留學生活〉（《里門會誌》，不詳）。	
1932年 賴39歲 吳26歲 王17歲 詹12歲	賴和： ◎1.賴和與葉榮鐘、郭秋生、黃春成、賴和、張煥珪、陳逢源、張聘三、吳春霖、許文逵、莊遂性、周定山等人，創辦中文半月刊文藝雜誌《南音》，凡12期。 ◎1.賴和續任《臺灣新民報》相談役及客員。 ◎4.15擔任日刊《臺灣新民報》學藝欄客員（同爲客員者有林攀龍、陳虛谷、謝星樓）。 ◎5.19 楊逵的成名作〈新聞配達夫〉（〈送報伕〉）前篇，由賴和經手連載於《臺灣新民報》（19日~27日第451號止）。惟後半段遭日本當局腰斬。	賴和： ◎1.小說〈歸家〉（《南音》創刊號）。 ◎1.〈相思歌〉及隨筆〈紀念一個值得紀念的朋友〉（《臺灣新民報》396號）。 ◎1.小說〈豐作〉（《臺灣新民報》396-397號）。 ◎1~7.小說〈惹事〉（《南音》1卷2號、6號、9、10合刊號）。 ◎2.隨筆〈城〉（我們地方的故事）及〈臺灣話文的新字問題〉（《南音》1卷3號）。 ◎2.25 臺語詩〈多到新穀收〉。	◎2.1-2.22 赤子〈擦鞋匠〉（《南音》1卷3-4號）。 ◎3.20 留日學生蘇維熊、魏上春、張文環、王白淵、巫永福、施學習、曾石火、吳坤煌、楊基振等在東京組「臺灣藝術研究會」。7.15 發行日文文藝雜誌《福爾摩沙》，凡3期。 ◎3.26-4.9 陳賜文〈其山歌〉（《臺灣新民報》408-410號）。	◎4.新竹州、竹南農民組合支部於大湖掀起農民運動，日政府大力彈壓及檢舉。

	吳新榮： ◎東京醫學專門學校畢業。 ◎進入日本醫療同盟所開設之山本宣治紀念病院——五反田病院從事研究及實際醫療工作，時赴工廠地帶，近郊農村，及韓國人住宅區巡診。 ◎與元配毛雪芬結婚。 ◎於佳里鎮繼續經營叔父開設之佳里醫院。	吳新榮： ◎華語詩：〈獨愁〉。 ◎日文詩：〈贈書〉、〈雜詠〉、〈三月八日翌日－獻給最初的女性〉。 ◎日文論文：〈最高道德仁術之再檢討－論社會醫學〉。 ◎日文散文：〈東醫南瀛會諸兄，再見吧！〉、〈旅之語〉。 ※以上皆刊登《南瀛會誌》4期，9.1。 ◎日文詩：〈擺漿的喲掌舵的喲〉、〈結婚の言葉〉。		
1933年 賴40歲 吳27歲 王18歲 詹13歲	賴和： ◎11.「臺灣議會設置運動」最後一次請願，蔡培火主其事，北部由賴金圳、中部由洪元煌與賴和、南部由蔡培火分頭收集請願簽名書。 吳新榮： ◎9.4 恢復記日記。 ◎10.4 中秋，與郭水潭、鄭國津、徐清吉、莊培初、黃清澤、陳其和、葉向榮、陳長發等人聚談，決發起成立「佳里青風會」。 ◎10.5 起草青風會會則八章十九條，定該會宗旨為：「交換社會一般的智識，養成青年獨特的氣質；建設合理的文化生活；嚮導郡下的知識階級。」	吳新榮： ◎日文詩：〈最後的答禮〉。 ◎日文散文：〈一個村醫的記錄〉。 ※以上皆刊登《南瀛》5號，7月。 ◎日文詩：〈懷古－獻給阿姨〉。 ◎日文詩：〈羊群〉、〈弔青風〉。 ◎日文詩：〈五月的回憶〉(《臺灣新聞》，不詳）。 ◎日文評論：〈醫業公營的展望〉、〈佳里昇街祝賀號的感想〉。 ◎日文宣言：〈青風會宣言〉。	◎10.25 郭秋生、黃得時、廖漢臣等人在臺北成立「臺灣文藝協會」，其後發行機關刊物《先發部隊》、《第一線》各一期。	◎6.14 拓務省開重要會議，否決臺民所提之臺灣地方自治案，中川總督主張漸行主義，並對「臺灣議會設置請願」案，表示堅決反對。 ◎7.27「臺灣自治聯盟」舉行全臺大會於臺中，要求實行民選之地方自治。

			◎11.23 青風會最後一次集會，過半數表決通過而解散該會。
1934年 賴41歲 吳28歲 王19歲 詹14歲	**賴和：** ◎8.林獻堂來函邀請參加9.2在臺中召開的臺灣議會運動禁止問題，賴和未出席。 ◎10.與楊守愚具名發表〈喪禮婚禮改革的具體案〉、〈就迷信而言〉於《革新》（大溪革新會）。 **詹冰：** ◎卓蘭公學校畢業。	**賴和：** ◎12.小說〈善訟的人的故事〉（《臺灣文藝》2卷1號）。 **吳新榮：** ◎日文評論：〈被收買的文學－致郭天留〉（《臺灣新聞》文藝欄，10月）。 ◎日文詩：〈再起〉。	◎5.6「臺灣文藝聯盟」成立，公推賴和為委員長，固辭，改推張深切為委員長。（常務委員五人：賴和、張深切、賴慶、賴明強、何集璧人）。 ◎6.15 吳希聖〈豚〉（《福爾摩沙》3號）。 ◎7.朱點人〈紀念樹〉（《先發部隊》創刊號）。 ◎7.15「臺灣文藝協會」創辦中文文藝雜誌《先發部隊》，專題特輯:「臺灣新文學的出路探討」。 ◎10.楊逵〈送報伕〉入選東京《文學評論》徵文第二名（一等獎缺），成為第一位進軍日本文壇的臺籍作家。 ◎11.5「臺灣文藝聯盟」創刊《臺灣文藝》，兼收中、日文作品，出刊15期。	◎3.30公布臨時米移入調節法施於日本，為此臺灣遭受巨大虧損。 ◎5.13日人以府令第四十一號公布醫療所取締規則，對私立醫院之構造、設備、監督等作周備之規定。 ◎6.2 臺北帝國大學通過籌設醫學部案。 ◎7.16臺灣地方自治聯盟向日本新內閣提出統治意見書。
1935年 賴42歲 吳29歲 王20歲 詹15歲	**賴和：** ◎10.為李獻璋編的《臺灣民間文學集》寫序文。 ◎參加同仁雜誌於大稻埕高砂食堂舉行的文學座談會。 **吳新榮：** ◎5.6 郭水潭訪，計劃於27日邀郡內文學同好座談，或將相機成立「臺灣	**賴和：** ◎2.發表〈呆囝仔〉（《臺灣文藝》2卷2號）。 ◎7.發表〈日光下的旗幟〉（《臺灣文藝》2卷7號）。 ◎12.發表小說〈一個同志的批信〉（《臺灣新文學》創刊號）。	◎1.6「臺灣文藝協會」出版《第一線》雜誌，專題特輯：「臺灣民間故事」。 ◎1.朱點人〈蟬〉（《第一線》創刊號）。 ◎1.呂赫若〈牛車〉（《文學評論》2卷1號）。 ◎2.1 楊華〈一個勞儳者的死〉	◎10.10 臺灣總督府為慶祝其據臺「始政」40週年紀念，在臺北開臺灣大博覽會，盛況空前，歷50日。

文藝聯盟佳里支部。」 ◎5.26「臺灣文藝聯盟」本部張深切來函，洽佳里支部發會事宜。 ◎6.1「臺灣文藝聯盟佳里支部」發會式。到會支部員郭水潭、徐清吉、鄭國津、黃清澤、葉向榮、王登山、林精鏐、陳桃琴、黃平堅、曾對、郭維鐘、吳新榮等十二人。來賓有林茂生、王烏硈、石錫純、黃大賓、吳乃占、吳萱草、文藝聯盟本部張深切、葉陶，嘉義、臺南各地皆有代表參加。 ◎8.11 出席「臺灣文藝聯盟」第一回大會，被推爲選舉委員及宣言起草委員。午後推行文藝聯盟主辦之全臺文藝大會，復被推爲起草委員。此會中心議題有二：一爲「全臺藝術團體合同」，一爲「要求日刊報紙文藝面的解放」。 ◎11.16 楊逵來訪，集「文藝聯盟佳里支部」員座談，討論臺灣新文學社創立之是非。 王昶雄： ◎1.加入日本隔月刊《青鳥》雜誌爲同仁。	吳新榮： ◎日文詩：〈故鄉〉、故鄉和春祭－河・村莊・春之祭〉（《臺灣文藝》2 卷 8、9合刊號，6.10）。 ◎〈公路〉（《臺灣新聞》、《臺灣新民報》，不詳）。 ◎〈南鯤鯓廟祭〉（《臺灣文藝》2卷 10 號，9.21）。 ◎〈故鄉與春祭——謹以此篇獻給鹽分地帶的同志〉（《臺灣文藝》2 卷 6 號）。 ◎〈煙囪〉（《臺灣文藝》2 卷 8、9合刊號，8.4）。 ◎〈四月二十六日南鯤身廟〉（《臺灣文藝》3 卷 1號）。 ◎〈疾馳的別墅〉（《臺灣新文學》創刊號，12.28）。 ◎〈吾們是狂風暴雨的信徒——給離村者的話〉（《臺灣新聞》文藝欄）。 ◎〈給鹽分地帶的人們〉、〈白髮的處女〉、〈月下にて認む〉、〈妻在罵了〉、〈歌頌鹽分地帶之春〉、〈援救衣索比亞喲〉。 ◎漢詩：〈故鄉的回想〉。 ◎日文散文：〈八月大會の人タ〉、〈十年以來〉。 ◎日文評論：〈致吳天賞〉（《臺灣	《臺灣文藝》2卷 2 號）。 ◎3.5 楊華〈薄命〉（《臺灣文藝》2卷 3 號）。 ◎5.呂赫若〈暴風雨的故事〉（《臺灣文藝》2 卷 5號）。 ◎6.10 謝萬安〈五谷王〉（《臺灣文藝》2 卷 6 號）。 ◎7.1 林越峰〈好年光〉（《臺灣文藝》2 卷 7 號）。 ◎7.朱點人〈安息之日〉（《臺灣文藝》2 卷 7 期）。 ◎9.24 張慶堂〈鮮血〉（《臺灣文藝》2 卷 10 號）。 ◎王白淵任教於上海美術專科學校。 ◎12.28 楊逵、葉陶夫婦退出《臺灣文藝》，另於臺中獨資創辦《臺灣新文學》月刊，編輯有賴和、楊守愚、吳新榮、郭水潭、葉榮鐘、陳瑞榮、楊逵、王詩琅等人，凡 14 期，另《新文學月報》2期。	

		新聞》文藝欄,不詳)、〈象牙塔之鬼－主駁新垣氏〉(《臺灣文藝》文藝欄,不詳)、〈佳里分會成立通信〉(《臺灣文藝》2卷6號,8月)、〈對臺灣新文學社的希望〉(《臺灣新文學》創刊號,12.28)。 王昶雄： ◎發表詩作〈我的歌〉(《青鳥》,不詳)。		
1936年 賴43歲 吳30歲 王21歲 詹16歲	賴和： ◎4.慶祝堀內次雄在職四十週年,賴和捐金五圓。 吳新榮： ◎1.18 開鹽分地帶例會,除郭維鐘外全部出席,另陳培初、莊培初、黃炭旁聽。 ◎4.4 臺灣新文學社楊逵來訪,召集鹽分地帶例會,繼開臺灣新文學檢討會。 ◎4.15 參加臺南第一次文藝座談會。座談題目有二:一為臺灣現階段新文學運動之批評;一為臺南藝術團體之期成。 ◎8.25 計劃組織「臺灣東京醫學士會」,並決定擺脫「文藝聯盟佳里支部」的工作。 王昶雄： ◎父親逝世。考慮文學謀生不易,故重考進入日本大學齒學系。	賴和： ◎小說〈赴了春宴回來〉(《東亞新報》,新年號)。(註:在已出士的楊守愚日記中,言本篇為其代賴和所寫。) ◎1.〈豐作〉(楊逵譯)發表於日本《文學案內》。 ◎4.〈寒夜〉、〈苦雨〉(《臺灣新文學》1卷3號)。 ◎5.〈臺灣民間文學集序〉(《臺灣民間文學集》)。 ◎6.〈田園雜詩〉(《臺灣新文學》1卷5號)。 ◎7.〈新竹枝歌〉(《臺灣新文學》1卷6號)。 吳新榮： 日文詩: ◎〈世界的良心〉(《臺灣文藝》3卷2號,1.28)。 ◎〈打鐵屋〉(《臺灣新文學》1卷6號,7.7)。	◎4.1 陳瑞榮〈失蹤〉(《臺灣新文學》1卷3號)。 ◎4.1 匡人也〈王爺豬〉(《臺灣新文學》1卷3號)。 ◎6.13.李獻璋編《臺灣民間文學集》出版,收錄童謠、謎語、民間故事等作品。 ◎6.28 連雅堂逝世,享年59。 ◎7.王詩琅〈老婊頭〉(《臺灣文學》1卷6號)。 ◎8.5 張慶堂〈老與死〉(《臺灣新文學》1卷7號)。 ◎8.王詩琅〈賴懶雲論〉(《臺灣時報》201期)。 ◎9.19 蔡秋桐〈四兩仔土〉(《臺灣新文學》1卷8號)。 ◎10.19 魯迅去世,享年50。 ◎11.5 邱富〈大妗婆〉(《臺灣新文學》1卷9號)。	◎1.7 制訂臺北帝國大學部規定。「臺灣總督府臺北醫學專門學校」改制成為「臺北帝國大學附屬醫學專門部」,臺北帝大並設立第三個學部:醫學部。 ◎日本殖民政府本年將西藥商組織之「臺北藥業組合」、中藥商組織之「臺北漢藥組合」,併合為「臺北市藥業組合」,這時中西藥商共178家,中藥商80餘家。

		◎〈冬之朝夕〉、〈思想〉、〈都會〉、〈牛乳與蓬萊米〉，以上皆刊登《臺灣文藝》3卷3號，2.19。 ◎〈農民之歌〉（《臺灣新文學》1卷6號，7.7）。 ◎〈用方便決定友情的野蠻人們喲〉、〈青春〉、〈破戀詩〉、〈古畫帖〉、〈某老人的回憶〉。 ◎華語詩:〈茉莉花－菲律賓國花〉。 ◎日文小說:〈友情〉（《臺灣新文學》1卷8號，9.19）。 ◎散文:〈自我廣告文〉（《臺灣新民報》，不詳）。 ◎日文散文:〈第二回文藝大會の憶出——文聯……〉（《臺灣文藝》3卷6號，5.29）。 ◎通訊日文:〈明信片〉（《新文學月報》第1號，2.6）。 ◎日文評論:〈臺灣新文學檢討座談會稿〉、〈文壇寸感〉（《臺灣新文學》1卷5號，6.5）。	◎12.5 賴賢穎〈稻熱病〉（《臺灣新文學》1卷10號）。 ◎12.5 洋〈鴛鴦〉（《臺灣新文學》1卷10號）。 ◎12.5《臺灣新文學》1卷10號，刊「漢文創作特輯」，以「內容不妥，全體空氣不好」為理由，被禁止發行。	
1937年 賴44歲 吳31歲 王22歲 詹17歲	賴和： ◎賴和擔任日章商事株式會社監查役。 ◎春，賴和至臺中遊楊逵「首陽園」。 ◎8.彰化市醫師會	吳新榮： ◎日文詩:〈大崗山麓哭陳清鐘君〉（《臺灣新聞》，不詳）、〈自畫像〉、〈混亂期的終	◎4.1 漢文書房、全臺各報「漢文欄」被強行廢止。 ◎5.呂赫若〈逃跑的男人〉（《臺灣新文學》2卷4號）。	◎7.7 日本發動蘆溝橋事變，中日八年戰爭開始。臺灣總督、軍司令部對臺民發表戰時警告，禁止所謂「非國民之言動」。 ◎8.15 進入戰時體制。 ◎9.25 強召臺灣青年充大陸戰

	創立，賴和出席，並和與會人士合影。 ◎臺灣新民報社出版《臺灣人士鑑》，載有賴和簡歷。 吳新榮： ◎2.11 吳新榮來彰化欲訪賴和，遇賴通堯，偕訪賴和，請賴和書七絕一首相贈。既辭，訪楊守愚；午後與通堯訪林獻堂於霧峰；後轉往臺中與陳清鐘等往訪楊肇嘉、楊逵、葉陶。 ◎2.17 吳新榮書現代臺灣十傑之名，將賴和列爲「文學者」。 ◎9.3-4 完成藏書編目，共470餘部，其中醫學、思想、文學、漢書各約百部。 王昶雄： ◎加入日本《文藝草紙》季刊爲同仁。寫作日文小說、新詩、評論。	末〉（《臺灣新文學》2卷4號，5.16）。 ◎漢詩：〈不圖天下事〉（五言四句）、〈國破山河在〉（五言四句）。		地軍伐。 ◎12.各地臺民厥起改革陋習運動。
1938年 賴45歲 吳32歲 王23歲 詹18歲	賴和： ◎2.5、6 賴和與同級生共16人，宿於草山大屯，並於臺北江山樓舉行醫學校第一次同級會。 ◎賴和擔任彰化第一公學校後援會市仔尾區代表委員及創立四十週年紀念畢業「世話役」（幹事）。 ◎11.28 賴和捐款一金拾圓給《礦溪》。	賴和： ◎11.〈輓李耀燈君〉（《礦溪》創立廿五週年紀念號）。 吳新榮： ◎評論：〈給同學的一封信〉（《南瀛會誌》，不詳）。 ◎日文詩：〈若有支配我思想的人格者〉。 王昶雄： ◎9.〈陋巷札記〉詩刊於《臺灣新民報》。		◎1.22 小林躋造總督發表臺民志願兵制之實施稱：此制度是與皇民化徹底之同一必要行動。 ◎3.31 公布「國家總動員法」。 ◎3.31 敕令修訂「臺北帝國大學官制」，增設助教授9人、助手25人、書記7人，醫學專門部方面減少教授5人，增加助教授1人，並決定在醫學部設置附屬醫院，自4.1起開始實施。 ◎4.1 府立臺北醫院正式併入臺北帝大醫學部，改稱爲「臺北帝國大學附屬醫院」。係因官制修改，原屬臺灣總督府臺北醫院保管之建築物及土地改屬臺北

				帝國大學。由小田俊郎擔任改制後第一任院長。 ◎5.28-6.1 日政府積極移民來臺，各地次第成立移民村。 ◎11.日本政府對侵略戰爭益露積極，發表「建設東亞新秩序」之聲明。
1939年 賴46歲 吳33歲 王24歲 詹19歲	賴和： ◎3.因患者感染傷寒初期症狀，未依法定傳染病規則向有關當局申報，遭重罰而被迫停業半年。賴和利用空閒，與楊木（雪峰）赴日旅遊，於日本時寄宿陳虛谷寓所。並轉往滿洲、北京遊歷。 ◎9.28，成立「應社」。成員有賴和、虛谷、蘅秋、笑儂、雲鵬、守愚、雪峰、渭雄、石華等人。 ◎年初，李獻璋編《臺灣小說選》，收賴和〈前進〉、〈棋盤邊〉、〈辱？！〉、〈惹事〉、〈赴了春宴回來〉等5篇作品，但印刷中被禁止發行。 ◎賴和醫院落成。周定山贈詩〈懶雲先生醫院落成賦祝〉。	賴和： ◎漢詩：〈應社首集於小杏園感賦〉、〈虛谷招諸同社默園小集〉等。 吳新榮： ◎日文詩：〈南部悲歌〉、〈舊都回想〉。 王昶雄： ◎中篇小說：《淡水河之漣漪》《臺灣新民報》。	◎9.9 由西川滿主導之「臺灣詩人協會」成立，龍瑛宗、黃得時擔任文化部委員，其後發刊1期《華麗島》詩刊。 ◎8.林幼春病逝，享年60歲。	◎1.31 皇民化運動整理臺灣寺廟之題，督府以為對民民過於刺激決尊重民意而行以此旨通告文教長及地方長官。 ◎5.小林躋造總督宣示「皇民化、工業化、南進基地化」的治臺三策，在臺灣展開皇民化運動。 ◎6.21 許世賢獲得九州帝國大學醫學博士，成為「臺灣第一位女博士」，也是臺灣第一位女醫學博士。而他的先生張進通亦早一年獲得博士，成為臺灣第一對「鴛鴦博士」。 ◎12.施行「米配給統治規則」。 ◎12.19 臺中州開始所謂「米穀供獻報國運動」，實為侵略戰爭而強制徵糧之運動。
1940年 賴47歲 吳34歲 王25歲 詹20歲	詹冰： ◎臺中州立臺中一中畢業。	賴和： ◎12.〈晚霽〉、〈過苑裏街〉、〈寒夜〉等14首漢詩收於黃洪炎（可軒）《瀛海詩集》。	◎1.為慶祝日本開國二千六百年，由西川滿發起，創立臺灣文藝家協會，發行機關刊物《文藝臺灣》。 ◎11.龍瑛宗〈黃家〉（《文藝》8卷11期）。	◎2.11 臺灣戶口規則修改，規定臺民改日本姓名辦法。強迫臺人改易日本姓名，斥不改者為「非國民」。 ◎3.23 臺北帝大醫學部第一屆畢業典禮，畢業生計37人。 ◎11.25 日政府發表臺籍民改日姓名促進要綱，強迫執行。

			◎12.李獻璋編《臺灣小說選》，印刷中被禁止發行。該選收錄：賴和、楊雲萍、張我軍、陳虛谷、楊守愚、郭秋生、王詩琅等人作品。	
1941年 賴48歲 吳35歲 王26歲 詹21歲	賴和： ◎賴和於彰化市政研究會發起紀念演講時，遭到中止處分。 ◎2.2出席彰化高賓閣第二次醫學校同學會，共15人參加，並留影紀念。 ◎12.8 珍珠港事變當天，賴和因翁俊明事件被捕，第二次入獄，約50天，於獄中寫《獄中日記》，39日後，因病體虛弱而停筆。獄中讀佛書。 ◎李慶午前往獄中爲賴和看病，並申請保外就醫。 吳新榮： ◎參加臺灣文學社及民俗臺灣社。 王昶雄： ◎畢業於日本大學齒學系。	吳新榮： ◎日文散文：〈鎭上的伙伴〉（《臺灣文學》創刊號，5.27）。 ◎日文民俗：〈南鯤鯓廟〉 王昶雄： ◎發表詩作〈樹風問答〉。 詹冰： ◎〈憶母親〉發表在《臺灣藝術》。	◎2.11《臺灣新民報》被迫改爲《興南新聞》。 ◎5.張文環等不滿西川滿作風，另組「啓文社」，刊行日文文藝季刊《臺灣文學》，凡10期。 ◎7.10 金關丈夫、池田敏雄等創刊《民俗臺灣》，凡43期。	◎1.16臺灣的「大政翼贊運動」決定名稱爲「皇民奉公會」。 ◎4.19爲推行戰時體制，創立「皇民奉公會」。 ◎8.28「臺灣醫師考試規則」公布。 ◎12.8晨，日機偷襲珍珠港，太平洋戰爭爆發。次日，對英美宣戰。
1942年 賴49歲 吳36歲 王27歲 詹22歲	賴和： ◎1.病重而出獄。9.2王敏川去世，享年54。 吳新榮： ◎1.28 赴臺南參加臺灣奉公醫師團臺南支部結成式。 ◎3.21 郭水潭、國分直一、渡邊秀雄來訪，再調查阿立祖。隨同赴臺南參加民俗座	吳新榮： ◎日文評論：〈醫師與業餘興趣〉（《臺灣醫界》創刊號）。 ◎日文詩： ◎〈盜心賊〉（《臺灣文學》2卷2號，3.30）。 ◎〈獻給恩師〉（《南瀛會誌》第五期，11月）。	◎2.楊逵〈無醫村〉（《臺灣文學》2卷1期）。 ◎4.28 呂赫若〈財子壽〉（《臺灣文學》2卷2期）。 ◎6.「日本文學報國會」特派久米正雄、菊池寬、中野實、吉川英治、火野葦平來臺，舉行「戰時文藝演講會」。	◎1.15 組成「臺灣奉公醫生團」（醫生服務團），支援戰爭。 ◎4.「臺灣特別志願制度」實施，強迫臺籍青年參軍到南洋戰場。 ◎「皇民奉公會」文化部成立。

談會，所謂「臺南學派」之石暘椎、廖漢臣、莊松林、黃田、陳華等與會。談話中心爲安平壺。夜，與王烏硈、郭水潭再商討《民俗臺灣》「佳里特輯號」之執筆者及撰文題目。 ◎3.27 元配毛雪芬逝世。 ◎7.15 抵臺北，參加「臺灣文藝家協會」總會，到會者有矢野峰人（會長）、陳逢源（隨筆部理事）、張文環（小說部理事）、呂赫若、楊逵、劉榮宗、中山侑、西川滿（小說部理事），濱田集雄（小說部理事）、名和守一、黃得時(小說部理事)。 ◎7.17《民俗臺灣》同仁設宴歡迎吳新榮、呂赫若、楊貴，到會者尚有主幹金關大夫、編輯記者池田敏雄、陳紹馨、立石鐵臣、松山淺一。 王昶雄： ◎返臺，在淡水開設岩永齒科診所。（光復後改名爲淡水齒科診所）。 ◎加入《臺灣文學》雜誌。 詹冰： ◎考入日本明治藥專（東京）。	◎〈鼠與羊〉。 ◎華語詩：〈古都行〉。 ◎漢詩：〈崔浩奇才雖難求〉（七言四句）、〈雖是漂零子〉。 ◎日文散文： ◎〈手握南瀛會誌〉（《南瀛會誌》5 期，11.）。 ◎〈亡妻記－逝去青春的日記〉（《臺灣文學》2 卷 3 號，7.11）。 ◎〈亡妻記－回憶前塵〉（《臺灣文學》2 卷 4 號，10.19）。 ◎日文民俗：〈飛蕃墓〉（《臺灣文學》2 卷 1 號，2.1）、〈續飛蕃墓〉（《民俗臺灣》2 卷 7 號，7.）、〈飛蕃墓與阿立祖〉（《民俗臺灣》2 卷 7 號，7.）、〈漚汪地誌考〉（《民俗臺灣》2 卷 8 號，8.）。〈佳里隨想〉、〈帶雙妻〉（《民俗臺灣》2 卷 11 號，11.）。 王昶雄： ◎11.〈海的回憶〉詩刊於《興南新聞》。	◎周金波〈志願兵〉獲「文藝臺灣賞」。 ◎11.3 西川滿、濱田隼雄、張文環、龍瑛宗參加東京第一回「大東亞文學者大會」。 ◎10.19 呂赫若〈風水〉（《臺灣文學》2 卷 4 期）。 ◎12 張彥勳、林亨泰等「跨語一代」詩人在臺中組織新詩社「銀鈴會」，創辦《緣草》詩刊。	

| 1943 年
賴50歲
吳37歲
王28歲
詹23歲 | 賴和：
◎年初，賴和住院臺北帝大附設醫院。
◎1.26 吳新榮與蘇新探視重病的賴和，賴和於睡眠中，僅晤乃弟通堯而回。
◎1.31 賴和因心臟僧帽瓣閉鎖不全逝世。

吳新榮：
◎11.12 參加臺灣文學決戰會議第一日議程。晤與會之黃得時，田中保男、楊貴、劉榮宗、呂赫若及楊雲萍。
◎11.13 參加文學決戰會議。會上西川一派提議合併文藝雜誌，張文環、黃得時、楊貴、吳新榮皆反對此案，而瀧田貞治、鹽見薰、田中保男支持之，未獲結論。

王昶雄：
◎和淡水女畫家林玉珠小姐結婚。結婚前夕起草〈奔流〉日文中篇小說，到臺北草山（今陽明山）度蜜月一週續寫；仲秋脫稿。 | 吳新榮：
◎日文詩：
◎〈旅愁〉（《臺灣文學》3卷1號，1.31）。
◎〈獻給大東亞戰爭東亞戰爭）（《興南新聞》，不詳）。
◎日文散文：〈公學校的回憶〉（《興南新聞》，4.19）、〈秋夜閑談〉、〈未寄出的信〉。
漢詩：〈珋琅山房回想〉（七言）（《臺灣文學》3卷2號，4.28）。
日文文評：〈好文章、壞文章〉（《興南新聞》，5.24）、〈文化戰線的大豐收—讀《臺灣文學》秋季號〉）（《興南新聞》，8.16）。
日文俳句：
◎〈一連……白鷺……行……日暮……〉、〈乙女……尻高……田植……〉（皆刊登《興南新聞》，8.30）。
◎〈白柚吟社句稿〉（《鳳凰》，不詳）。
◎日文民俗：〈媳婦仔螺〉（《民俗臺灣》3卷11期，11.）。

王昶雄：
◎7.《奔流》刊入《臺灣文學》3卷3號。多處遭修改。 | 陳盧谷作漢詩〈哭懶雲兄〉7首。周定山作漢詩〈哭賴懶雲畏友〉6首。
◎4.楊雲萍發表〈賴和氏追憶〉（《民俗臺灣》3卷4號）。
◎4.「賴和先生悼念特輯」（《臺灣文學》3卷2號）。
◎4.呂赫若〈合家平安〉（《臺灣文學》3卷2號）。
◎4.29「臺灣文學奉公會」、「臺灣美術奉公會」成立。
◎7.1 陳火泉〈道〉（《文藝臺灣》6卷3號）。
◎7.1 呂赫若〈石榴〉（《臺灣文學》3卷3號）。
◎11.13「臺灣文學奉公會」於臺北公會堂召開，西川滿提議將文學納入戰鬥配制。
◎12.《文藝臺灣》及《臺灣文學》都被迫停刊，另由「臺灣文學奉公會」出版《臺灣文藝》，凡8期。 | ◎2.26「臺灣醫業會令」及「臺灣齒科醫師會令」公布。
◎3.31「臺灣醫師會」創立，總會於臺北市公會堂召開，吉田坦藏任首屆會長。
◎8.1 朝鮮、臺灣實施「海軍特別志願兵制度」。
8.13 杜聰明出差中國，此行包括上海、杭州、蘇州、南京、天津及東北等地方，目的在蒐集漢醫藥書籍。
10.1 強迫米農交出第一期收成白米。
◎11.1 施行「藥事法」，改訂「臺灣藥品取締規則」。
◎11.27 中美英宣言，決將臺歸還中國，臺爲攻擊目標。 |

		◎11.《奔流》被選入日本大木書房的《臺灣小說集》。 詹冰： ◎詩〈五月〉、〈在澀民村〉獲得日本詩人堀口大學推薦，發表在《若草》。		
1944 年 吳 38 歲 王 29 歲 詹 24 歲	詹冰： ◎日本明治藥專畢業。 ◎藥師及格。	吳新榮： ◎日文詩：〈這城市令人厭煩〉、〈遁逃〉。 ◎散文：〈白柚花〉〈檳榔樹〉。 ◎漢詩：〈餘錄（二）〉（四言四句）〈異鄉逢舊友〉（五言八句）、〈又是難睡去〉（五言四句）。 ◎日文散文：〈父親的眼神〉（《臺灣新報》，11.26）〈地理的斷想片〉（《興南新聞》，不詳）〈從軍文士的決心〉（《臺灣文藝》1卷 2 號，6.14）。〈推進行〉、〈精神的負債〉。 ◎日文民俗：〈論「猴」義 20 題〉（《民俗臺灣》第 4 卷 9 號，9.）、〈我的內臺生活交流〉（《民俗臺灣》4 卷 8 號，8.）、〈蕭攏社攪姓邱故事〉（《民俗臺灣》4 卷 11 號，11.）。 王昶雄： ◎6.〈當心吧！老友〉詩發表於《臺灣藝術》。	3.17 呂赫若小說集《清秋》由臺北清水書店出版。 ◎吳濁流〈先生媽〉完稿。 ◎3.26 總督府實施報紙合併政策，迫令全島六家報合併為《臺灣新報》，臺北《臺灣日日新報》、《興南新聞》、臺中《臺灣新聞》、臺南《臺灣日報》、高雄《高雄新報》、花蓮《東臺灣新聞》等被迫停刊。 ◎6.15 情報部與「臺灣文學奉公會」主辦「報導文學」計劃，派遣 13 位作家撰寫報告文學，以為日本宣傳。	◎1.20 加強皇民化運動。 ◎1.24 簡化手續，鼓勵臺灣人改日本姓名。 ◎8.20 臺灣全島進入戰場狀態，開始實施臺籍民徵兵制度。

		詹冰：◎〈思慕〉獲得日本詩人堀口大學推薦。		
1945 年 吳 39 歲 王 30 歲 詹 25 歲	吳新榮： ◎9.30 北門郡下三民主義青年團體籌備委員大會。 ◎10.4 印製義勇總隊及三民主義青年團臺灣區團標語，分寄各地同志。 ◎10.10 與同志發動佳里各界聯合慶祝雙十國慶，齊向南京中山陵遙拜，次遊行街道，後乃集合郡役所前，於露臺上領導群眾高呼「大中華民國萬歲」。 ◎12.19 編組三民主義青年團中央直屬臺灣區團部籌備處臺南分團北門郡青年服務隊。 詹冰： ◎3.6 與許蘭香結婚。	吳新榮： ◎9.7 作〈祖國軍來了〉歡迎歌詞。	◎5.吳濁流長篇小說〈亞細亞的孤兒〉(〈胡太明〉)完稿。	◎4.1 杜聰明被任命爲臺灣總督府評議會會員。 ◎6.17 廢保甲制度。 ◎8.6 美軍在廣島投下原子彈。 ◎8.9 美軍在長崎投下原子彈。 ◎8.15 日本宣布無條件投降，臺灣歸還中國。 ◎8.29 國民政府任命陳儀爲臺灣行政長官。 ◎9.7 國民政府任命陳儀兼任臺灣省警備總司令。

本表主要參考資料（按姓氏筆劃爲序）

1. 王昶雄，〈王昶雄自訂日治時期著作目錄〉，《文學臺灣》34 期，2000.4。

2. 杜聰明，《杜聰明言論集》，臺北：杜聰明博士獎學基金會，1964.6。

3. 林瑞明編，〈臺灣文學史年表（未定稿）〉，收錄於葉石濤《臺灣文學史綱》，頁 181～352，高雄：文學界，1987。

4. 林瑞明編，〈賴和先生年表〉，收錄於《賴和全集三——雜卷》，頁 259～273，臺北：前衛，2000.6。

5. 林政華初編，〈王昶雄文學年譜〉，收錄於《福爾摩莎的心窗——王昶雄文學會議論文集》，頁 135～154，眞理大學臺灣文學系，2000.11.4。

6. 林慧婭編，〈吳新榮先生年表（1907～1967）〉，收錄於《吳新榮研究——一個臺灣知識分子的精神歷程》，東海大學歷史研究所碩士論文，1995·6。

7. 柳書琴，〈吳新榮戰前作品年表初編（1927～1945）〉，收錄於呂興昌編訂《吳新榮選集二》，頁 374～432，臺南：臺南縣立文化中心，1997.3。

8. 莊永明編，〈臺灣醫療大事記〉，收錄於《臺灣醫療史》，頁 596～711，臺北：遠流，1998.6。

9. 許俊雅，《日據時期臺灣小說研究》，頁 144～198，臺北：文史哲，1995.2。

10. 陳永興編，〈臺灣醫療大事記〉，收錄於《臺灣醫療發展史》，頁 331～377，臺北：月旦，1998.1。

11. 陳淑娟編，〈賴和先生生平年表及作品繫年〉，收錄於《賴和漢詩的主題思想研究》，頁 227～281，靜宜大學中國文學研究所碩士論文，2000.6。

12. 黃煌雄編，〈蔣渭水先生大事略記〉，收錄於《蔣渭水傳——臺灣的先知先覺者》，頁 221～227，臺北：前衛，1995。

13. 詹冰編，〈詹冰寫作年表〉，收錄於《銀髮與童心》，頁 254～265，臺中：臺中市立文化中心，1998.5。

14. 楊碧川編，《臺灣歷史年表》，臺北：自立晚報，1992.9。

15. 葉榮鐘著，葉芸芸、藍博洲主編，《日據下臺灣大事年表》，臺中：晨星，2000.8。

16. 廖漢臣編，〈臺灣文學年表〉，《臺灣文獻》15 卷 1 期，1964.3.27

17. 鄭雅黛編，〈吳新榮作品年表（1927～1967）〉，收錄於《冷澈的熱情者——吳新榮及其作品研究》，頁 155～180，中興大學中國文學研究所碩士論文，1998.6。

18. 〈蔣渭水年譜〉，《中國論壇》31 卷 11 期，1991.8。

附錄二 日治時期臺灣醫事作家之作品評論引得

一、蔣渭水作品評論引得

作 者	題 目	出 處	時 間
凡夫	〈革命家蔣渭水〉	《臺灣政論》5 期	1975.12
楊雲萍	〈蔣渭水先生之追憶〉	《幼獅文藝》44 卷 5 期	1976.11
袁宏昇	〈從蔣渭水談起〉	《夏潮》2 卷 4 期	1977.4
梁惠錦	〈崇仰 國父的蔣渭水〉	《史聯雜誌》1 卷 1 期	1980.12
張恆豪	〈蔣渭水及其散文〉	《散文季刊》1 期	1984.1
楊默夫	〈蔣渭水晚年的思想傾向〉	《臺灣文藝》86 期	1984.4
林衡哲	〈臺灣現代政治史上的唐・吉訶德——蔣渭水〉	《新文化》6 期	1989.7
葉芸芸	〈永不仆倒的臺灣近代史塑造者——悼蔣渭水逝世一甲子〉	《中國論壇》31 卷 11 期	1991.8
張炎憲	〈1920 年代的蔣渭水〉	《臺灣風物》41 卷 4 期	1991.12
黃煌雄	《蔣渭水傳——臺灣的先知先覺者》	前衛	1995
林瑞明	〈感慨悲歌皆為鯤島——蔣渭水與臺灣文學〉	《臺灣文學的歷史考查》：允晨文化	1996
王曉波	〈蔣渭水的思想與實踐－論日據下臺灣文化協會與臺灣民眾黨內的路線爭議〉	《世界新聞傳播學院人文學報》7 期	1997.7
邱花妹	〈第一張臺灣診斷書－蔣渭水〉	《天下雜誌》200 期	1998.1
王曉波	〈實現對蔣渭水先生在天之靈的承諾－「蔣渭水全集」編後記〉	《海峽評論》94 期	1998.10

李世偉	〈我將此心託古人－蔣渭水及其「全集」介紹〉	《海峽評論》101 期	1999.5
林秀蓉	〈一篇診斷日據時代臺灣社會病症的政治文獻——蔣渭水「臨床講義」探析〉	《宜蘭文獻》45 期	2000.11
莊永明	〈為臺灣前途開藥方－醫人醫世的蔣渭水〉	《臺北畫刊》394 期	2000.11
梁明雄	〈革命家蔣渭水作品淺探〉	《國立屏東科技大學學報》10 卷 2 期	2001.6

二、賴和作品評論引得

作　者	題　目	出　處	時　間
舒蘭	〈中國新詩史話第五章第八節－賴和〉	《新文藝》290 期	1980.5
李魁賢	〈賴和詩中的反抗精神〉	《笠》111 期	1982.10
施淑	〈稱子與稱錘－論賴和小說的思想性〉	《臺灣文藝》80 期	1983.1
花村	〈從舊詩詞起家的臺灣新文學之父：賴和〉	《臺灣文藝》80 期	1983.1
陳明台	〈人的確認：試論賴和先生的人本意識〉	《臺灣文藝》80 期	1983.1
巫永福	〈臺灣新文學運動與賴和〉	《文學界》26 期	1988.6
陳明娟	《日治時期文學作品所呈現的臺灣社會——賴和、楊逵、吳濁流的作品分析》	東吳大學社會學研究所碩士論文	1990.6
彭瑞金	〈打下第一鋤，撒下第一粒種籽——賴和與臺灣新文學〉	《國文天地》77 期	1991.10
陳明柔	〈前進！向著那不知到著處的道上……－由賴和小說中的人物悲歌談起〉	《問學集》2 期	1991.12
林亨泰	〈賴和的反向思考〉	《彰化人》11 期「賴和專輯」	1992.1.20
呂興忠	〈賴和小說的技巧與思想〉	《彰化人》11 期「賴和專輯」	1992.1.20
康原	〈臺灣新文學之父〉	《彰化人》11 期「賴和專輯」	1992.1.20
林瑞明	《臺灣文學與時代精神——賴和研究論集》	允晨文化	1993.8

賴和紀念館	《賴和研究資料彙編》（上）（下）	彰化縣立文化中心	1994.6
林柏維	〈醫國也醫民－臺灣新文學之父賴和〉	《醫望》2 期	1994.6
呂興忠	〈賴和「富戶人的歷史」初探〉	《文學臺灣》11 期	1994.7
下村作次郎	〈日本人印象中的臺灣作家‧賴和——從戰前臺灣文學之歷史性記述中思考起〉	賴和及其同時代作家：日據時期臺灣文學國際學術會議論文	1994.11.25-27
李瑞騰	〈賴和文學的最初面貌——賴和舊體詩考察之一〉	賴和及其同時代作家：日據時期臺灣文學國際學術會議論文	1994.11.25-27
林瑞明	〈賴和漢詩初探〉	賴和及其同時代作家：日據時期臺灣文學國際學術會議論文（收錄於《臺灣文學的歷史考察》：允晨文化）	1994.11.25-27
梁景峰	〈臺灣現代詩的起步——賴和、張我軍和楊華的漢文白話詩〉	賴和及其同時代作家：日據時期臺灣文學國際學術會議論文	1994.11.25-27
趙天儀	〈論賴和的新詩〉	賴和及其同時代作家：日據時期臺灣文學國際學術會議論文	1994.11.25-27
鄭穗影 A.D.Sakabulajo	〈賴和文學的現實與理想——臺灣文學語言和精神之根源的思索〉	賴和及其同時代作家：日據時期臺灣文學國際學術會議論文	1994.11.25-27
胡民祥	〈賴和的文學語言〉	賴和及其同時代作家：日據時期臺灣文學國際學術會議論文	1994.11.25-27
陳芳明	〈賴和與臺灣左翼文學系譜－殖民地作家的抵抗與挫折〉	《聯合文學》11 卷 6 期	1995.4
梁明雄	〈文學的賴和‧賴和的文學〉	《臺灣文獻》46 卷 3 期	1995.9
周慶塘	〈賴和抗日文學作品探析〉	《牛津人文集刊》1 期	1995.10
陳昭如	〈日治時期臺灣新文學中的法律意識－以賴和為中心的討論〉	臺灣文學研討會：淡水工商學院臺灣文學系臺灣文學研究室	1995.11.4-5
梁明雄	〈由日據時期新舊文學之爭——論開創期的臺灣新文學〉	臺灣文學研討會：淡水工商學院臺灣文學系臺灣文學研究室	1995.11.4-5
廖振富	〈林幼春、賴和與臺灣文學〉	《文學臺灣》17 期	1996.1

陳怡君	〈像賴和這樣的詩人〉	《拾穗》543 期	1996.7
康原	〈臺語新詩的奠基者——兼談賴和的臺語詩歌〉	《臺灣新文學》5 期	1996.8
康原	〈野寺安閒不計秋——我讀賴和筆下的劍潭寺〉	《中華日報》	1997.1.17
陳淑娟	〈賴和漢詩創作的詩路歷程研究〉	第十三屆中部地區中文研究生論文發表會：中興大學主辦	1997.5.31
施淑	〈賴和小說的思想性質〉	《兩岸文學論集》：新地文學	1997.6
陳兆珍	〈試論賴和詩中之抗議精神〉	《世界新聞傳播學院人文學報》7 期	1997.7
蔣宗君	〈尋找老作家及他的時代：我生不幸爲俘囚，勇士當爲義鬥爭　坐在角落裡寫文學的「和仔仙」－賴和〉	《新觀念》109 期	1997.11
陳萬益	〈從民間來，到民間去——賴和的文學立場〉	《中國文學史暨文學批評學術研討會論文集》：政治大學中國文學系	1997.12
馬漢茂	〈從賴和看日據時代臺灣小說的孤島狀態－兼論方才起步的西方研究和翻譯〉	《臺灣新文學》9 期	1997.12
趙殷尙	〈賴和的書房經驗〉	《臺灣新文學》9 期	1997.12
游常山	〈本土文學一聲吶喊－賴和〉	《天下雜誌》200 期	1998.1
方耀乾	〈反帝、反殖民拼圖－論賴和新詩〉	《漢家雜誌》56 期	1998.3
陳昭瑛	〈一根金花：論賴和的「一桿稱仔」〉	《中國現代文學理論》9 期	1998.3
宋澤萊	〈論臺語小說中驚人的前衛性與民族性－試介賴和、黃石輝、宋澤萊、陳雷、王貞文的臺語小說〉	《臺灣新文學》10 期	1998.6
廖淑芳	〈理想主義者的荊棘之路——賴和左翼思想兼探〉	《第四屆府城文學獎得獎作品專集》：臺南市立文化中心	1998.6
宋澤萊	〈論臺語小說中驚人前衛性與民族性－試介賴和、黃石輝、宋澤萊、陳雷、王貞文的臺語小說〉	《臺灣新文學》10 期	1998.6
林政華	〈賴和的文學精神及其超越〉	《臺北師院語文集刊》3 期	1998.8
康原	〈賴和筆下的八卦山〉	《臺灣文藝》(新生版)165 期	1998.10

陳芳明	〈賴和與臺灣左翼文學系譜〉	《左翼臺灣－殖民地文學運動史論》：麥田	1998.10
徐士賢	〈從賴和到呂赫若：「一桿稱仔」與「牛車」之比較〉	《世新大學學報》8 期	1998.10
張恆豪	〈賴和、張文環小說中的民間文學素材與作家文學經驗——以「善訟的人的故事」、「夜猿」爲例〉	民間文學與作家文學研討會：清華文學中國文學系、臺中縣立文化中心、清華大學臺灣研究室	1998.11.21 -22
陳萬益	〈啓蒙與傾聽——論賴和小說的人民性〉	民間大學與作家文學研討會：清華文學中國文學系、臺中縣立文化中心、清華大學臺灣研究室	1998.11.21 -22
張恆豪	〈覺悟者——「一桿稱仔」與「克拉格比」〉	第一屆臺灣文學學術研討會：「殖民地經驗與臺灣文學」（靜宜大學中文系、臺杏文教基金會、臺灣日報「臺灣副刊」）	1998.12.19 -20
游勝冠	〈啊！時代的進步和人們的幸福原來是兩回事——賴和面對現代化的態度初探〉	第一屆臺灣文學學術研討會：「殖民地經驗與臺灣文學」（靜宜大學中文系、臺杏文教基金會、臺灣日報「臺灣副刊」）	1998.12.19 -20
陳淑娟	〈賴和之一題二作——小說與五古之書寫特質分析〉	《常民文化通訊》12 期	1998.12
施懿琳	〈賴和漢詩的新思想及其寫作特色〉	《中正大學中文學術年刊》2 期	1999.3
林秀蓉	〈賴和「蛇先生」寫實意識探析〉	《中國現代文學理論季刊》13 期	1999.3
方耀乾	〈反帝、反殖民拼圖：論賴和的事件詩〉	《菅芒花臺語文學》2 期	1999.4.1
陳建忠	〈啓蒙知識分子的歷史道路——從「知識分子」的形象塑造論魯迅與賴和的思想特質〉	孤獨的帝國：行政院文化建設委員會，第二屆全國大專學生文學獎	1999.5
張恆豪	〈覺悟者－「一桿稱仔」與「克拉格比」〉	《淡水牛津臺灣文學研究集刊》2 期	1999.8
林純芬	〈反顧前賢，智慧在其中——賴和及其小說「蛇先生」簡介〉	陳芳明策劃：〈殖民的傷痕、世紀的回眸——日據時期臺灣經典小說選讀〉，《聯合文學》180 期。	1999.10
陳芳明	臺灣新文學史（3）——啓蒙實驗時期的文學	《聯合文學》15 卷 12 期	1999.10

王珍華	〈由「一桿稱仔」看賴和的文學精神及其語言特色〉	《源遠學報》11 期	1999.12
劉紋綜	〈論賴和小說中的兩種形象－知識分子與「鱸鰻」〉	靜宜大學第四屆中國文學研究所學生論文發表會	1999.12.11
陳萬益	〈臺灣魂——論賴和文學的抗議精神〉	邁向 21 世紀的臺灣民族與國家研討會：臺南縣私立吳俊傑慈善公益基金會、吳三連獎基金會、吳三連臺灣史料基金會	1999.12.23
陳建忠	《書寫台灣，台灣書寫：賴和的文學與思想研究》	國立清華大學中國文學研究所博士論文	2000.6
陳淑娟	《賴和漢詩的主題思想研究》	靜宜大學中國文學研究所碩士論文	2000.6
陳建忠	〈黑暗之光－談賴和詩化散文「前進」中的時代感〉	《臺灣新文學》15 期	2000.6
陳韻如	〈在諷刺中呈現現實－論賴和短篇小說中的「反諷」〉	《東吳中文研究集刊》7 期	2000.6
楊宗翰	〈典範的生成？－關於臺灣文學史「再現賴和」之檢討〉	《國文天地》16 卷 2 期	2000.7
曉冰	〈被迫害的臺灣文學心靈－淺談賴和精神〉	《淡水牛津文藝》8 期	2000.7
黃美玲	〈賴和創作中新舊文學並存的意義〉	《臺南女子技術學院學報》19 期	2000.8
陳韻如	〈在諷刺中呈顯現實－論賴和短篇小說中的「反諷」〉	《中國現代文學理論》19 期	2000.9
邵幼梅	《賴和小說研究》	國立高雄師範大學國文教學碩士班碩士論文	2001
廖振富	〈臺灣中部地區的古典詩人及其作品（下）〉	《國文天地》16 卷 9 期	2001.2
林瑞明	〈臺灣新文學運動的兩匹駿馬－賴和與楊雲萍〉	《聯合文學》17 卷 5 期	2001.3
林瑞明	〈被迫害的臺灣文學心靈－淺談賴和精神〉	《聯合文學》17 卷 5 期	2001.3
陳淑娟	〈賴和漢詩的臺灣自主性思想研究〉	《彰化文獻》2 期	2001.3
葉笛	〈被俘囚的詩人賴和〉	《創世紀詩刊》128 期	2001.9
莊永清	〈賴和「前進」析論〉	輔英技術學院技職校院國文教學研討會	2002.5.17

三、吳新榮作品評論引得

作　者	題　目	出　　處	時　間
婁子匡	〈吳新榮與「南瀛文獻」〉	《臺北文獻》6 卷 8 期	1969.12
陳少廷等	〈吳新榮先生逝世十週年紀念專集〉	《大學雜誌》105 期	1977.3
張良澤主編	《震瀛追思錄》	遠景	1977.3
張良澤等	〈吳新榮先生逝世十週年紀念集〉	《夏潮》2 卷 4 期	1977.4
羊子喬	〈光復前鹽分地帶的文學〉	《蓬萊文章臺灣詩》：遠景	1978
林芳年	〈鹽分地帶作家論〉	《林芳年選集》：中華日報	1979
王曉波	〈兩腳立地的醫生作家——吳新榮和他的思想〉	《臺灣史與近代中國民族運動》：帕米爾	1981
林芳年	〈曝鹽人的執著（序一）——談光復前鹽分地帶文學〉	《鹽分地帶文學選集》（一）：自立晚報社	1988.8
黃勁連	〈略述「鹽分地帶」的文學傳統〉	《鄉土與文學》：文訊	1993
羊子喬	〈從鹽分地帶文學看臺灣農村的變遷〉	《鄉土與文學》：文訊	1993
陳芳明	〈臺灣左翼詩學的掌旗者——吳新榮作品試論〉	南臺灣文學會議：高雄縣政府	1994.7
李魁賢	〈殖民地詩人的典例——吳新榮的詩〉	《笠》185 期	1995.2
林慧姃	《吳新榮研究—— 一個臺灣知識分子的精神歷程》	東海大學歷史研究所碩士論文	1995.6
葉石濤	〈吳新榮文學的特色及其貢獻〉	吳新榮文學作品討論會：臺南縣立文化中心	1997.3
陳千武	〈論吳新榮先生的文學思想〉	吳新榮文學作品討論會：臺南縣立文化中心	1997.3
林瑞明	〈論吳新榮的「小說、隨筆、采風」〉	吳新榮文學作品討論會：臺南縣立文化中心	1997.3
葉笛	〈論吳新榮先生的「詩」〉	吳新榮文學作品討論會：臺南縣立文化中心	1997.3
呂興昌	〈吳新榮「震瀛詩集」初探〉	《吳新榮選集二》：臺南縣立文化中心	1997.3
陳芳明	〈吳新榮的左翼詩學——臺灣新文學運動的一個轉折〉	《吳新榮選集二》：臺南縣立文化中心	1997.3
黃琪椿	〈農村與社會主義思想——吳新榮日治時期詩作析論〉	《吳新榮選集二》：臺南縣立文化中心	1997.3
林慧姃	〈吳新榮的精神歷程——以文學創作為中心〉	《吳新榮選集二》：臺南縣立文化中心	1997.3

柳書琴	〈吳新榮先生戰前作品年表初編（1927~1945）〉	《吳新榮選集二》：臺南縣立文化中心	1997.3
葉笛	〈吳新榮先生的詩及散文〉	第十九屆鹽分地帶文藝營	1997.8
施懿琳	〈吳新榮「珚琅山房隨筆」初探〉	《中正大學學報》8卷1期	1997.12
鄭雅黛	《冷澈的熱情者──吳新榮及其作品研究》	中興大學中國文學研究所碩士論文	1998.6
施懿琳	《吳新榮傳》	臺灣省文獻會	1999
陳芳明	〈臺灣新文學史（6）－寫實文學與批判精神的抬頭〉	《聯合文學》16卷5期	2000.3
尹子玉	〈日據時期留日臺籍作家〉	《文訊》179期	2000.9
林秀蓉	〈醫人醫國的文學作家──吳新榮〉	《南瀛文獻》改版第1輯	2002.1

四、王昶雄作品評論引得

作　者	題　目	出　　處	時　間
張恆豪	〈王昶雄作品解說〉	《光復前臺灣文學全集卷八－閹雞》：遠景	1979.7
黃武忠	〈延續寫實傳統的－王昶雄〉	《日據時代臺灣新文學作家小傳》：時報文化	1980.8
張恆豪	〈三讀「奔流」〉	《文訊》40期	1989.2
呂興昌	〈文章千古事，得失寸心知－評王昶雄「奔流」的校定本〉	《國文天地》7卷5期	1991.10
張恆豪	〈「奔流」與「道」的比較〉	《文學臺灣》4期	1992.9
垂水千惠作涂翠花譯	〈戰前「日本語」作家－王昶雄與陳火泉、周金波之比較〉	《臺灣文藝》總號136創新16期	1993.5
莊永明	〈「奔流」的時代見證〉	《臺灣文藝》總號136創新16期	1993.5
林瑞明	〈騷動的靈魂──決戰時期的臺灣作家與皇民文學〉	《臺灣文藝》總號136創新16期	1993.5
張恆豪	〈反殖民的浪花〉	《驛站風情》：臺北縣立文化中心	1993.6
杜文靖	〈人生「驛站」，「風情」無限－評「驛站風情」〉	《文訊》99期	1994.1
杜文靖	〈「阮若打開心內的門窗」讀後〉	《文訊》126期	1996.4
張香華	〈風中的浪滴－從王昶雄小說「奔流」……〉	《聯合報》	1996.4.6-8

歐宗智	〈老幹新芽－評介王昶雄散文集「阮若打開心內的門窗」〉	《臺灣新聞報》	1997.5.25
許明珠	〈我讀王昶雄的「奔流」〉	《臺灣文藝》	2000.8
許明珠	〈近代與傳統的權衡－我讀王昶雄的「奔流」〉	《臺灣文藝》（新生版）171期	2000.8
尹子玉	〈日據時期留日臺籍作家〉	《文訊》179期	2000.9
李魁賢編	《望你永遠在我心內－王昶雄先生追思集》	臺北縣文化局	2000.11
巫永福	〈八方益壯來相會－談王昶雄的散文成就〉	《福爾摩莎的心窗－王昶雄文學會議論文集》：眞理大學臺灣文學系	2000.11.4
莊嘉玲	〈王昶雄「記人散文」的特色〉	《福爾摩莎的心窗－王昶雄文學會議論文集》：眞理大學臺灣文學系	2000.11.4
李魁賢	〈歷史、現實與憧憬－談王昶雄詩歌中的故鄉情節〉	《福爾摩莎的心窗－王昶雄文學會議論文集》：眞理大學臺灣文學系	2000.11.4
劉勝雄	〈從王昶雄小說「奔流」論日據時期皇民文學〉	《福爾摩莎的心窗－王昶雄文學會議論文集》：眞理大學臺灣文學系	2000.11.4
彭瑞金	〈從小說「奔流」看戰爭時期臺灣作家的邊緣戰鬥〉	《福爾摩莎的心窗－王昶雄文學會議論文集》：眞理大學臺灣文學系	2000.11.4
張恆豪	〈皇民化奔流中的沈思者－王昶雄〉	《臺北畫刊》394期	2000.11
巫永福	〈王昶雄文學的管見〉	《臺灣文藝》（新生版）173期	2000.12
	〈王昶雄文學會議〉	《國文天地》16卷7期	2000.12
歐宗智	〈留下熱愛生命的足跡－談王昶雄的散文成就〉	《明道文藝》299期	2001.2
林秀蓉	〈開啓王昶雄寫作的門窗－「奔流」的醫生形象塑造〉	輔英人文教育中心「醫護文學研討會」	2001.4
林秀蓉	〈文壇長青樹－速寫王昶雄〉	《臺灣時報》	2001.5.18
尹子玉	〈從佛洛伊德精神分析理論看「奔流」中的仿同與焦慮〉	《國立中央大學中國文學研究所論文集刊》7期	2001.6

五、詹冰作品評論引得

作　者	題　目	出　處	時　間
林亨泰	〈笠下影：詹冰〉	《笠》1 期	1964.6
石湫	〈詩與文字的表現能力〉	《笠》5 期	1965.2
吳瀛濤譯	〈日本對詹冰作品的合評〉	《日本詩學》835 期	1965.5
林亨泰	〈詹冰的詩〉	《笠》8 期	1965.8
柳文哲	〈詩壇散步「綠血球」〉	《笠》13 期	1966.6
林錫嘉、林煥彰	〈詹冰所用的詩的語言〉	《笠》19 期	1967.6
吳瀛濤	〈易懂的好詩〉	《笠》22 期	1967.12
陳千武	〈視覺的詩〉	《笠》24 期	1968.4
鄭炯明	〈具象詩在臺灣〉	《聯合報》	1968.7.24
李漢	〈詹冰「綠血球」〉	《青溪》81 期	1974.3
廖莫白	〈繆思的實驗室〉	《詩人季刊》8 期	1977.7
李漢	〈詹冰的「綠血球」〉	《青溪》81 期	1974.3
詹冰	〈圖象詩與我〉	《笠》87 期	1978.10
羅青	〈詹冰的「水牛圖」〉	《從徐志摩到余光中》：爾雅	1978.12
林亨泰	〈詹冰的「五月」〉	《笠》93 期	1979.10
舒蘭	〈中國新詩史語：詹冰〉	《新文藝》294 期	1980.9
李魁賢	〈論詹冰的詩〉	《臺灣文藝》76 期	1982.5
趙天儀	〈評詹冰兒童詩集「太陽、蝴蝶、花」〉	《臺灣時報》	1982.6
林清泉	〈喜讀「太陽、蝴蝶、花」〉	《中國語文》319 期	1984.1
杜榮琛	〈詹冰的「櫻花」〉	《笠》119 期	1984.2
李魁賢	〈論詹冰的詩〉	《臺灣詩人作品論》：名流	1987.1
趙天儀	〈新意象的實驗者：論詹冰的詩〉	《笠》143 期	1988.2
詹冰	〈十字詩論〉	《笠》158 期	1990.8
莫渝	〈簡樸的清純－詹冰論〉	《笠》204 期	1998.4
丁旭輝	〈詹冰圖象詩研究〉	《現代詩學》108 期	2000.12
莫渝	《詹冰詩全集－研究資料彙編》	苗栗縣文化局	2001.12

重要參考書目

一、日治時期臺灣醫事作家之作品

蔣渭水

白成枝編，《蔣渭水遺集》，臺北：文化，1950.7。

黃煌雄編，《蔣渭水先生選集——被壓迫者的怒吼》，臺北：長橋，1978。

王曉波編，《蔣渭水全集》（上）（下），臺北：海峽學術，1998.10。

賴和

李南衡主編，《賴和先生全集》，臺北：明潭，1979。

林瑞明編，《賴和漢詩初編》，彰化：彰化縣立文化中心，1994.6。

林瑞明編，《賴和手稿影像集——漢詩卷》（上）（下），南投：臺灣省文獻會、彰化：財團法人賴和文教基金會，2000.5。

林瑞明編，《賴和全集》（六冊），臺北：前衛，2000.6。

　　一、小說卷

　　二、新詩散文卷

　　三、雜卷

　　四、漢詩卷（上）

　　五、漢詩卷（下）

　　六、附卷

吳新榮

張良澤主編，《吳新榮全集》（八冊），臺北：遠景，1981.10。

　　一、亡妻記

二、珸琅山房隨筆

三、此時此地

四、南臺灣采風錄

五、震瀛採訪記

六、吳新榮日記（戰前）

七、吳新榮日記（戰後）

八、吳新榮書簡

《吳新榮選集》（三冊），臺南：臺南縣立文化中心，1997.3。

一、詩、隨筆（呂興昌編訂）

二、隨筆（呂興昌編訂）

三、震瀛回憶錄（黃勁連編訂）

王昶雄

《驛站風情》，臺北：臺北縣立文化中心，1993.6。

《阮若打開心內的門窗》，臺北：前衛，1998.4。

王昶雄、吳希賢、吳漫沙、張我軍等著，《海鳴集》，臺北：臺北縣立文化中心，1995.6。

詹冰

《綠血球》，臺中：笠詩刊社，1965.10。

《實驗室》，臺中：笠詩刊社，1986.2。

《詹冰詩選集》，臺中：笠詩刊社，1993.6。

《變》，臺中：臺中市立文化中心，1993.6。

《銀髮與童心》，臺中：臺中市立文化中心，1998.5。

《詹冰詩全集——新詩》，苗栗：苗栗縣文化局，2001.12。

《詹冰詩全集——兒童詩集》，苗栗：苗栗縣文化局，2001.12。

二、日治時期報刊雜誌

1. 《臺灣民報》，東方文化書局影印本，1974。
2. 《臺灣新民報》，東方文化書局影印本，1974。
3. 《南音》，東方文化書局復刻本。
4. 《先發部隊》，東方文化書局復刻本。
5. 《第一線》，東方文化書局復刻本。
6. 《臺灣文藝》，東方文化書局復刻本。

7. 《臺灣新文學》，東方文化書局復刻本。

8. 《文藝臺灣》，東方文化書局復刻本。

9. 《臺灣文學》，東方文化書局復刻本。

10. 《臺灣文藝》（皇民奉公會機關雜誌），東方文化書局復刻本。

三、作品集（按姓氏筆劃排序）

1. 羊子喬、陳千武主編，《光復前臺灣文學全集》（新詩四冊），臺北：遠景，1997.7。

2. 李南衡主編，《日據下臺灣新文學明集》（五冊），臺北：明潭，1979.3。

3. 林至潔譯，《呂赫若小說全集》，臺北：聯合文學，1999.5。

4. 施淑編，《日據時代臺灣小說選》，臺北：前衛，1997.5。

5. 段逸山主編，《醫古文》，臺北：知音，1998.5。

6. 陳芳明等人主編，《張深切全集——張深切與他的時代（影集)》，臺北：文經社，1998.1。

7. 張恒豪主編，《臺灣作家全集——日據時代短篇小說卷》，臺北：前衛，1994.10。

8. 葉石濤、鍾肇政主編，《光復前臺灣文學全集》（小說八冊），臺北：遠景，1997.7。

9. 《魯迅全集》，北京：北京人民文學出版社，1993。

10. 契訶夫著、鄭清文譯，《可愛的女人》，臺北：志文，1976.4。

11. 契訶夫著、鍾玉澄譯，《傻子》，臺北：志文，1976.8。

12. 契訶夫著、康國維譯，《契訶夫短篇小說選》，臺北：志文，1987.1。

四、臺灣史、醫療史、人物專著（按姓氏筆劃排序）

（一）臺灣史

1. 王詩琅，《日本殖民體制下的臺灣》，臺北：眾文，1980。

2. 王詩琅譯，《臺灣社會運動史》，臺北：稻鄉，1988.5。

3. 王曉波編，《臺灣的殖民地傷痕》，臺北：帕米爾，1985.8。

4. 史明，《臺灣人四百年史》，臺北：蓬島文化，1980。

5. 李騰嶽，《臺灣省通志稿——政事志・衛生篇》（第一、二冊），南投：臺灣省文獻委員會，1953。

6. 周婉窈，《日據時代臺灣議會設置請願運動》，臺北：自立報系，1989.10。

7. 吳文星，《日據時期臺灣社會領導階層之研究》，臺北：正中，1992.3。

8. 林柏維，《臺灣文化協會滄桑》，臺北：臺原，1993。

9. 涂照彥，《日本帝國主義下的臺灣》，臺北：人間，1993。

10. 連溫卿，《臺灣政治運動史》，臺北：稻鄉，1988。

11. 陳孔立主編，《臺灣歷史綱要》，臺北：人間，1996.11。

12. 張勝彥、吳文星、溫振華、戴寶村編著，《臺灣開發史》，臺北：國立空中大學，1996.1。

13. 黃昭堂著、黃英哲譯，《臺灣總督府》，臺北：前衛，1994.4。

14. 葉榮鐘，《臺灣近代民族運動史》，臺北：自立晚報，1971。

15. 葉榮鐘著，葉芸芸、藍博洲主編，《日據下臺灣政治社會運動史》（上）（下），臺中：晨星，2000.8。

16. 葉榮鐘著，葉芸芸、藍博洲主編，《日據下臺灣大事年表》，臺中：晨星，2000.8。

17. 楊碧川，《日據時代臺灣人反抗史》，臺北：稻鄉，1988。

18. 楊碧川編，《臺灣歷史年表》，臺北：自立晚報，1992.9。

19. 蔡培火、陳逢源、林柏壽、吳三連、葉榮鐘等著，《臺灣民族運動史》，臺北：自立晚報社，1993.2。

20. 盧修一，《臺灣共產黨史（1928～1932）》，臺北：前衛，1990。

21. 簡炯仁，《臺灣民眾黨》，臺北：稻鄉，1993。

22. 藍博洲，《日據學期臺灣學生運動（1913～1945）》，臺北：時報，1993。

23. 井山季和太，《臺灣治績志》，臺北：臺灣日日新報社，1937。

24. 矢內原忠雄，《帝國主義下の臺灣》，東京：岩波書店，1988。

25. 矢內原忠雄著、周憲文譯，《日本帝國主義下之臺灣》，臺北：海峽學術，1999.10。

26. 喜安幸夫，《日本統治臺灣秘史》，臺北：武陵，1984。

27. 鈴木清一郎著、馮作民譯，《臺灣舊慣習俗信仰》，臺北：眾文，1994.5。

28. 鶴見祐輔，《後藤新平傳　臺灣統治篇》（上），東京：太平洋協會出版部，1943。

29. 臺灣總督府警務局編，《臺灣社會運動史》，東京：龍溪書舍，1973。

30. 臺灣教育會編，《臺灣教育沿革誌》，臺北：古亭書屋，1973。

31. 臺灣省行政長官公署統計室編，《臺灣省五十一年來統計提要》，臺北：古亭書屋，1969。

32. 《臺灣年鑑》，臺北：臺灣通信社，1930～1931。

（二）醫療史

1. 史仲序，《中國醫學史》，臺北：國立編譯館，1987。
2. 陳勝崑，《近代醫學在中國》，臺北：當代醫學，1978。
3. 陳永興，《臺灣醫療發展史》，臺北：月旦，1998.1。
4. 莊永明，《臺灣醫療史》，臺北：遠流，1998.6。
5. 《高雄醫療史》，高雄：高雄市醫師公會，1998.5。
6. 小田俊郎著、洪有錫譯，《臺灣醫學 50 年》，臺北：前衛，1995。
7. 臺灣總督府民政部衛生課編，《臺灣衛生法規》，臺北：臺灣總督府民政部衛生課，1900。
8. 臺灣總督府警務局衛生課編，《臺灣の衛生》，臺北：臺灣總督府警務局衛生課，1935～1939。
9. 臺灣總督官房情報課編，《南方醫學讀本》，臺北：臺灣時報發行所，1943。

（三）人物專著

1. 李篤恭編，《磺溪一完人》，臺北：前衛，1994.7。
2. 李瑞騰總策劃、封德屏主編，《中華民國作家作品目錄 1999》，臺北：行政院文化建設委員會，1999.6。
3. 阮恕譯作，《毛姆傳》，臺北：中華日報社，1979.6。
4. 杜聰明，《杜聰明言論集》，臺北：杜聰明博士還曆紀念獎學基金管理委員會，1955。
5. 杜聰明，《杜聰明言論集》，臺北：杜聰明博士獎學基金會，1964.6。
6. 杜聰明，《杜聰明回憶錄》（上）（下），臺北：杜聰明博士獎學基金會，1973.8。
7. 杜聰明，《杜聰明回憶錄》（上）（下），臺北：龍文，1989。
8. 林衡哲，《雕出臺灣文化之夢》，臺北：前衛，1989.7。
9. 林衡哲、張恒豪編著，《復活的群像——臺灣三十年代作家列傳》，臺北：前衛，1994.6。
10. 林衡哲主編，《廿世紀臺灣代表性人物》，臺北：望春風，2001.4。
11. 陳逸松口述、林忠勝撰述，《陳逸松回憶錄》，臺北：前衛，1994。
12. 黃煌雄，《非暴力的鬥爭》，臺北：長橋，1978。
13. 黃武忠，《日據時代臺灣新文學作家小傳》，臺北：時報文化，1980。
14. 黃武忠，《臺灣作家印象記》，臺北：眾文，1984.5。
15. 《中國醫藥學家史話——中國歷代名醫小傳》，臺北：明文，1984.12。
16. 黃武東，《黃武東回憶錄——臺灣長老教會發展史》，臺北：前衛，1990。

17. 黃敦涵編著，《翁俊明烈士編年傳記》，臺北：正中，1978。

18. 彭明敏，《自由的滋味——彭明敏回憶錄》，臺北：前衛，1989。

19. 葉榮鐘著，《臺灣人物群像》，臺北：帕米爾，1985.8。

20. 葉榮鐘編，《林獻堂先生紀念集》，臺北：文海，1974。

21. 楊肇嘉，《楊肇嘉回憶錄》（上）（下），臺北：三民，1978。

22. 楊金虎，《七十回憶》（上）（下），臺北：龍文，1990。

23. 韓石泉，《六十回憶錄》，臺南：自印，1956。

24. 哈格頓等著、鍾肇政譯，《史懷哲傳》，臺北：志文，1980.3。

25. 臺灣新民報社（興南新聞社）編，《臺灣人士鑑》，臺北：臺灣新民報社
（興南新聞社），1934、1937、1943。

五、文學史、文學理論、文學批評（按姓氏筆劃排序）

1. 白少帆等撰，《現代臺灣文學史》，瀋陽：遼寧大學出版社，1987.12。

2. 古繼堂，《臺灣新詩發展史》，臺北：文史哲，1989。

3. 古繼堂，《臺灣小說發展史》，臺北：文史哲，1992。

4. 包恒新，《臺灣現代文學簡述》，上海：上海社會科學院，1988.3。

5. 李文彥編著，《日本文學史》，臺南：開山，1971。

6. 陳少廷，《臺灣新文學運動簡史》，臺北：聯經，1977.5。

7. 陳芳明，《左翼臺灣——殖民地文學運動史論》，臺北：麥田，1998.10。

8. 彭瑞金，《臺灣新文學運動四十年》，臺北：自立晚報，1991。

9. 葉石濤，《臺灣文學史綱》，高雄：文學界，1987。

10. 劉登翰等人主編，《臺灣文學史》（上）（下），福建：海峽文藝出版社，
1991.1993。

11. 劉崇稜，《日本文學概論》，臺北：水牛，1994.8。

12. 王溢嘉編譯，《精神分析與文學》，臺北：野鵝，1980.9。

13. 朱光潛，《文藝心理學》，臺北：開明，1980.11。

14. 何金蘭，《文學社會學》，臺北：桂冠，1989。

15. 呂正惠，《小說與社會》，臺北：聯經，1992.4。

16. 李元洛，《詩美學》，臺北：東大，1990.2。

17. 周伯乃，《論現實主義》，臺北：五洲，1969.4。

18. 金健人，《小說結構美學》，臺北：木鐸，1988.9。

19. 孟樊，《當代臺灣新詩理論》，臺北：揚智，1995.6。

20. 姚一葦，《藝術的奧秘》，臺北：開明，1973。

21. 柯慶明，《文學美綜論》，臺北：長安，1993。

22. 孫乃修，《佛洛伊德與中國現代作家》，臺北：業強，1995.5。

23. 陳芳明，《典範的追求》，臺北：聯合文學，1994.2.20。

24. 張漢良，《現代詩論衡》，臺北：幼獅文化，1977.6。

25. 傅騰霄，《小說技巧》，臺北：洪葉，1996.4。

26. 楊恒達編譯，《小說理論》，臺北：五南，1988.11。

27. 劉昌元，《盧卡齊及其文哲思想》，臺北：聯經，1991.12。

28. 劉昌元，《西方美學導論》，臺北：聯經，1998.9。

29. 鄭明娳，《現代散文構成論》，臺北：大安，2000.4。

30. 魯樞元、錢谷融主編，《文學心理學》，臺北：新學識，1990.9。

31. 顏元叔，《社會寫實文學及其他》，臺北：巨流，1978.8。

32. 韋勒克、華倫著，王夢鷗、許國衡譯，《文學論》，臺北：志文，1976。

33. 《盧卡齊文學論文集》（一）（二），北京：中國社會科學出版社，1981.8。

34. Albert Mordell 著、鄭秋水譯，《心理分析與文學》，臺北：遠流，1990.2。

35. Robert Escarpit 著、葉淑燕譯，《文學社會學》，臺北：遠流，1990.12。

36. Frank Lentricchia & Thomas McLaughlin 編，張京媛等譯，《文學批評術語》，香港：牛津大學，1994。

37. 丁旭輝，《臺灣現代詩圖象技巧研究》，高雄：春暉，2000.12。

38. 王詩琅著、張良澤編，《臺灣文學重建的問題》，高雄：德馨室，1979.11。

39. 何欣，《當代臺灣作家論》，臺北：東大，1983.12。

40. 李魁賢，《臺灣詩人作品論》，臺北：名流，1987。

41. 李魁賢，《詩的反抗》，臺北：新地，1992。

42. 呂興昌，《臺灣詩人研究論文集》，臺南：臺南市立文化中心，1995.4。

43. 李敏勇編，《綻放語言的玫瑰——20 位臺灣詩人的政治情境》，臺北：玉山社，1997.1。

44. 李敏勇編，《傷口的花——二二八詩集》，臺北：玉山社，1997.2。

45. 李漢偉，《臺灣新詩的三種關懷》，臺北：駱駝，1997.10。

46. 李漢偉，《臺灣小說的三種悲情》，臺北：駱駝，1997.10。

47. 吳濁流，《臺灣連翹》，臺北：草根，1996.11。

48. 林瑞明，《臺灣文學的歷史考查》，臺北：允晨文化，1996.7。

49. 林瑞明，《臺灣文學的本土觀察》，臺北：允晨文化，1996.7。

50. 林亨泰著、呂興昌編，《林亨泰全集六——文學論述卷 3》，彰化：彰化縣立文化中心，1998.9.30。

51. 陳永興編,《臺灣文學的過去與未來》,臺北:臺灣文藝,1985.3。

52. 陳映真,《西川滿與臺灣文學》,臺北:人間,1988.5。

53. 陳才崑譯,《王白淵‧荊棘的道路》(上)(下),彰化:彰化縣立文化中心,1995.6。

54. 陳萬益,《于無聲處聽驚雷》,臺南:臺南市立文化中心,1996.5。

55. 陳明台,《臺灣文學研究論集》,臺北:文史哲,1997.4。

56. 莊淑芝,《臺灣新文學觀念的萌芽與實踐》,臺北:麥田,1994.7。

57. 許俊雅,《臺灣文學散論》,臺北:文史哲,1994。

58. 許俊雅,《日據時期臺灣小說研究》,臺北:文史哲,1995.2。

59. 梁明雄,《日據時期臺灣新文學運動研究》,臺北:文史哲,2000.5。

60. 彭瑞金,《瞄準臺灣作家》,高雄:派色文化,1992.7。

61. 彭瑞金,《臺灣文學探索》,臺北:前衛,1995.1。

62. 葉石濤,《臺灣文學的悲情》,高雄:派色文化,1990.1。

63. 葉石濤,《走向臺灣文學》,臺北:自立晚報社,1990.3。

64. 葉石濤,《臺灣文學的困境》,高雄:派色文化,1992.7。

65. 楊照,《文學、社會與歷史想像》,臺北:聯合文學,1996.3。

66. 劉登翰,《臺灣文學隔海觀——文學香火的傳承與變異》,臺北:風雲時代,1995.3。

67. 趙天儀等編,《混聲合唱——「笠」詩選》,高雄:春暉,1992。

68. 鄭炯明編,《臺灣精神的崛起——「笠」詩論選集》,高雄:春暉,1989.12。

69. 鄭明娳、林燿德編著,《時代之風——當代文學入門》,臺北:幼獅文化,1991.7。

70. 鍾肇政著、莊紫蓉編,《臺灣文學十講》,臺北:前衛,2000.11。

71. 羅宗濤、張雙英著,《臺灣當代文學研究之探討》(1988～1996),臺北:萬卷樓,1999.5。

72. 龔鵬程編,《臺灣的社會與文學》,臺北:東大,1995.11。

73. 下村作次郎著、邱振瑞譯,《從文學讀臺灣》,臺北:前衛,1998.3。

74. 中島利郎編,《臺灣新文學與魯迅》,臺北:前衛,2000.5。

75. 尾崎秀樹,《舊殖民地文學の研究》,日本:勁草書房,1971.6。

76. 垂水千惠著、涂翠花譯,《臺灣的日本語文學》,臺北:前衛,1998.2。

六、醫學人文(按姓氏筆劃排序)

1. 李永熾,《日本的近代化與知識分子》,臺北:水牛,1991。

2. 余英時，《文化評論與中國情懷》，臺北：允晨文化，1993.5。

3. 周陽山主編，《知識分子與中國》，臺北：時報文化，1983.1。

4. 林秋江口述、陳玲芳整理，《拿聽診器的哲學家》，臺北：圓神，1997.10。

5. 韋政通，《中國思想與人文關懷》，臺北：洪葉，2000.11。

6. 陳永興，《生命、醫學、愛》，臺北：新地，1985.5。

7. 葉啓政，《臺灣社會的人文迷思》，臺北：東大，1995.11。

8. 鄭泰安編譯，《藝術‧人生‧醫學》，臺北：當代醫學，1975.8

9. 謝博生編著，《醫學教育理論與實務》，臺北：國立臺灣大學醫學院，1997.11。

10. Gabriel Marcel 著、項退結譯，《人性尊嚴的存在背景》，臺北：問學，1979.1。

11. 巴特摩爾（Tom Bottomore）著、尤衛軍譯，《精英與社會》，臺北：南方叢書，1991.2。

12. Bernard Crick 著，蔡鵬鴻、郝得倫譯，《社會主義（SOCIALISM）》，臺北：桂冠，1995.1。

13. 日野原重明、重兼芳子、版上正道、中川米造著，鄭惠芬、呂錦萍譯，《生命的尊嚴——探討醫療之心》，臺北：東大，1997.10。

七、學位論文（按出版時間排序）

1. 陳美妃，《日據時期臺灣漢語文學析論》，輔仁大學中國文學研究所碩士論文，1981.6。

2. 陳三郎，《日據時期臺灣的留日學生》，東海大學歷史研究所碩士論文，1981.6。

3. 陳翠蓮，《日據時期臺灣文化協會之研究——抗日陣營的結成與瓦解》，政治大學政治研究所碩士論文，1987.6。

4. 吳春成，《日據下臺灣知識分子反殖民之意識研究——臺灣民報（1920～1927）個案研究》，政治大學政治研究所碩士論文，1987.6。

5. 陳君愷，《日治時期臺灣醫生社會地位之研究》，臺灣師範大學歷史研究所碩士論文，1991.6

6. 王昭文，《日治末期臺灣的知識社群（1940～1945）——「文藝臺灣」、「臺灣文學」及「民俗臺灣」三雜誌歷史的研究》，清華大學歷史研究所碩士論文，1991.7。

7. 陳明柔，《日據時代臺灣知識分子的思想風格及其文學表現之研究（1920～1937）》，淡江大學中國文學研究所碩士論文，1993.3。

8. 柳書琴，《戰爭與文壇——日據末期臺灣的文學活動（1937.7～1945.8）》，臺灣大學歷史研究所碩士論文，1994.6。

9. 黃琪椿，《日治時期臺灣新文學運動與社會主義思潮之關係初探（1927〜1937）》，清華大學中國文學研究所碩士論文，1994.6。

10. 戴寶珠，《「笠詩社」詩作集團性之研究》，政治大學中國文學研究所碩士論文，1996.2。

11. 阮美慧，《笠詩社跨越語言一代詩人研究》，東海大學中國文學研究所碩士論文，1997.5。

12. 張金墻，《斷裂與再生——「臺灣文藝」研究（1964〜1994）》，成功大學歷史研究所碩士論文，1997.6。

13. 鄒桂花，《拼貼當代臺灣情／色文學地景——陳克華詩作文本探勘（1981〜1997）》，淡江大學中國文學研究所碩士論文，1998.6。

14. 吳夙珍，《陳克華新詩研究》，中正大學中國文學研究所碩士論文，2000.6。

15. 范燕秋，《日本帝國發展下殖民地臺灣的人種衛生（1865〜1945）》，政治大學歷史研究所博士論文，2001.5。

八、期刊、研討會論文（按出版時間排序）

1. 陳炘，〈文學與職務〉，《臺灣青年》1 卷 1 號，1920.7.16。

2. 甘文芳〈實社會與文學〉，《臺灣青年》3 卷 3 號，1921.9.15。

3. 張梗，〈討論舊小說的改革問題〉，《臺灣民報》2 卷 17 號〜2 卷 23 號，1924.9.11〜11.11。

4. 葉榮鐘，〈卷頭言：智識分配〉，《南音》1 卷 7 號，1932.5.25。

5. 郭秋生，〈先發部隊〉，《先發部隊》1 期，1934.7。

6. 賴慶，〈文藝的大眾化，怎樣保障文藝家的生活〉，《先發部隊》1 期，1934.7。

7. 郭一舟，〈北京話〉，《臺灣文藝》2 卷 5 號，1935.5.5。

8. 郭一舟，〈福佬話〉，《臺灣文藝》2 卷 6 號，1935.6.10；2 卷 10 號，1935.9.24；3 卷 4、5 合併號，1936.4.20。

9. 王詩琅，〈一個試評——以「臺灣新文學」爲中心〉，《臺灣新文學》1 卷 4 號，1936.5.4。

10. 郭一舟，〈北京雜話〉，《臺灣文藝》3 卷 7、8 合併號，1936.8.28。

11. 黃得時，〈輓近の臺灣文學運動史〉，《臺灣文學》2 卷 4 號，1942.10.19。。

12. 楊雲萍，〈臺灣新文學運動的回顧〉，《臺灣文化》1 卷 1 期，1946.9。

13. 施學習，〈臺灣藝術研究會成立與福爾摩莎 Formosa 創刊〉，《臺北文物》3 卷 2 期，1954.8。

14. 廖毓文，〈臺灣文藝協會的回憶〉，《臺北文物》3 卷 2 期，1954.8。

15. 賴明弘，《臺灣文藝聯盟創立的斷片回憶》，《臺北文物》3 卷 2 期，1954.8。

16. 黃得時，〈臺灣新文學運動概觀〉，《臺北文物》3 卷 3 期，1954.12。

17. 廖毓文，〈臺灣文字改革運動史略（下）〉，《臺北文物》4 卷 1 期，1955.5。

18. 吳瀛濤，〈日據時期出版界概觀〉，《臺北文物》8 卷 4 期，1960.2。

19. 陳少廷，〈五四與臺灣新文學運動〉，《大學雜誌》53 期，1972.5。

20. 陳鴻森，〈鄭炯明論〉，《笠》54 期，1973。

21. 廖運範譯，〈醫學與文學〉，《當代醫學》1 卷 2 期，1973.12。

22. 鄭泰安譯，〈詩與醫學〉（一）（二），《當代醫學》1 卷 13 期、2 卷 2 期，1974.11、1975.2。

23. 于飛，〈從「無醫村」看日據時代的臺灣文學〉，《夏潮》1 卷 7 期，1976.10.1。

24. 王拓，〈是「現實主義」文學，不是「鄉土文學」〉，《仙人掌》2 期，1977.4。

25. 彭瑞金，〈臺灣文學應本土化爲首要課題〉，《文學界》2 期，1982.4.15。

26. 吳文星，〈日據時期臺灣師範教育之研究〉，臺灣師範大學歷史研究所專刊，1983。

27. 楊逵，〈臺灣新文學的精神所在〉，《文季》1 卷 1 期，1983.4。

28. 鐘麗慧，〈詩人醫師——鄭炯明〉，《明道文藝》90 期，1983.9。

29. 馬漢茂，〈從臺灣「皇民文學」到德國統一後作家之困境—— 一個嘗試性的比較〉，《臺灣文藝》革新 20 期，1983.12.15。

30. 陳永興，〈誰來接辦臺灣文藝——站在臺灣文化事業的突破點上〉，《臺灣文藝》86 期，1984.1。

31. 杜國清，〈「笠」與臺灣詩人〉，《笠》128 期，1985.8。

32. 呂正惠，〈現代主義在臺灣——從文藝社會學的角度來考察〉，《臺灣社會研究季刊》1 卷 4 期，1988.12。

33. 王曉波，〈五四時期文學革命與日據下臺灣新文學運動〉，《中華雜誌》27 卷 6、8 期，1989.6、8。

34. 林亨泰，〈銀鈴會史話〉，《臺灣文藝》118 期，1989.7。

35. 彭瑞金，〈冷的火——以詩跨越歷史深谷的鄭炯明〉，《文訊》革新 19 期，1990.8。

36. 劉翠溶、劉士永，〈臺灣歷史上的疾病與死亡〉，中央研究院經濟研究所，1993。

37. 呂興昌，〈臺灣文學資料的蒐集整理與翻譯〉，《文學臺灣》8 期，1993.10。

38. 莊永明，〈日治時代的醫學教育〉，《臺灣史料研究》8 號，財團法人吳三

連臺灣史料基金會，1996.8。

39. 范燕秋，〈醫學與殖民擴張——以日治時期臺灣瘧疾研究為例〉，《新史學》7 卷 3 期，1996.9。

40. 范燕秋，〈新醫學在臺灣的實踐——從後藤新平「國家衛生原理」談起〉，中央研究院歷史語言研究所「醫療與中國社會學術研討會」，1997.6。

41. 劉士永，〈一九三○年代以前臺灣醫學的特質〉，中央研究院歷史研究所，1997.6。

42. 邱振瑞譯，〈周金波特輯〉，《文學臺灣》23 期，1997.7。

43. 陳君愷，〈師生愛民與民族認同的藤葛——高木友枝、崛內次雄及臺灣學生們〉，《輔仁大學歷史學報》11 期，1998.6。

44. 陳素貞，〈在醫學與詩之間——談陳克華的官能書寫〉，中臺醫護技術學院學報 11 期，1999.10。

45. 林秀蓉，〈愛與創造的實踐者——江自得醫師〉，《杏苑》66 期，1999.冬季號。

46. 陳宛蓉等，〈文學與醫學的交會〉，《文訊》171 期，2000.1。

47. 范燕秋，〈從臺灣總督府檔案看日治時期的公共衛生〉，國史館：《臺灣史料的蒐集與運用研討會論文集》，2000.10。

48. 方靜娟，〈一部關懷人間世的診斷書——我看「從聽診器的那端」〉，輔英技術學院「醫護文史學術研究成果發表會」，2000.10.7。

49. 余昭玟，〈鄭炯明詩中的現實關懷〉，輔英技術學院「醫護文史學術研究成果發表會」，2000.10.7。

50. 季明華，〈「走索者」的獨白——論王溢嘉「實習醫生手記」〉，輔英技術學院「醫護文史學術研究成果發表會」，2000.10.7。

51. 蔡雅薰，〈「太平廣記」、「宋人笑話」及元雜劇之醫生群像初探〉，輔英技術學院「醫護文史學術研究成果發表會」，2000.10.7。

52. 簡銘宏，〈談「蘭嶼行醫記」裡的人文關懷〉，輔英技術學院「醫護文史學術研究成果發表會」，2000.10.7。

53. 林秀蓉，〈日據時期臺灣醫生文學初探——以蔣渭水「臨床講義」、賴和「蛇先生」為例〉，輔英技術學院「醫護文史學術研究成果發表會」，2000.10.7。

54. 陳素貞，〈騎鯨出海——論陳克華詩中海洋（原鄉）／都市、人／魚的意象關係〉，第七屆全國中國文學研究所研究生論文研討會：「密往迎來——從千禧到千禧的多面向思考」，中央大學主辦，2000.12.2。

55. 龔師顯宗，〈小論跨越語言的第一世代詩人〉，《笠詩社學術研討會論文集》，2001。

56. 林秀蓉，〈醫療、文化、生態──田雅各「蘭嶼行醫記」的族群關懷〉，《原住民教育季刊》21 期，2001.3。

57. 簡銘宏，〈同理心的二重奏──江自得「癌症病房」與白萩「癌症病房手記」〉，輔英技術學院「醫護文學學術研討會」，2001.4.21。

58. 劉智濬，〈醫生在生涯臨界點上的啓示錄──「實習醫師手記」與「大醫師小醫師」讀後〉，輔英技術學院「醫護文學學術研討會」，2001.4.21。